I AM STILL ALIVE

地図亜細亜男児帰去来明朝印字

玄月

edit gallery

手：町口覚の父君

撮影　熊谷聖司

千夜千冊エディション

大アジア

松岡正剛

角川文庫
22141

千夜千冊 EDITION

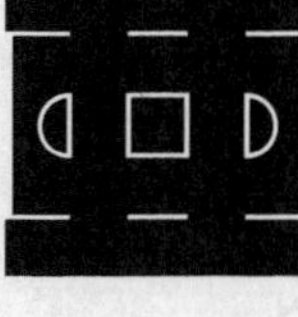

前口上

北京、ベルリン、ダブリン、イラン、ピョンチャン、ワシントン、
アフガン、ハルビン、ハノイ、上海、東京、マニラ、流れ出たらアジア。
この替え歌、今日のどんな国際ニュースにもあいそうだ。
ひるがえって、かつてのアジア主義や宮崎三兄弟の夢は語られているだろうか。
「大東亜」は忌まわしいプログラムにすぎないままなのか。
本書はいささか歴史のタブーを破って、大アジアの歌に耳を傾ける。

目次

前口上……5

第一章 中華帝国とユーラシア

尾形勇『東アジアの世界帝国』一四三五夜……12
加地伸行『儒教とは何か』一二〇五夜……30
田中俊明『古代の日本と加耶』一四九一夜……50
森安孝夫『シルクロードと唐帝国』一四三一夜……75
小島毅『義経の東アジア』一四二〇夜……92

ジャネット・L・アブー=ルゴド『ヨーロッパ覇権以前』一四〇二夜……106

第二章 近代アジア主義

山室信一『思想課題としてのアジア』一七二七夜……130
頭山満『幕末三舟伝』八九六夜……147
宮崎滔天『三十三年の夢』一一六八夜……156
杉山茂丸『俗戦国策』一二九八夜……199
滝沢誠『権藤成卿』九三夜……225

第三章 大東亜・日本・大アジア

小熊英二『単一民族神話の起源』七七四夜……238
長山靖生『偽史冒険世界』五一一夜……247
寺内大吉『化城の昭和史』三七八夜……253
芳地隆之『ハルビン学院と満洲国』八〇八夜……263
安彦良和『虹色のトロツキー』四三〇夜……269
前間孝則『亜細亜新幹線』七〇八夜……278
坪内隆彦『アジア英雄伝』一七二八夜……287

第四章　リオリエント

金両基『キムチとお新香』二六四夜……358
室井康成『事大主義』一七二六夜……364
大沢昇『クジラの文化、竜の文明』一六七五夜……382
後藤康男編著『東洋思想と新しい世紀』一一九四夜……399
アンドレ・グンダー・フランク『リオリエント』一三九四夜……405
追伸　大東亜の夢／アジア新幹線／一帯一路……428

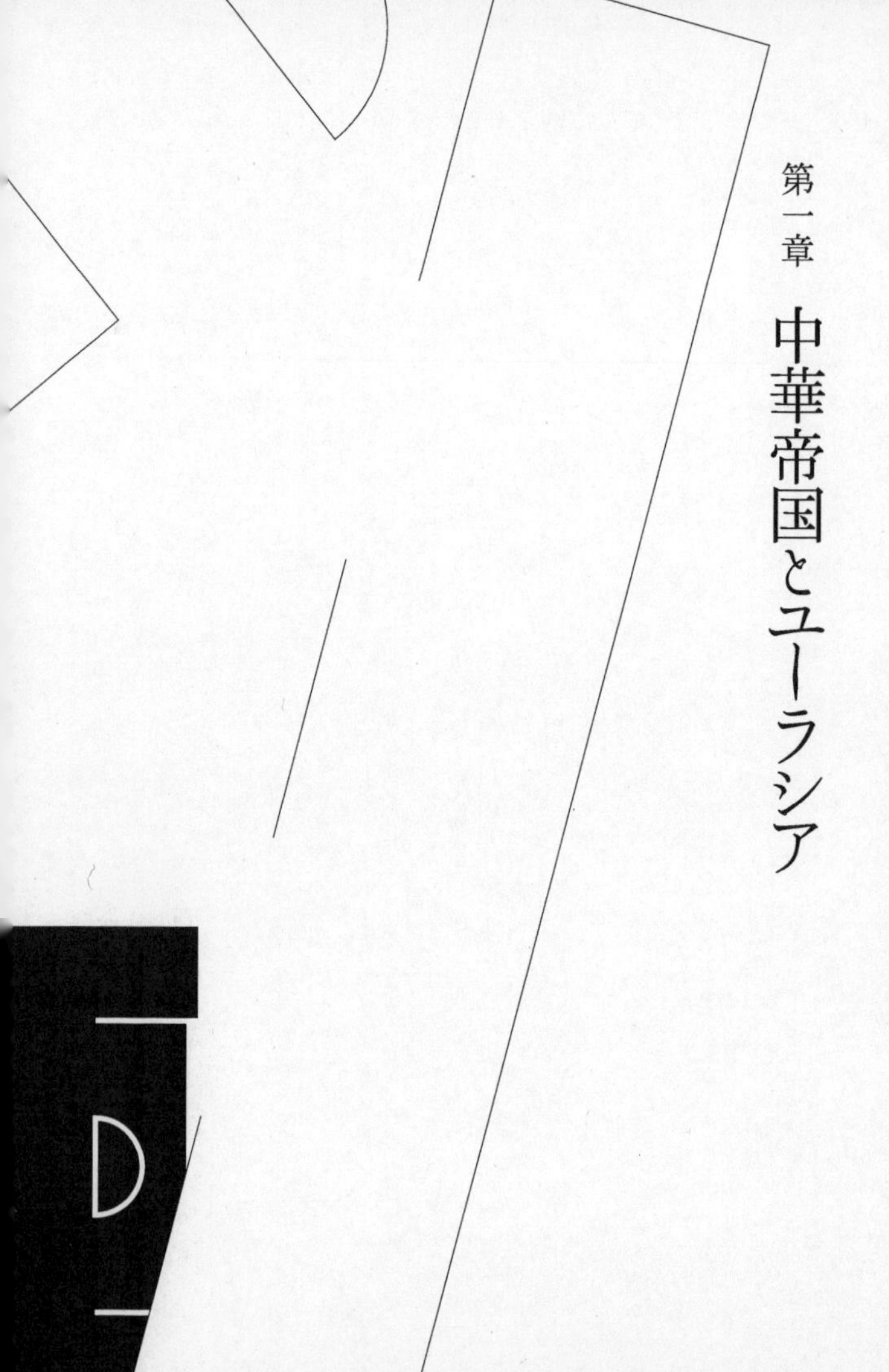

第一章　中華帝国とユーラシア

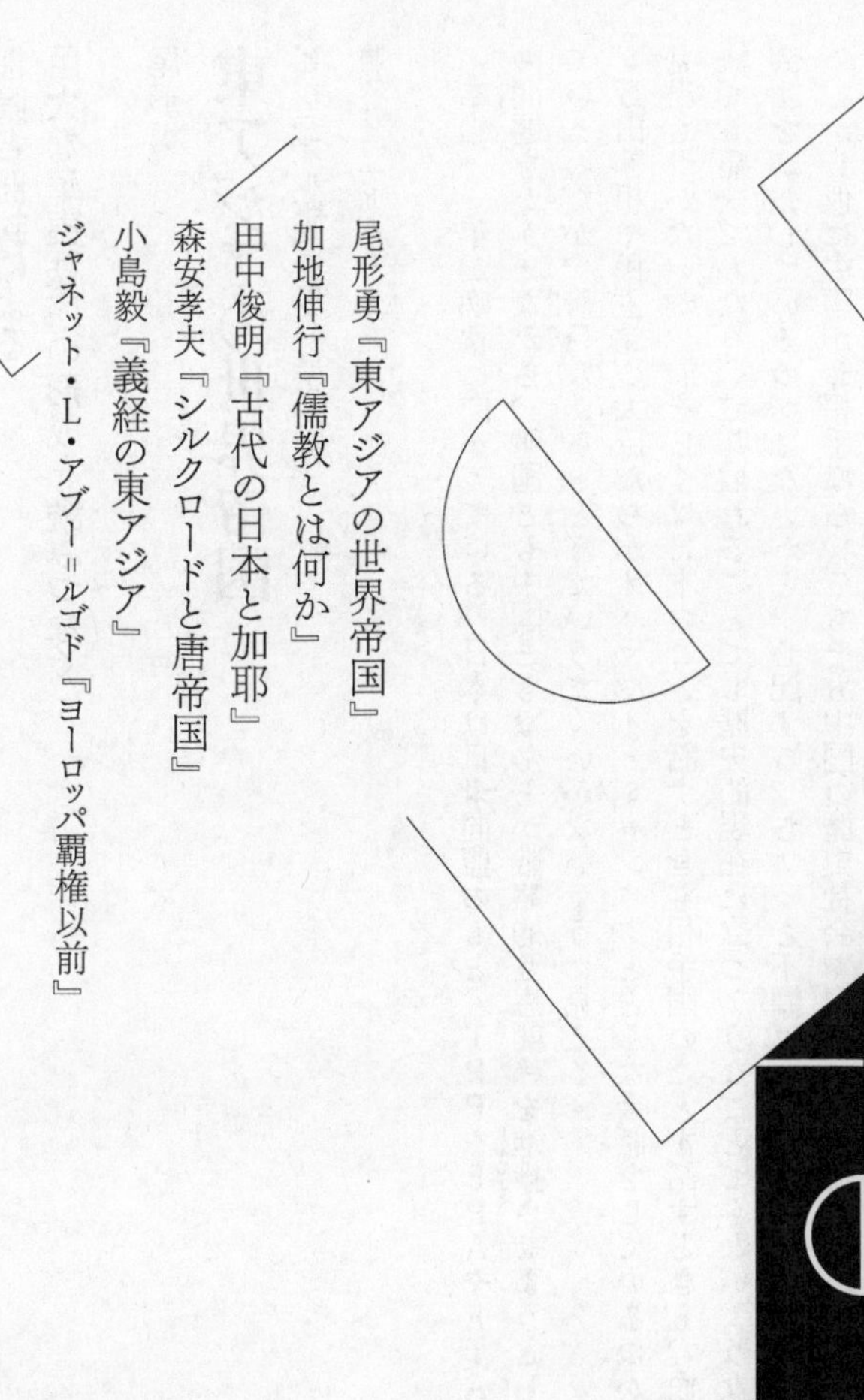

尾形勇『東アジアの世界帝国』
加地伸行『儒教とは何か』
田中俊明『古代の日本と加耶』
森安孝夫『シルクロードと唐帝国』
小島毅『義経の東アジア』
ジャネット・L・アブー＝ルゴド『ヨーロッパ覇権以前』

郡県と冊封による
巨大な華夷秩序の形成を読みつなぐ

尾形勇

東アジアの世界帝国

ビジュアル版「世界の歴史」8

講談社　一九八五

二〇一一年が晩秋に向かっている。日本は日米同盟のもと、TPPやEPAやFTAの問題をかかえながら、韓国とも中国ともなんとか戦略的互恵関係を進捗させようとしているのだが、傍目ながらもとうていうまくいかないように見える。

野田首相や民主党の大臣たちがオバマやイ・ミョンバクとどんな会話をしているのか見当もつかないが、おそらくは日本のことを話すときも相手国のことを話すときも、愉快でも痛快でもなく、滋味溢れることでも歴史的現在に立つようなことでもないような会話をかわしているのではないかと、心配する。ちょっと不憫にも感じる。

しかし仮に中国がお相手なら、そもそも中国の歴史社会や現実社会を見るにあたっての、いくつもの対比に耐えられる歴史眼をもっている必要がある。鳩山由紀夫は東アジア共同体のような構想を掲げたそうであるが、どこまで準備ができているのだろうか。

中国は、理念においても現世的で、論理においても徳治的なのである。このへんのことは、大丈夫なのか。また、儒教が中国の底辺にあることは日本人なら誰でも知ってはいようけれど、その内実は「儒教的合理主義」というもので、日本人が好きな建前と本音の例でいえば、中国では「建前も本音も両方とも立てる」のだが、そこはどうか心配である。

日本では建前を立てて本音を別のところで洩らすようだけれど、そんなことは儒教社会では通らない。日本では「両天秤」といえば汚い手か、日和見主義と受け取られるけれど、中国では両天秤こそ社会哲学なのである。中国はまたずっと世界帝国であったことを心の底から誇ってきた国だった。チャイニーズ・エンパイアの歴史こそ、中国なのである。その矜持の背景はアプリシエートできているのか。そんなことは北京オリンピックの開会式でも如実であったはずなのだ。

もっとも実際には、すでに千夜千冊してきたように、中国は匈奴や鮮卑や突厥をはじめ、何度も何度も遊牧的異民族に悩まされ、それにほとほと閉口していたのだが、だからといってそれでへこたれてはいなかった。それらの動向や人材をいつしか平気で採り入れて、そのうえで何度かの強大なチャイニーズ・エンパイアを版図を変容させながら演じてきたわけである。そういうことをあれこれ考慮して、日中関係にとりくんでいるのか、やっぱりかなり心配だ。

中国では興亡は世の常、王朝交替も世の常である。本書にも後漢の滅亡、三国の交代、西晋の南遷、五胡十六国の上げ潮引き潮、魏晋南北朝と鮮卑拓跋の綱引きをへて、やっと隋唐の世界帝国時代がやってくるところまでが叙景されている。そんなことはしょっちゅうなのだ。

中国は、南北では気候も言葉も気質もちがうほどの巨大な大陸に、信じがたいほどの膨大な人民を擁していることもあって、いちいちの成功や心配に一喜一憂をしていられない。そのかわりそうとう強靭な「上からの管理力」を網打っていないかぎり、個々のガバナンスも狂ってくる。そういう中国にいれば、楽観と悲観を一緒に処理できる能力が、すぐさま問われてしまうのだ。

わかりやすい例を出す。「人間万事、塞翁が馬」という諺がある。『淮南子』に出てくる話で、逃げた馬が名馬を連れて戻ってきたり、息子の脚を折ったりする教訓を述べているのだが、これを日本では「人生の幸福や不幸なんて予測がつかないものだ、まあ、人生いろいろ」というふうに解釈する。青島幸男や小泉純一郎はそう言って当選し、都政や国政の上にアグラをかいた。

ところが中国の辞書では「塞翁失馬」となっていて、塞翁が馬を失ったと出ている。「しばらく損害を受けても、またそれでいいことがあるという譬え」と説明されるのだ。日本では「世の中アテにならないことが多い。人の努力には限界がある。だから気にするな」となるのだが、中国では「失敗したって挫けるな」となるわけなのだ。ちなみに「人間万事」はニンゲン万事ではなく、ジンカン万事と読む。ジンカンとは社会のことである。

中国とは、こういう思いがけない並列多様な合理主義をバックに、事態がどんなに矛盾をかかえていようとも、それで平然と大アジアとしての世界帝国を維持しているグレート・システムなのである。以下ではそういう巨きな中国的対比軸の見方だけを、少々ながらお目にかけておきたいと思う。

第一に、中国では北と南がまったくちがう。西域と海岸部、東と西もまったくちがうが、まずは南北である。これは前提にしておきたい。

南北を分ける大きなラインは、淮河から秦嶺山脈にかけてのベルト地帯にある。その北には五四〇〇キロの黄河が、南には六三〇〇キロの長江（揚子江）が流れて、南北の特色を「南稲北麦」「南粒北粉」「南船北馬」というふうに分ける。

北側の大黄土地帯は昔から雨量が少なく、春風には黄塵・黄砂が舞って目も口も鼻も容易にはあけられない。そういう風土だから、ムギ・アワ・キビの雑穀が強い。そのため雑穀をいかした「粉食」が中心になってきた。これは、北の中国には堅い殻を取り去ってそれを粉にして加工する巧みな技術と、そういう生活の知恵がいろいろあったということでもあって、それゆえ饅頭、包子、餃子、油条、麵類が発達した。いずれも日本の庶民がはまった中華料理だ。

日本人が華北を旅して最初に感じるのが強烈な喉の渇きと真冬の寒さであるように、その強烈な風土が北の歴史と文化をつくってきたわけである。これに対して南の江南は、高温多雨でコメの水稲や野菜が唸っている。南は水と水運に恵まれ、茶やハーブが発達して漢方薬の宝庫になる。

しかし第二に、中国の歴史は、全体としては「北の文明力が南の文化に及んでいく」というふうに推移した。北から南へ、であって、南が北を制したことはない。これが中国的アジア史というものだ。

その北の文明力がもともとどのようにできあがったかといえば、黄河流域の関中・中原・関東の洪水や旱魃を克服するための、治水と灌漑の能力に長けた者がつくりあげた。禹や舜はそれをなしとげた伝説的な王だった。その伝説的な王を現実の巨大な中国社会において実現させようというのが、中国的なリアル・ポリティクスなのである。中国的合理なのだ。

それには、まさに巨大な大地を組織統率できる者が伝説を超えてみせなければならない。そして、その確立をなしとげた者がいた。それが秦の始皇帝であり、漢の武帝だった。秦漢帝国とよばれてきた最初のチャイニーズ・エンパイアとしての中華帝国である。もっとも後漢の解体ののちは、三国時代、五胡十六国、魏晋南北朝というふうに遊牧的異民族の交代が続いたので、次に中華帝国が確立するのは隋唐帝国まで待つことになる。が、それはそれで平気の平左だったのである。

第三に、中華帝国は天子（王）のもとに、周囲を圧する強力な華夷秩序を発動する。この華夷秩序のオーダーがものすごい。有無を言わせない。中華帝国はそのような強力なアーキタイプをつねに「周」に求めてきた。

周の天子は周王だった。文王↓武王↓周公旦と続いて、ここで周王は中国最高の宗家として諸侯とのあいだに宗法（大家族原理）を結んで、諸侯を各地に派遣する作邑（封建制）をつくりあげた。このとき諸侯・卿・大夫・士・庶人という階層ができた。

それとともにチャイニーズ・エンパイアを俯瞰すべき世界観もできた。これがその後の一貫した中国的世界模型のモデルになる。『周礼』には、世界を天円地方とみなし、中央に王城（首都）を築いてその中心に王宮を構えると、前後に朝堂と市場を、左右に宗廟と社稷を設けることが謳われている。また、王城の周辺一〇〇〇里四方は「王畿」となり、その周辺の五〇〇里ごとに「侯服」から「藩服」にいたる九つの地域社会(九服)が分割された。九州ともいう。

この九服・九州までが「中華の地」で、その外側は困った「夷狄の地」なのである。夷狄の地は北狄・南蛮・東夷・西戎に分けられ、いずれも蛮族として蔑視された。こういうインサイドとアウトサイドを截然と分けるレギュレーションが、すでに紀元前十世紀以前の周王朝期にできあがっていたわけである。

その後、中国史は東周から春秋戦国時代に入るのだが、これは周王と諸侯の紐帯がゆるんだせいで、そのため各地の諸侯は地域的な同盟を結んで勢力を競いあった。この同盟を結成する儀式がいわゆる「会盟」で、その主宰者が「覇者」である。会盟も覇者も、中国人は大好きだ。というよりも、混乱期には混乱期なりの英雄をつくれるのが、中国各時代の特色である。

その戦国時代の諸侯や覇者のあいだで合従や連衡が進むと、秦の始皇帝が登場して初めて中国に「皇帝」の称号をもちこみ、徹底した郡県制による中央集権国家を築きあげた。もっとも秦の絶頂はたった十五年とまことに短く、まもなく項羽を倒した劉邦(高祖)によって漢が建国され、ここに秦漢帝国が連続することになったのだが、とはいえ十五年で世界帝国がつくれることを始皇帝は示したのである。このこと、毛沢東も江沢民も存分に知っていた。

第四に、中国の異民族に対しての外交政策は、基本が「郡県」方式と「冊封」方式だった。郡県方式は諸民族の勢力を武力で制して、そこに国内同様の郡県をおくことをいう。漢の武帝が南越を制して九つの郡をおき、衛氏朝鮮を滅ぼして楽浪郡や帯方郡をおいたのが先例である。

冊封は、周辺民族の首長を国内の序列に準じた王侯に任命（冊封）して、その勢力圏の統治をまかせるというもので、冊封された首長は中国の天子の「臣」となり、その国は中国の外藩（いわば衛星国）になるように仕向ける。

古代日本も最初は好んで冊封関係を求めた。二三九年、倭の女王の卑弥呼が魏に入貢して「親魏倭王」の称号をもらったことや、倭の五王の一人として知られる珍が魏晋南北朝の宋から「安東将軍、倭国王」の称号をもらったことが、中国からの冊封にあたる。その後、日本は冊封関係に入らないようにしていった。中国のガバナンスは周囲との関係をいつも郡県的にか冊封的に見る。気をつけなければいけない。

第五に、中国には「易姓革命論」というものが底辺で流れているため、このロジックによる王朝交替がつねに正当化されてきた。

この思想を提供したのは孟子である。孟子は、天命を失った天子は新たな天命を受けた天子に交替しなければならず、それには平和的な「禅譲」と武力による「放伐」とがあるとした。湯王が桀を追放し、武王が紂を討伐したのが放伐の先例で、孟子はこれを正当な革命とみなし、革命があれば易姓が変わるとした。いわゆる湯武放伐論として名高い。

日本ではこの湯武放伐論が日本的に絞られて、吉田松陰のラディカルきわまりない『講孟余話』がそういうふうになっているのだが、君子を諫めて三度受けいれられないようなら、あえて放伐を辞さないというふうになった。しかし中国ではそこまでクリティカルには解釈しない。孟子は君主と臣下の関係を双務的なものだと見抜いたのだと解釈する。つまり「禅譲」も「放伐」も、実は中国的な〝契約〟なのである。しかもその契約は双務的なのだ。

この双務的契約観念は、中国史の多くの場面にあらわれる。以上のことは、中国人が超越的な世界や抽象的な価値をあまり認めてこなかったことと深い関係がある。

第六に、中華帝国は儒教を重んじた。そんなことは誰もが知っているだろうけれど、ところが日本人には儒教と国家の関係がなかなか見えにくい。これは端的には、(a)儒学が儒教になった、(b)儒教を国教にする戦略をとった、(c)儒教を修めた者が官吏になった、ということを意味する。

(a)儒学が儒教になったのは漢代である。漢の武帝に仕えた董仲舒の進言が大きかった。武帝は諸子百家の一つの法家をとくに好んだので、董仲舒は「天人相関説」を構想して、天と天子と皇帝の関係を明確にした。それまでの皇帝の称号は異民族の王たちとのあいだに軋轢を生じていた。たとえば匈奴の冒頓単于の単于は「天に支配を認められた君主」という意味なので、中国皇帝とはバッティングする。

そこで董仲舒は、祖先を祭祀するときは皇帝であってよく、天地を祀るときは天子であってよいとして、皇帝と天子を併用させた。異民族を含むすべての君臣関係は天によるレジティマシー(正統性)にもとづくことになったのである。ただしこの天子の理念は、そこに天命が関与するかぎりのものであって、天命が尽きれば王朝が断絶することをも意味していたので、中国はこのあと〝天子＝皇帝の二重性〟の発動とともに「革命」を内包することになる。

(b)儒学は春秋戦国時代の経書にもとづいて発生した。董仲舒は経書のなかでは孔子の『春秋』、とりわけ公羊学を重んじた。しかし天人相関説は天子と皇帝のレジティマシーを保証したわけで、特定の王朝のレジティマシーを説明するものではなかった。これでは漢王朝は万全ではない。そこで経書に対して緯書というものが著されるようになった。「孔子は漢の成立をよろこんでいる」といった予言的な内容だ。この予言的な内容のことを「讖」というので、公羊学派の思想を讖緯思想ともいう。孔子は未来をも見通す神と位置づけられて、こうして儒学は儒教に変容した。

讖緯思想を発展させたのは、前漢のあとに新を建国した王莽である。太学を拡張して儒教を振興し、儒教国家的な天地祭祀のレギュレーションを定めた。天は首都の南の郊外で、地は北の郊外で祀り（二つまとめて郊祀という）、そこに役人たちが有司摂事としてかかわるというもので、この祭祀法は二十世紀末の清朝末期までつづいた。現在の北京の天壇・地壇はその跡地になる。

（c）新が倒れて光武帝の後漢ができると、緯書が天下に公然と示されて、ますます儒教が国教化していった。ここでは鄭玄による提言が大きい。国教としての儒教には明確なコンセプトがあった。「寛治」である。儒教の徳目の「仁・清・廉」などを官僚登用の郷挙里選の評価基準に積極的に使った。

しかし当然のことだけれど、儒教的選抜方法に反発する者もいた。これが外戚や宦官（後宮に仕える去勢者）たちで、とくに宦官は儒教的官僚の追い出しにかかる。この追い出し作戦を後漢の「党錮の禁」というのだが、こんなふうに排斥された地方の実力者たちは、そのまま引き下がったわけではない。やがて「名士」とよばれる豪族となって郷里社会で実力をつけていく。後漢のあとの三国時代とは、このような名士としての豪族グループの競争だったのである。

とはいえ儒教と官僚の結び付きはその後もずっと続き、結局は魏の九品中正制度をへて隋の「貢挙」や唐の「科挙」になって、儒教的官僚の力は全土に及んでいった。以降、〝儒教＝官僚〟が中国社会を牛耳る特色になる。

第七に、これはいうまでもないだろうが、中国では儒教とともに、つねに仏教と道教が拮抗し、ときに排斥され、ときに重用されてきた。この三教の関係を知ることがアジア的中国理解のカギになる。儒学・玄学・史学・文学の四学とあわせて、しばしば「四学三教」という。

「党錮の禁」で官僚を追い出した宦官に掌握された後漢は、農民の税負担の過剰が原因で社会不安をもたらした。ここに登場してきたのが張角による「太平道」や張陵・張魯による「五斗米道（ごとべいどう）」だった。いずれもその後の道教教団のハシリ（原始道教）となって、一部は黄色い頭巾をつけて挙兵した。黄巾の乱である。

時代が三国時代から五胡十六国をへて魏晋南北朝になっていくと、シルクロードからどっと仏典が入ってきて「格義仏教」がさかんになり、いったんは王法と仏法が大いに近づいた。それで、北魏の道武帝（太祖）の時代社会のような仏教興隆となるのだが、同時に道教も力をもつようになっていった。

たとえば、道武帝・明元帝を継いだ北魏の太武帝は、寇謙之（こうけんし）が唱えた「新天師道」にはまって道教を国教と認めたし、北周の武帝は仏教を排して儒教的な色彩の強い道教を国家宗教化しようとした。一方、梁の武帝のように自身で「三宝の奴」を称して全面的に仏教を重視した皇帝もいた。こうしたジグザグな変遷のあと、儒・仏・道の三教をバランスよくコントロールして、全体を仏教理念でくるんでいったのが隋の文帝であり、それを儒教で大きくくるんでいったのが唐の太宗（李世民）だった。

隋唐帝国はこうした三教のいずれにも花を咲かせたのである。いいかえれば隋唐帝国はジグザグを内包したまま世界帝国になりえたわけである。

こんなところが本書が示した中国理解のための、とりあえずの大々前提である。著者の尾形勇は古代中国がどのようにアジア的秩序をつくりあげたかを研究してきた中国史学者である。『中国歴史紀行』（角川選書）など懐しい。それでは、こうしてできあがった隋唐帝国は、アジアなかんずく東アジアの中をどう変貌させてきたのかということだ。

楊堅（文帝）が隋を建国したのが五八一年で、李淵（高祖）が唐を建国したのが六一八年、唐の滅亡が九〇七年だから、この世界帝国は七世紀から九世紀までの東ユーラシアの動向と重なることになる。

日本の話からしたほうがわかりやすいだろうから、そこからスケッチするが、七世紀の日本というのは六〇一年に聖徳太子が斑鳩に拠点を移したときから始まっている。

これは隋が建国されて二十年後のことで、中国は文帝から煬帝の時代に入っていく。

煬帝は中国懸案の南北の落差を大運河でつないだ。この大工事の敢行は『斉民要術』に象徴される東アジア独自の農法（作物交代による輪栽農法）が中国の南北に広まって、これを水路でつなげる必要があったからでもあった。小野妹子が隋に入って裴世清とともに帰ってきた時代は、その煬帝の代だった。

久々に中国に登場した世界帝国の威力は、周辺を圧するものがあったとともに、周辺諸国を警戒させた。とくに隋と突厥、隋と高句麗とのあいだが緊張した。突厥のほうは東西に分裂したので勢力が落ちてきたが、高句麗は文帝時代に朝貢をして冊封関係に入っていたのに、それ以上には近づいてこない。そのため文帝はちょっかいを出すのだが、びくともしない。続く煬帝は、高句麗に攻めたてられた百済から援護を頼まれたのをきっかけに高句麗を潰すことを決断したけれど、この遠征は三度にわたって失敗した。この失敗が響いて隋は潰えた。

こうして唐がこの世界帝国を継承した。李世民（太宗）が高祖を引退させて帝位についたのは六二六年である。「貞観の治」が始まった。数年後、日本からは第一次遣唐使の犬上君御田鍬が中国に向かい、玄奘がインドに向かって出発した。

そのインドでは七世紀のハルシャ・ヴァルダナ王が建てたヴァルダナ朝が一代限りで瓦解して、分立時代に入っていた。なかでベンガルのパーラ朝が八世紀の半ばから勢力が広がってパータリプトラに独特の仏教美術文化をのこしている。

目を転じると、西南アジアの七世紀はまさにイスラーム勃興期になっていた。ウマイヤ朝が領土を広げて唐の領土と接触するまでに至り、西はアフリカ北岸がマグリブ化（イスラム化・アラブ化）していった。六七三年からはイスラーム軍は東ローマ帝国のコンスタンティノープルをさえ完全包囲した。この年は新羅の英雄の金庾信が死んだ年でもあったが、唐の高宗は新羅に半島の領有を認めた。

それ以前、唐・新羅の連合軍は白村江で斉明・天智の日本を討った。日本の敗北はこういうチャイニーズ・グローバリズムの裾を踏んだためだったのだ。一方、朝鮮半島から手を引いた唐朝は、今度は西に向かっていく。高昌、トルファン、クチャがたちまち支配領域に入っていく。それとともにソグド人が運んできた胡風の文化が長安に入ってきた。

ところがここで、中国史上稀にみることがおこった。武則夫（則天武后）が女帝として立って、国名を「武周」としてしまったのだ。これで、それまでの「道先仏後」（道教優先）の方針が転じて「仏先道後」（仏教優先）になった。武則夫は、天下諸州に命じて大雲寺を建ててマジカルな妖僧たちを抱きこみ、弥勒下生のイデオロギーを採り入れて〝世界帝国内帝国〟とでもいうべきシステムに熱中してしまったのである。

この中国七世紀の異様は武則夫の病没まで続く。ようやく中宗が復位して唐朝が再興されると、七一二年からは玄宗皇帝による実に四五年におよぶ「開元・天宝の治」が開花した。玄宗は楊貴妃の傾国の美貌にのめりこんでいく。白楽天は長恨歌をつくって、「漢皇、色を重んじて傾国を思う」と歌った。玄宗五六歳、楊貴妃二二歳のときである。色気が国を亡ぼした。

イスラーム圏では八世紀半ばでアッバース朝が主役をとって新都バグダードが大いに栄え、ハルン・アル・ラシードのアラビアン・ナイト文化が絶好調である。その七五一年のこと、中央アジアのタラス河畔では、唐の安西節度使の高仙芝の軍とアッバース朝ホラサーンの武将ズィヤード・ビン・サーリフの軍がぶつかって、唐が敗北した。唐軍の捕虜に製紙工がいたため、このとき中国の製紙法が西に伝わったという世界技術文化史上の見逃せない出来事がおこる。

このように隋唐帝国を見ていくことは、そのままユーラシアから東アジアに及ぶ「鍵と鍵穴」を連続的に発見していくことになる。

ところで、このようなアジア＝ユーラシアの流れのなかで、ぼくが日本との関係で最近気になっているのが渤海である。七一三年に大祚栄が玄宗から渤海郡王に封ぜられたときから、その歴史が始まる。

渤海が国の様相を呈したのは、高句麗が滅んだからだった。唐が大軍を高句麗に送りこんできたとき、この国の前身は中国東北地方から朝鮮半島北部にまたがっていた。ここを唐の遠征軍が高句麗を討っているあいだ、大祚栄が必死に守っていた。牡丹江上流の間島を拠点に、高句麗人や靺鞨人といったツングース系を統合していたのである。そのときこの国は「震」とか「大震」といっていた。〝東方の国〟という意味だ。唐はこの国までは打倒できないと見て、冊封方式による政策管理にすると決め、大祚栄を渤海郡王とした。これで国名が渤海になる。

その渤海が聖武天皇の七二七年に、突如として日本に使節を送ってきた。高斉徳らの八人だった。「われわれは高句麗の旧居を復し、扶余・百済の遺俗を大事にしている」と自己紹介し、意外なことに自主的に交流を求めてきたのである。その後、渤海は醍醐天皇の時代までなんと三四回にわたって使者を送り、日本は一三回の使者を送っている。なぜこんなふうな自主ルートが渤海と日本のあいだに開かれたのか。いろいろ推理できるのだが、ひとつには日本と手を結んで新羅を牽制しようとしたのであろうし、ひとつには満州特産の貂の毛皮、蜂蜜、人参を、日本の絹・麻布・漆器などと交換して交易上の利益を求めたのでもあったろう。実際にも渤海五京の一つ上京龍泉府の遺跡からは和同開珎が出土した。上京龍泉府は東京城ともいわれて、条坊制のととのったミニ長安城のような趣があったところだと言われる。

興味深いのは、日本はこのような渤海に対してなんらの政治的な工作もしていないし、また特別の援助もしなかったということだ。渤海に手を出して唐の関心をひきおこすことを避けたかったからだとも考えられるが、ぼくは日本海を挟んだ独自の交流が、この時期の「東アジアのひとときの安寧」に大きく寄与していたとも感じている。

そこで、今夜の一言。東アジアの新たな展望は、いまなお日本海をまたぐ両側の〝伏線〟にこそ眠っているのではあるまいか。

第一四三五夜　二〇一一年十月二四日

参照千夜

一四三一夜：森安孝夫『シルクロードと唐帝国』　一四四〇夜：金谷治『淮南子の思想』　一四五〇夜：宮本一夫『神話から歴史へ』　一五六七夜：孟子『孟子』　五五三夜：吉田松陰『吉田松陰遺文集』　一三九八夜：大川玲子『図説コーランの世界』

仁・孝・礼のアジア倫理は
日本にどのように投影されたのか

加地伸行

儒教とは何か

中公新書　一九九〇

この本を一度は、案内しなければならないと思ってきた。同じ著者の『「論語」を読む』（講談社現代新書）や『沈黙の宗教—儒教』（ちくまライブラリー）も似たりよったりだが、本書が原型になっているので、こちらをとりあげる。加地さんとは一度だけだが、会ったことがある。十年以上前、下河辺淳さんや金子郁容さんとつくっていた「ボランタリー・エコノミー研究会」でゲストに呼んだ。あまり詳しい話をしてもらえなかったけれど、大筋は本書と同じだった。

なぜ、その加地さんの儒教論をとりあげたいかといえば、この人の儒教解釈は、おおかたの儒教論とはちょっと異なっていて、そのぶん、本格的な思想にはなっていないという気もするのだが、それがかえって東アジア社会の底流にある儒教論として、また、日本人が生活レベルで理解するための儒教論として、よく説明されていると思われるからである。

これまでの儒教論というもの、正直なことを言うと何を読んでもペダンティックになりすぎてわかりにくいものになっていた（念のため言っておくが、「儒学」論ではない、「儒教」論がわかりにくいのだ）。だから、加地さんのような平たい案内が、これまでのややこしい暗雲を一掃するには一度は必要だった。とくに加地さんは、儒教のもつ「礼教性」よりも、その「宗教性」を強調することに努めていて、そこが従来の儒教論とちがっていた。

そもそも儒教は、「死」に深く結びついている。だから儒教はあくまで人生ゴールインのための宗教なのである。魯迅はそこを批判して、死人などにかかわる儒教の後進性に眉（まゆ）をひそめたのだけれど、それはいいなおせば、儒教が「死と死後をめぐる宗教」であることを訴えていた。

古代、最初に「原儒」たちがいた。死という不可解な現象を説明しようとした者たちだ。かれらはシャーマンだった。巫祝（ふしゅく）だった。広く「儒」といわれたのは、この原儒たちのことをいう。原儒は、人間の本性が死によって、精神の主宰する「魂（こん）」と、肉体の主宰する「魄（はく）」とに分離すると考えた。そのため、この「魂」と「魄」との分離をもう一度統合することができれば、生死の本来がまっとうすると考えた。それによってときに人間の本性が蘇ると考えた。

そこで「尸」をもうけて魂魄が寄り憑きやすいようにした。「尸」は形代のことをいう。たいていは木の板でできていて、そこに死者の姓名や事績などを書く。この木の板は「神主」とか「木主」とよばれ、のちのち仏教にとりこまれて「位牌」になった。こうした魂魄の統合のための儀礼を司っていたのが、原儒なのである。その儀礼を一言でいえば「招魂再生」というものだ。

ただし原儒は、職能的シャーマンであったとはいえ、自分で何もかもを取り仕切るのではなかった。古代中国では、こうした招魂儀礼は各一族や各家族こそがとりおこなうべきものだとされていた。つまり儒の思想は、そのルーツにおいては、社会の単位である血族の系譜に強く結びつくものだった。つまりは「家」のための宗教だったのだ。招魂再生は各自の「家」のためにおこなわれるべきものなのだ。原儒はそれを扶助する役割だった。

やがて古代社会に、原儒の特殊化や多様化や階層化がおこっていった。白川静の名著『孔子伝』(中公叢書)や、最近の浅野裕一の大著『孔子神話』(岩波書店)も、そのあたりの事情を比較的詳しく書いているが、この階層化は大きくは「大儒」と「小儒」に分かれた。「大儒」は君子や貴族とともに内祭を担当し、「小儒」はさまざまな葬礼の仕事にたずさわって、外祭に当たるようになった。内祭のものを「史」、外祭のものを「事」とよぶ。そのうち大儒と小儒の分掌がしだいに混乱していった。

原儒の混乱状況のなかに、いよいよ孔子が登場する。春秋時代の、紀元前六世紀くらいのことだ。父は農民だったが、母がおそらく原儒だった。両親は早く亡くなった。孔子は「儒」の根本を問うて、この混乱を新たに組み立てなおすことを思いつく。両親の死が、孔子に「儒」の根本を問いなおさせる機縁になったのであろう。

儒教はふつう「仁・義・礼・智」の四徳、あるいは「仁・義・礼・智・信」の五常によって語られる。なかでも「仁」を最も重視したとみなされている。孔子の語録集としての『論語』も「仁」を多く説明しているし、その後の儒教も「仁」を中心においている。これは倫理思想として儒教を見たばあいの見方になる。

しかし孔子の時代前後、「儒」の基本は、もともと「孝」にあった。なぜ「孝」であったかといえば、血族や家族が「家」にまつわる死者を慰撫する原儒の本来からして、生前に「孝」を積んでおくことが最も有効であると思われていたからだった。この「孝」は、のちに日本の徳川社会で喧伝された「忠孝」の孝徳感覚とはいささかちがっている。もっと本来の心にひそむ「孝」というもので、その「孝」は古代中国の生命論全域にわたっていた。

完全な身体を父母から与えられたのだから、その完全なシステムを父母に返すこと、さらには祖先に返すこと、それが「孝」なのである。「身体髪膚、これを父母に受く。あえて毀傷せざるは孝の始めなり」と『孝経』にある。自分の身体は父母の遺体であり、父母の身体は祖父母の遺体なのである。

ここに過去・現在・未来を貫く「生命の連続」としての、東アジア的ですこぶる中国的な「孝」というものが位置づけられた。孔子も、身近な者たちの死の観察を通して「孝」を自覚したはずだ。そして「孝」を自覚するに「礼」をもって構成した。「礼」とは、もともとは葬礼のことをいう。死者を弔うことによってあらわす礼をいう。

「礼」は親しい者にこそ心をこめる。『論語』為政篇に、「生には、これを事うるに礼をもってし、死には、これを葬るに礼をもってし、これを祭るに礼をもってす」とあるように、この「生」とは「生きている親」のことを、「死」は「親の死」のことを、「これを祭る」とは祖先の生命の流れのすべてをさしていた。

つまり孔子は、生死の上に「孝」をおき、その「孝」のために「礼」を組み合わせた。これらはしかし、原儒の時代はまだ習俗にすぎなかったので、それを孔子は、「社会の規範」にまで高めることを主張した。ノモス（規範）にした。そのため、「孝」と「礼」を包含するコンセプトとして「仁」が高められることになった。

儒教において「仁」は最高の徳目である。ただし、その解釈をめぐるとやっかいになる。とくに儒学にとっての「仁」は大いに議論が分かれる。

孔子時代の「仁」は明快だった。一言でいえば「仁」とは「愛」なのだ。『論語』ではずばり「人を愛す」（顔淵篇）とか、「仁者は憂えず」（憲問篇）と言っている。それをまとめて「仁愛」と言ってもいい。ただし、この「愛としての仁」は行動をともなっている。静かに深く沈潜する愛ではない。行為的であって、積極的な愛なのだ。自分から発して、人に及ぼす愛なのだ。それが「仁」である。

『論語』には、「仁者は己立たんと欲せば、人を立つ。己達せんと欲せば、人を達せしむ」（雍也篇）とも、「仁に当たりては、師にも譲らず」（衛霊公篇）とも、「仁者は難きを先にして、獲るを後にす」（雍也篇）とも、ある。つまりは、他人に向かって何かをもたらすことが仁愛とみなされた。

このような積極的な仁愛は、ややもすると押し付けがましくもなる。人為的な愛になりかねない。

そこで孔子とほぼ同時代であったろう墨子は、孔子の仁愛論を、親しい者や目上の者ばかりに仁愛をもたらす「別愛」（差別愛）だと嫌って痛烈に批判し、あえて「兼愛」（博愛）を唱えた。墨子のことは『論語』にはまったく出てこない。だから孔子が墨子をどのように感じていたのかはよくわからないのだが、おそらく墨子の批判はうすうす聞こえていたであろう。そのためかどうか、孔子は晩年になるにしたがって「仁」の思想を深めていった。

こうして、「仁」のもとに「孝」が高められ、そこに「礼」がぴったりくっつくと、「礼」には「楽」が並列されるようになった。「楽」は礼のための音楽である。あとでも説明するが、ここでいう音楽はたんなるミュージックではない。すべてを測る尺度なのである。孔子はその楽と礼を近づけた。「礼楽」ともいう。

仁と孝、および礼と楽とが並びあうと、だいたいの儒教コンセプトが出揃った。それとともに、孔子以前から編集されてきた『詩経』『礼記』『書経』が基本テキストとして重視されることになった。深掘りする読み方が見えてきたからだ。のちの儒教ではここに『春秋』と『易経』が加わって、五経とされた。

ここまでくると、これらはすべて儒教のリベラル・アーツとなった。古代中国社会は官僚が中心の社会であったから、社会をつくりあげる官僚は、「教養としての儒教」を修得することにもなったのである。

孔子の死後、弟子は分散する。直弟子の曾子や子夏も、曾子の弟子の子思も、子夏の弟子の子游も一応は活躍したが、さすがに孔子の教えは分散した。かくて一〇〇年ほどをへて孟子と荀子が登場して、時代が春秋から戦国に移ると、儒教は論争激しい「諸子百家」のひとつにならざるをえなくなる。それは、儒教が儒学として問われるということでもあった。

さらには秦の始皇帝による「焚書坑儒」がおこって、「儒」は決定的な迫害をうけた。古典のテキストもすっかり読まれなくなった。それが漢代になると、文帝のころからやっと文芸復興の兆しがおこった。最初は『詩経』あたりが復活し、やがて武帝の時代に董仲舒が出て、「教化を明かして民性を導くこと」を説いたため、古典のテキストの読み方こそが求められたのである。やっと孔子に光があたったのだ。

あとは、どんな宗教もどんな学問もが通る道である。「五経博士」がおかれ、これらのもとに儒教・儒学をめぐるコンセプトとコンテキストを解釈する分派がさまざまに登場する。それでも武帝は儒教を国教としたわけである。当然、儒教・儒学は一大学問体系を形成する。テキストをめぐる学派も生まれた。大きくは「古文派」と「今文派」とに分かれる。

古文派はテキストを文献学的に解釈する『春秋左氏伝』に依拠した。今文派は歴史哲学を重視する『春秋公羊伝』を中心に解釈を広めた。総じて「経学の時代」という。経学の隆盛では、意外にも『孝経』と『春秋』が大きな役割をはたした。いずれも「経」という字がついてはいるが、経典ではない。経典だとすれば偽経であろう。

『孝経』はいつ成立したのかははっきりしない。きっと時間をかけて編集されたのであろう。すでに荀子が、「孝」について小行・中行・大行などの区別をしているし、そのころも古いテキストがあったらしく、また別説には大孝・中孝・小孝も区別したらしいのだが、結局はそれらが組み合わさって、漢代の経学では、当時の群国制度にもとづく共同体システムに応じて、「孝の分類」が進捗したのであったろう。

当時の社会は、天子・諸侯・卿・大夫・士・庶人などと分かれつつあったから、これに応じた「それぞれの孝」が認知されていったのである。わかりやすくいえば「家産的な共同体道徳」の確立にあたっていた。

経学を学術的に支えたのは『春秋』のほうである。現存する『春秋』のテキストには「左氏伝」「公羊伝」「穀梁伝」がある。これらを用いることを「春秋学」という。

『春秋』そのものがどのように成立したかは、はっきりしない。周王朝のころの魯の年代記で、隠公から哀公にいたる十二代二四二年間の記録になっているのだが、ひとまとまりのものではない。年代記にしては途中からの記述であるし、それぞれの即位が明記されていないところも少なくない。それらの断簡を孔子と門弟たちが編集したというふうにもなっているのだが、史実かどうかはわからない。「左氏伝」もまた、左丘明という孔子の弟子の編集ともされているものの、その実態はあきらかではない。

しかし漢代、董仲舒が『春秋』を歴史的現在に引っ張り出したのである。現実の政治にも『春秋』の解釈を頻繁に引用し、政策判断に適用した。中国ではこうしたテキストの現実への適用を「致用」という。実用的解釈といってもいい。

春秋学はしだいに充実して、さっきも言ったように「古文派」と「今文派」とに分かれた。使用している文字（フォント）が秦以前の旧体文字のばあいは古文派で、当時の流行の隷書で書かれているテキストを用いたのが今文派だった。後漢の光武帝の時代にはこれらが入り交じって、いささか神秘主義化さえおこした。

この神秘主義的傾向を、「経学」に対する「緯書の流行」という。王充の『論衡』や、「新」を興した王莽は、こうした「神秘の儒」に走った。これらを「讖緯」ともいった。経学と緯書が二極化する現状をアクロバティックに編集統合したのは、後漢後期の鄭玄である。ぼくも『空海の夢』（春秋社）に鄭玄の仕事の凄さを指摘しておいた。

以上の流れは、どちらかといえば儒学が確立していくプロセスにおける分派化と統合化というもので、儒教としては、このあたりで礼教性と宗教性が割れてきたと見たほうがいい。五経博士が設置されたこと自体が、儒教に礼教的な統治的性格が強くなったということなのである。そのぶん儒教の宗教性はどうなったかといえば、民衆や家族の習俗のほうに向かっていった。

その後の儒教は、仏教と道教との三教併走の時代になっていく。儒・仏・道の三教はつねに競いあい、つねに影響しあった。

三教それぞれに特色があった。儒教にくらべると、仏教（ブッディズム）は体系的なコスモロジーや形而上学に富んでいる。この点については、儒教の分が悪い。道教（タオイズム）にも老荘の存在の哲学がある。孔子が「正名」を重視して、名を正しうすることを大事とみたとすれば、荘子はあえて「狂言」を主張して、無為自然が生むものをおもしろがった。これでは儒教がしかめっつらのもの、道教が自由気ままなものと映って、儒教が不利だった。

けれども儒教には、家族から国家におよぶ「仁」や「孝」の一貫性があった。三教のどれが社会のしくみにあてはまるかという点から見れば、儒教のほうが説得力をもっている。社会がルールを必要とするなら、やはり儒教の出番なのである。

とはいえ、民衆は現世利益のほうに心を奪われる。そこで儒教としては、儒・仏・道の三つに共通するブリッジを用意する必要があった。加地さんは、そのブリッジこそが「死と再生」をめぐるところであったろうと指摘する。仏教の「輪廻転生」と道教の「不老長生」を、たくみに儒教の「招魂再生」にブリッジしようというのだ。比較してまとめれば、次のような図式になる（ぼくなりに言いなおしてある）。

儒教…子孫の祭祀による現世への再生↓「招魂再生」

仏教…業（ごう）や因果にもとづく縁起と転生↓「輪廻転生」
道教…無為自然に向かう存在者の長生↓「不老長生」

こうして儒教は、仏教や道教の永遠性や実用性を吸収していった。他方、仏教のほうもまた、儒教にひそむ先祖崇拝や祖霊信仰をとりこみ、当時の中国社会が葬儀の大半を儒教式でとりおこなっていた趨勢（すうせい）に食いこむようになって、本来の仏教思想からの逸脱をおこしていった。仏教僧や寺院が葬儀を意識するようになったのは、この時期以降のことである。

かくて儒・仏・道の三教は、いずれもその宗教性を複雑多岐なものにしていくのであるが、ここに社会的儒教性としては確固として譲れぬものがあった。それは「科挙」によって儒教の基本がつねに保守していけるということだった。

科挙は、漢代の「察挙」、魏晋南北朝の「九品官人法」という人物推薦方式を、隋唐でがらりと試験方式に改めて以来、清朝にまで及んだ。この科挙のための学習こそ、徹底して儒教・儒学の基本を中国の中核社会に刷りこむものとなっていった。

科挙の試験は、まず各省でおこなう「郷試」が三回にわたる。第一場（九の日）では、四書（論語・中庸・孟子・大学）についての問題が三題、五言八韻の詩を問うものが一題出る。第二場（一二の日）では、五経（易・書・詩・春秋・礼記）について各一題が問われる。ここまでで四書五経の完全マスターが要求される。ついで第三場（一五の日）では、時務策（時事問題）に関する識見を答えさせる問題が五題出て、それを「八股体」という長大な対句の文体で、字数もアクロバティックに制限されたなかで文章にする。

第三場まで合格すると「挙人」の資格を得るのだが、これでおわりではない。次に都に赴いて「会試」を受けなければならなかった。合格すると「貢士」となり、さらに皇帝が臨席する最終試験の「殿試」に挑まなければならない。これに合格してやっとこさっとこ「進士」になれたのである。

これだけの難問を突破するには、まずもって四書五経をはじめとする儒教テキストに精通していなければならない。唐代には『五経正義』が、宋代には『三経新義』が、元代には『四書集注』といった虎の巻が出て、これを受験者の全員が暗記した。こうした科挙が、一部の除外者をのぞく一般男子全員に門戸を開いたのだ。何かの役職につくなら、科挙を受けるしかなかった。各地には、多くの私塾や学習グループや読書サークルが派生した。これは見方を変えていえば、ようするには〝試験儒教〟であり、〝お受験儒学〟なのである。当然に、儒教・儒学を形骸化させることにもなった。

宋になって朱子（朱熹）が登場して、断乎とした「儒教と儒学のルネサンス」にとりくむことになる。前段があった。第九九六夜の『伝習録』(王陽明)にもそのへんのことを書いておいたのだが、朱子のヒントとなったのは、周敦頤の『太極図説』である。

これはそもそもは、易学や道教寄りの「道学」の成果であった。無極から太極が生まれ、陰陽二気が作用して五行を生成し、それらが万物化生になるというもので、ふつうは魏伯陽の『参同契』を下敷きにしたといわれるが、ぼくは華厳の宗密の『原人論』の影響も濃いと見ている。

それはともかく、この『太極図説』を程明道と程伊川(二人をまとめて二程子という)が発展させ、それを朱子が集大成した。こんなものを朱子が採り入れたのは、従来の儒教・儒学がコスモロジーや形而上学を欠いていたことを補塡したいからだった。朱子はそれをやらざるをえなかった。あえて「理」と「気」をもちこんで、形骸化しつつあった儒教のすべてを一新させたのだ。

この理知的に集大成した儒教儒学体系を「新儒学」とも「宋学」とも「朱子学」ともいうことは、いまさら説明するまでもないだろう。しばしば「理気二元論」ともいわれる。つまりは、ここからは新たな儒教・儒学の時代なのだ。

朱子は、このような体系をどのように学べばいいかという方法も提案した。そのため『小学』を撰述して、それをスタートに、四書に進み、そのうえで五経に入っていくというマスタープログラムを提示した。とくに『大学』にさしかかったステージを重視して、そのなかの「格物・致知・誠意・正心・修身・斉家・治国・平天下」という八条目、に、いっさいの新儒学のメッセージがこめられるという明快な解釈を披露した。

格物致知を発意していけば、それがやがては修身とも斉家ともなって、やがて治国と平天下に達するだろうというのである。ついに儒教がニューロジックとしての「孝」を取り戻したということになる。

朱子が二程子を媒介にして朱子学を集大成したことは、いまのべた通りだが、二程子からはもうひとつの儒教・儒学の系譜も出ていた。これが陸象山の「心学」である。心学は、第九九六夜に案内しておいたように、いずれは王陽明の陽明学につながって、朱子の「格物致知」に対する「知行合一」の行動思想となった。そのあとのことは、今夜は省略することにする。

それでは、このような儒教三〇〇〇年の流れが、さて、いまはどうなっているかといえば、さっぱり使いものにならなくなったといっていい。とくに日本人にとっては儒教はいまだに古くさい因習にとらわれたものか、あるいは面倒な道徳や道義をもちだすものとして、なんらの現代的検討を加えられないままに、煙たがられているというところだろう。

しかし、加地さんは、儒教はまったくそういうものではなく、それどころか、現在の日本人の日々のなかにさまざまに生きていると見た。

たとえば、日本では死者のことを「ほとけさん」と言い、「ほとけさん」の心を鎮(しず)めたいと言う。けれども、これは仏教の考え方ではなく、もともとは儒教の考え方なのである。だいたい仏教での「仏」とは成仏したもの、悟りをひらいたものをさす。それが、誰かが亡くなったからといって、ああ、あの人も「ほとけさん」になったというのはおかしい。この「ほとけさん」は儒教における死者の魂のことをさすはずだ。少なくともそういう見方が混じっているはずだ。

冒頭にも書いたけれど、儒教では死者の魂は精神的な「魂」と肉体的な「魄」とに分かれる。「魂気」と「形魄」ともいう。白川静さんの字書を見てもらえばわかるように、「魂」の偏(へん)は「気の流れ」になっている。「魄」は偏が「白」になっていて、これは白骨のことなのだ。そもそも、「死」とはこの白骨の白さをあらわしていた。この「白骨としての死」を埋めることが「葬」だったのである。

ということは、死者が出て、魂魄が分離する時期、仮の宿としての「殯(もがり)」に遺体を置いて、魂が天上へ、魄が地下に向くのを見届ける。そのうえで、これらの合体のための墓や廟(びょう)を作っていく。そこに「葬」の役割がある。そもそも「遺体」という言葉にしてからが、「遺(のこ)された体」という意味なのだ。それは継承されるべき身体なのである。だからその遺体を先祖と同じ墓や廟に祀(まつ)った。

こうしたことを見ていくと、現在の仏式の葬儀や仏壇には、多分に儒教が反映しているということになる。祥月命日という言い方も、儒教においての三年目の喪を「大祥」とよぶのに因んでいた。

今日の日本人の死と葬儀には儒教がさまざまに絡まっている。位牌ですら、もとは儒教の形代だったのである。しかし、ぼくとしてはこのようなことはどちらかといえばどうでもいいことだ。日本において儒教と仏教が習合しているなどということは、「神仏習合」と同様に当然なのである。だからそれをあえて仏式だとか、神式だとか思いこまないほうがいいというだけだ。

今日において儒教を考えるには、もう少し別の見方から議論しておいたほうがいいと思われる。たとえば、なぜ儒教には教団組織がなく、寺院や神社のようなものをふやさなかったのかという問題がある。

考えてみると、これは不思議だ。あるのは孔子廟ばかり。なぜなのか。あれこれの説明を省いていえば、儒教が「家の宗教」だったからである。それがいまもって続いているのだ。

またたとえば日本では、儒教は徳川社会に顕著だった封建性と結びついていて、そのため女性を「家」に押し込めた、それが昭和の半ばまで続いたという見方があるけれども、それも半分は疑問である。女性が結婚すると嫁いだ家の苗字を名のるというのは、実は儒教にはない。儒教の原則は「夫婦別姓」なのである。

儒教が東アジア圏における単位の思想や尺度の感覚をつくってきたことについても、もっと注目したほうがいい。度・量・衡である。度量衡には二つの方法があった。ひとつは手の親指と人差指を広げて十寸とし、両手を広げて八尺とするというように、寸や尺や肘や尋を使うという身体的尺度である。これは儒の尺度なのである。

「音」を使う方法にも儒があった。音階を「宮・商・角・徴・羽」の五音に分ける。これは音の絶対値をもたず、それぞれの音階の関係をさすようにする。もし「宮」が低い音で始まれば、そこから一定の関係で「商」や「角」を決める。それとはべつに六律と六呂をつくる。あわせて十二律呂というが、日本でよく「呂律がまわる」というように、この律呂は、その第一律から尺度が決まるようになっている。この第一律を「黄鐘」という。

その「黄鐘」の作り方がいい。大きさがほぼ等しい秬黍を九〇粒選んで、それを並べた長さと同じ竹管をつくる。これを吹いたときの音が「黄鐘」の第一律なのである。こういう尺度になっていた。音のためだけではなかった。秬黍一二〇〇粒を入れた竹管を原器にして、その大きさを一勺とした。そしてそこから一〇勺を一合、一〇合を一升、一〇升を一斗、一〇斗を一斛とするようにのばしていった。それだけではない。同じ竹管の一二〇〇粒の秬黍の重さを一二銖とし、その倍の二四銖を一両とした。あとは一六両が一斤、三〇斤を一鈞、四鈞を一石としていった。

音階と度・量・衡が密接に相互連関して、みごとな換算関係におかれたのだ。だいたいこのような尺度にまつわる見方が、天文・気象・易・五行のすべてに及んでいた。これらはすべて儒教が維持し、継承してきたものだった。こういう儒教の効果もあったのである。

われわれはどこで儒教を忘れてしまったのだろうか。日本人の多くが福澤諭吉のように嫌ったせいなのか。魯迅のように捨てたのか。それとも、何もかもを習合させてしまったのか。

桑原武夫が柳田国男に、こういうことを尋ねたことがあるらしい。かつて日本には内藤湖南、狩野直喜、西田幾多郎といった強靭な学者がいたと思うのですが、最近はどうも軟弱で、線が細くなったと感じるんですが、先生はどういうふうに感じられますでしょうか。すると柳田は、「それは孝行というものがなくなったからです」と答えたという。加地さんがある本に引いている話だ。

これをどう感じるかは受けとりようである。おそらく柳田は「日本の家」のことを俎上にのせたのである。それが「孝」とともに消えたと言ったのだ。ひょっとすると、西田が家族を失って、新たな思索に入っていったことを暗示したのかもしれない。こうしたことも、もう一度、考えなおすべき時期が来ているにちがいないが、最近の日本には儒教アジア圏の総体と多様性を語る気力が萎えているように思える。

第一二〇五夜　二〇〇七年十月二四日

参照千夜

七一六夜：魯迅『阿Q正伝』　九八七夜：白川静『漢字の世界』　八一七夜：墨子『墨子』　一五六七夜：孟子『孟子』　四二五夜：大室幹雄『正名と狂言』　七二六夜：荘子『荘子』　九九六夜：王陽明『伝習録』　四一二夜：福澤諭吉『文明論之概略』　二七二夜：桑原武夫編『日本の名著・近代の思想』　一一四四夜：柳田国男『海上の道』　一二四五夜：内藤湖南『日本文化史研究』　一〇八六夜：西田幾多郎『西田幾多郎哲学論集』

朝鮮半島南端から
倭国日本がみるみる変貌していく

田中俊明

古代の日本と加耶

山川出版社　二〇〇九

竹島は日本では「竹島」、韓国では「独島」(dokdo)、欧米では「リアンクール島」とよばる。リアンクールは一八四九年にフランスの捕鯨船がこの島を〝発見〟したときに付けられた名だ。

いまGNISサーチ(アメリカ地名委員会のサイト)でこれら三つの名を検索すると、いずれも所属国が「大韓民国」と出てくる。二〇〇八年の時点ではGNISはここを「どこの国にも属さない領域」と明示していた。ところが、その後の韓国大使とブッシュ時代のライス国務長官との話し合いにより、GNISはここを大韓民国領に訂正した。以来、日本は手を出せないでいる。

古来、日韓のあいだには何らかの領有問題をめぐる綱引きがたえずあった。明治近代では朝鮮半島を舞台に日露戦争と日韓併合がおこり、その前は江華島事件や征韓論があった。明治三八年、政府は竹島を穏地郡五箇村大字久見字竹島として島根県に編入した。

　徳川時代を通じては朝鮮通信使節がひっきりなしだった。そんななか林子平が『三国接壌之図』（一七八五）の地図に竹島（鬱陵島）と松島（独島）を正確に描き入れて、これらを二つとも朝鮮国の色である黄色で塗ったりもした。外敵をネズミ叩きで追い返すという海防論しか打ち出せなかった子平には、手に負えない問題だったのだろう。

　その前の日韓関係は秀吉が朝鮮半島を蹂躙したことに象徴される。これについては『秀吉の野望と誤算』（一〇三八夜）に詳しく書いたが、秀吉は大陸制覇をもくろんでいたわけで、韓半島をはなっから日本のものにしようと思っていたふしがある。もっとさかのぼると、三浦の倭乱、倭寇と高麗の関係、渤海の動向が続いていたし、なんといってもモンゴルと高麗の連合軍が二度にわたって襲ってきて、きわどくも神風で退却したという〝蒙古襲来〟が大きな事件だった。

　さらにその前は？　もちろんのこと、白村江の戦い（六六三）での唐・新羅連合軍による日本の敗戦が決定的だった。これによって「日本」は初めて自覚的に自立せざるをえなくなったのだった。

　ことほどさように、日本はつねに日朝のあいだのシーレーンによって動いてきたのである。それなのに日本はことごとくシーレーン問題で懲りてきた。戦略を欠いてきた。北方四島、竹島、尖閣諸島、いずれもそうだ。どうしてそんな体たらくになっているのかと思うけれど、いまとなっては問題はけっこう複雑である。詳細は最近の著作なら、話題の孫崎享『日本の国境問題』（ちくま新書）や保阪正康『歴史でたどる領土問題の真実』（朝日新書）などを読まれるといい。

さて、そもそも日本と朝鮮半島はどのように絡みあっていたのかというと、ルーツまでさかのぼろうとすると、そこがそもそもたいへんにあやしかった。考古学史料が出揃っていないからだ。そこでいきおいテキストに頼ることになるのだが、その解釈をめぐっても見解が割れたままにきた。

たとえば、『古事記』にはニニギたちが天孫降臨する場面に、「此地は韓国に向ひ笠沙の御前にま来通りて、朝日直刺す国、夕日の日照る国なり」と書いているけれど、その「からくに」とはいったいどこの何をさしているのかとか、『日本書紀』には仲哀天皇の急死後、子どもを身ごもっていた神功皇后が住吉大神の神託を受けて新羅に攻め込んだところ、戦闘になる前に新羅が降伏したとあるのはいったいどんな意図の記述なのかとか、疑わしい記述をめぐってのさまざまな議論が噴出してきたのだった。

それでもとりあえず考古学史料と日韓中のテキスト比較を総合してみると、おおざっぱな「古代日朝交流の波」は五段階くらいに分かれるということになる。そこにはむろん中国の事情も絡む。

第一段階はおそらく紀元前三世紀前後のことで、朝鮮半島から稲作や金属器をともなって、なにがしかの一群あるいはシーズや文物が渡来してきた時期である。半島は衛氏(えいし)朝鮮をふくむ古朝鮮時代だった。

そうなったのは奥に控える中国のせいである。紀元前二二一年が秦の始皇帝による統一だから、そのあとの事態は漢の武帝以降のことで、楽浪郡などを設置して半島経営を試みていた。この時期、日本は半島経由ではなくむしろ遼東からの燕人の影響をうけていたのではないかという見方もある。このへんの事情は岡田英弘の『日本史の誕生』(弓立社→ちくま文庫)や『倭国』(中公新書)が説得力のある仮説を提供してくれている。

第二段階は「分かれて百余国」が「倭国」に統合されていく時期で、卑弥呼が魏に使者をおくった事績を含んでの三世紀近辺までのことだろう。中国の韓半島支配がいくぶん弱まって、半島の東南部には馬韓(マハン)・弁韓(ピョンハン)・辰韓(チナン)が出現した。

第三段階の日本は「謎の四世紀」である。仁徳天皇の血脈をうけた〝河内王朝〟が胎動しているのだが、半島には新たに百済・新羅が勃興し、日本列島にいちばん近い南部には「加羅」あるいは「加耶(かや)」とよばれる諸国が活力をもった時期になっていく。北方では高句麗の勢力がやたらに強くなっていた。

第四段階では中国が南北朝時代に突入する。倭国は「倭の五王」時代を含んで中国との朝貢関係を切り替えて、新たな半島との政治経済関係をマネージメントしようとしている。それというのも新羅がしだいに強大になって、高句麗の広開土王が百済を討つというような変化が次々におこっていたからだ。こうした百済の危機に、倭国=大和朝廷がしだいに巻き込まれるというのが、五世紀から六世紀のことだ。

そこで日本側は加耶や百済との複雑な関係を相互的に処理しようとするのだが、なかなかうまくいかない。このとき、いわゆる「任那（みまな）の日本府」の経営も試みられた。考古学的には須恵器（すえき）が倭に入っている時期になる。

第五段階はいよいよ七世紀だ。背後に隋・唐という大帝国が登場し、百済が滅亡してしまう。高句麗も滅んで、新羅が朝鮮半島統一をなしとげる。そこにさきほど書いた神功皇后の新羅への挑戦などの神話的なエピソードがたくみにくみこまれるわけだが、これは史実としては認められていない。

認められてはいないのだが、仮に倭と新羅とのあいだになんらかの渉外関係があったとしても、しかし日本は、斉明天皇期の六六三年に白村江の海戦で唐・新羅の連合軍に敗れ去った。これで古代日韓関係は途絶えることになる。こうして六六八年、天智天皇が即位した。自立した「日本史」はここから始まったわけだ。

ざっといえば、以上のような五段階になる。日本から見た東アジアの相剋（そうこく）の歴史はここからスタートしたのだった。

これらから何を読みとればいいのか。最も気になるのは百済との関係であろう。つなげていえば、中国の支配力が強かった朝鮮半島において、諸国がこの勢力の減退を機会にしだいに自立し、やがて高句麗・新羅・百済が三国鼎立（ていりつ）していった時期に、わが倭国はどのように百済型の勢力と交流をしたのかということだ。

日韓外交史はここに始まり、そしていくつもの謎をのこして、韓半島は新羅から高麗へ、日本は白村江の敗戦後に天智・天武時代を迎えて、記紀の編纂（へんさん）や律令制の確立に向かっていったのだ。このとき最も密接な日朝関係を最初に築いていたのが、まさに倭国と加耶の諸国だったわけである。もしも竹島問題のルーツのルーツをさかのぼるとすれば、ここにこそあった。本書はその倭国と加耶の関係の謎を解く。

著者は京大で朝鮮古代史を修めたあと、古代日朝関係史を追い、『大加耶連盟の興亡と「任那」』（吉川弘文館 一九九二）などを世に問うた。今夜のテーマにふさわしい。

さて、日本人も韓国人も実は古代日韓関係にははなはだ弱い。見て見ぬふりをしたいからというよりも、学者センセーがいくつもの仮説と推理のなかにいるのをうすうす感じながらも、本気でとりくんでこなかったように思う。とくに中国の関与という視座を欠いてきた。

そもそも古代朝鮮半島がダイナミックに動き出したのは、紀元前一〇九年に前漢の武帝が水陸両軍を発して朝鮮半島に侵入し、衛氏朝鮮を攻略し、楽浪・臨屯・真番・玄菟の四郡をおいてからなのである。中国が手を出さなければ、当時の韓半島は動かなかったといっていい。楽浪郡は衛氏朝鮮の本拠地であった平壌あたりに位置し、その後は四郡を統合する勢いになり、ついでは公孫氏が新たに帯方郡をおいて、韓民族との交渉にあたるようになっていた。

中国の支配力がおよぶ一方で、半島の北には扶余と高句麗がしだいに力を伸ばしていった。これは北方遊牧民族が北から突ついた動向の反映である。千夜千冊ではすでに『アーリア人』（一四二一夜）、『スキタイと匈奴』（一四二四夜）、『東アジアの世界帝国』（一四三五夜）などで書いておいたように、中国の歴史は北方民族の果敢なヒットエンドランと無縁ではいられない。ツングースや扶余や高句麗はこの流れの突出だ。

他方、南には「韓」がいて、この韓の発展系こそが後漢時代の三世紀には馬韓・辰韓・弁韓となった。三韓時代という。弁韓・辰韓はともに十二国ずつに分かれ、慶尚南道を中心に広がっていた。弁韓にはのちの「金官国」の前身ともいうべき狗邪国があり、辰韓にはのちの新羅の前身にあたる斯盧国があった。

その弁・辰が四世紀には「加耶」とよばれる諸国になって、馬韓の辰王がゆるい統合でまとめていたわけである。当然、倭国とは目と鼻の先だ。

やがて黄巾の乱（一八四）でさしもの後漢の大帝国が凋落すると、ここに三国志で有名な魏・呉・蜀が鼎立して、魏の司馬懿（仲達）が公孫氏を倒して帯方郡を受け継ぎ、東方社会に対する勢力の拡張を企図した。が、魏には武力で周辺を制圧する力はなかったようだ。やむなく帯方郡の役人たちは異民族との協調につとめた。

このことが日本にとっては大きかった。邪馬台国の卑弥呼が魏に難升米らを派遣したのは、こうした背景を読んでのことである。ライバルの狗奴国と対立していた卑弥呼は公孫氏滅亡の知らせを聞くと、魏が帯方郡を併合した翌年の二三九年に使者を送り、「親魏倭王」の称号をすかさずもらったのだ。

三世紀末、中国は西晋によっていったん統一された。そこで卑弥呼の後継者の台与が西晋に使者をおくった。けれども西晋は内紛続きの国情である。当時ちょうど「分かれて百余国」から初期統合の道を歩みつつあった倭国は、ここが肝心なところだが、このままでは中国からはたいした利益は得られないと判断したのであったろう。案の定、三一六年に匈奴の侵入で西晋が滅ぶと、このあと中国は隋の統一までの長きにわたる南北朝の混乱並立期に入っていった。

この中国勢力の減退の事情が韓半島に諸国の興隆をもたらし、そのままの勢いで倭国と朝鮮との密接な交流をもたらした。その諸国興隆を順にいえば、高句麗が三一三年前後に楽浪郡と帯方郡を攻略して、待望の半島進出をはたした。南部では馬韓の一部地域であった「伯済」が地域を統合して漢城（現・ソウル）を拠点に独立国家となり、国号を「百済」と定めた。続いて辰韓の一部の勢力であった斯盧が地域統一をしだいに進め、国号を「新羅」とした。

こういう順だ。しかし半島東南端の加耶諸国だけは勢力を保っていた。その中心あたりに「大加耶」「小加耶」あるいは「金官国」があったのである。

いまのところ、加耶の実在を示す最も古い史料は高句麗の広開土王碑である。その記事の中に「任那加羅」という言葉が出てくる。年号では四〇〇年ちょうどになる。任那加羅は金官国の別名だった。

金官国が存続中の時代は、この国々こそが倭国と深い関係にあったとおぼしい。倭は加耶の国々となんらかの濃い交流関係や重合関係をもっていたはずなのである。ただ『日本書紀』はこの地域をなぜか「任那」とよんで、「みまな」「イムナ」と発音した。まさに倭国が西日本を統合して、朝鮮半島南部との重なり合いを模索していた時期にあたる。けれども、「任那＝加羅＝金官国」が栄えていたのも、ここが下限だ。加耶の国々はついにひとつにまとまることなく、新興の百済および新羅によって分割された。

加耶や任那とはどういうところなのか。金官国はどこなのか。日本（倭国）とはどんな関係があったのか。この問題については、ずいぶん前からさまざまな学問上の議論があって、かなり意見が錯綜してきた。とくに「任那日本府」なるものがあったのかどうかをめぐっては、意見が対立してきた。

ぼくのばあいでいうと、学校で教えられたことはともかくも、二十年ほど前に、井上秀雄の『任那日本府と倭』（東出版）や坂元義種の『古代東アジアの日本と朝鮮』（吉川弘文館）を読んだときですら、どうも歴史的事情がこんがらがって困ったものだ。韓国の歴史研究が当初はそうとう出遅れていたせいもある。ところが、その後は急速に進捗し、「任那日本府」をほぼ完全に否定するようになった。

そのうち鈴木英夫の『古代の倭国と朝鮮諸国』（青木書店）から本書の著者の『大加耶連盟の興亡と「任那」』へと研究が進んだあたりで、なんとかかんとか全貌に筋が見えてきた。なかでも上垣外憲一の『倭人と韓人』（講談社学術文庫）がおもしろかった。しかし、慶北大学の朴天秀が韓半島の考古学を駆使して綴った『加耶と倭』（講談社）を読んで、またぐらついた。

結局、いまだに古代日韓交流の〝真相〟ははっきりしていない。決定的な歴史事情は確定していない。しかしそれでも加耶と倭国は強いパイプでつながって連携関係にあったと思われる。このことはまちがいない。軍事的あるいは交易的な同盟関係でもあったろう。だから決定的なことはわかっていなくとも、何度も言うように、ここに竹島問題のルーツのルーツが始まっているのである。

そこで今夜は、いまは滋賀県立大にいる田中俊明がわかりやすく書いたリブレットの本書をもって、日韓両国の〝あいだ〟を象徴する「任那問題」を眺望しておくことにしたわけだ。詳しくは『大加耶連盟の興亡と「任那」』を読まれたい。音楽派にはとくにおススメだ。加耶琴の音が聞こえてくる。ちなみに鳥越憲三郎の『古代朝鮮と倭族』（中公新書）など、ぼくにはいまなお気になる視点がいくつかあるのだが、今夜はふれないでおく。そのうち〝倭国〟だけではなく、東アジアに広がる〝倭族〟についても考えたいと思っているからだ。

念のため、加耶とか加羅とよばれてきた地域の呼称を整理しておく。朝鮮古代史の基本史料は『三国史記』と『三国遺事』である。その『三国史記』では加耶・伽耶・加良・伽落・駕洛などと、『三国遺事』では主に伽耶と、ほかに呵囉、駕洛と記される。『日本書紀』では加羅が多く、『続日本紀』では賀羅とも綴る。中国の『梁書』はもっぱら伽羅で、『隋書』では迦羅である。日本読みではこれらはすべてカヤかカラになる

（「カラク」もある）。朝鮮語読みでは〝karak〟に近い。

このように厳密な呼称ははっきりしないものの、あきらかにこうした呼称をもつ「加耶の国々」が四世紀と五世紀に栄え、倭国との濃厚で複合的な関係をもっていたのだった。

その『三国遺事』のなかに「駕洛国記」がある。駕洛国は金官国のことをいう。建国から滅亡までがおおざっぱに記されている。

冒頭、この地に九人の「干」（酋長）がいて一〇〇戸七六〇〇〇人の民を統べていたという説明がある。そこへ紫の縄が垂れてきて、紅い布に包まれた金色の盒子を降臨させた。中に黄金の卵が六つあり、そこから童子が生まれると、その最初に成長した首露が王となり即位した。これが駕洛または伽耶という国の誕生であるという話だ。

いわゆる卵生創成神話だが、この話は何かに似ている。そうなのだ、天孫降臨っぽいストーリーになっている。日本のニニギにあたるのが駕洛の首露王である。このことからニニギノミコトの天孫降臨説話は朝鮮半島からの転移であったろうという推理がさまざまな研究者によって広げられていった。いまのところニニギが誰であるかはまったく同定できてはいないのだが、そういう大移動がおこっていたことは十分にありえただろう。

計算してみると、駕洛＝加耶の誕生は歴史的には西暦四二年のことにあたる。日本列島のことでいえば、志賀島に後漢の光武帝の金印が届いたころだ。日朝に何がおこっていてもおかしくない時期である。

加耶はどこにあったのか。

天孫降臨型の建国神話をもつ「駕洛＝金官＝加耶」の拠点は、実際には洛東江の西側の金海(キメ)にあった。ここは半島の東南端で、いまの釜山付近にあたる。海港集落だから、当然、海上交易に長(た)けていた。この地は倭国からすると、日本列島に最も近い〝外国〟にあたる。だから倭国は「駕洛＝金官＝加耶」と親しく接触した。すぐさま交易が行き交った。それだけでなく、この地域からは鉄がとれた。産鉄部族がいた。今日でも餘来(ヨレ)里(リ)、美崇山(ミスンサン)、冶爐面(ヤロモ)などの製鉄遺跡が認められる。

倭国は、交易と鉄を求めて加耶諸国と交流しはじめた。交流にあたって、倭国が先行したのか、加耶が先立ったのかはわからない。ぼくが学生時代に耽読(たんどく)した福士幸次郎の『原日本考』(三宝書院→批評社)は日朝の古代産鉄部族の共通性を探るものだった。福士は詩人でもあって、口語自由詩のパイオニアでもあった(昭和七年には日本ファシズム連盟を結成した)。

次に、交流史の発端を覗(のぞ)いてみると、倭国と加耶の交流の記録については、日本側の最も古い記述が『日本書紀』の崇神紀六五年にある。そこでは任那国が蘇那曷叱知という者を派遣してきたことを述べている。

また任那国は筑紫国から二〇〇〇余里のところにあると記している。そこは北に海を隔てた鶏林の西南だというのだから、おそらく金官国をさしている。これが倭国と加耶が接した最初の記述だ。日本の外交史は、任那こと駕洛＝金官＝加耶との交流から始まったのである。四世紀前半のことだった。

続いて垂仁紀二年で、ソナカシチが任那に帰国したところ、彼が持っていた貢ぎ物を新羅の者が勝手に奪ったという記事になる。奇妙な記事だが、新羅が加耶に敵対しつつあること、したがって倭国も新羅とは調整がきかなくなっていくだろうことが予想される。また、この記事の註には「意富加羅国の王子」こと都怒我阿羅斯等という人物が出てきて、意富加羅国が大加耶のこと、すなわち金官国らしいことを告げている。

このあと『日本書紀』は、かの「神功皇后の新羅征伐」の話になっていく。この話ははなはだ極端なものになっていて、それゆえ歴史学からは無視されているのだけれど、検討せざるをえないものがある。

おそらくは事実だったろうことから紹介すると、神功皇后紀によれば、三六六年、百済の使者三人が卓淳国（大邱市）に到着して、卓淳王に倭国に通ずる道筋を教えてほしいと乞うた。

王は自分は何も知らないが、倭国の使者が来たら知らせるようにしようと答えた。二年後、倭国から斯摩宿禰が使者として来てこの話を聞き、従者を百済に派遣した。百済王は大いによろこんで翌年に使者を倭国に遣わした。このとき新羅の使者もやってきた。新羅の貢物は立派で、百済の貢物は貧弱だった。あまりにその差が極端だったので、訝ってその理由を聞くと、百済の使者は道に迷って新羅に至り、そこで監禁されること三ヵ月にわたり、その間に新羅人は貢物をすり替えて自分のものとして倭国にやってきたのだという。

そこで倭国の王は千熊長彦を新羅に遣わして、新羅の罪を責め、さらに三六九年に荒田別・鹿我別を将軍とした軍を百済の久氐らの使者とともに卓淳国におくりこんだ。けれども兵力が少なかったため新羅を襲えない。そこで百済に援軍を求めた。百済は木羅斤資らを出陣させ、みんなで卓淳に集結して新羅を蹴散らすと、さらには洛東江流域の、南加羅・安羅・多羅・卓淳・加羅など七国を平定したというのだ。いわゆる「加羅七国平定記事」である。このうちの南加羅が金官国にあたっていると思われる。

記事はまだ続く。さらに倭軍あるいは百済軍は西のほうに回って全羅南道の康津を征服して百済の領有とした。そこへ百済王の肖古と王子の貴須が合流したので、全羅南道の四邑も百済軍に降伏した。千熊長彦と百済王は百済の辟支山と古沙山で盟ったのち、都（広州）に至って、そこで別れた。

その後、三七〇年から連続三年にわたって百済の使いが倭国に朝貢して七支刀（しちしとう）一口、七子鏡一面などを献上した。この七支刀が当時の日朝関係の動かぬ史実を提供するものだと、歴史学者たちはながらく考えてきた。

七支刀はいまでも奈良天理の石上（いそのかみ）神宮にある。刃から六本の枝がにょきにょき突き出た異様なもので、ぼくは「アート・ジャパネスク」（講談社）の取材のときに実物をたっぷり見たが、なんだか古代海峡の水しぶきを浴びたようにぞっとしたおぼえがある。

東晋太和四年の日付が刀の表面に刻まれ、裏には二七文字がはっきり読める。東晋太和四年は三六九年だから、以上の出来事が実際におこっただろうことを示す。二七文字は「先世以来、未有此力、百済王世子、奇生聖晋、故為倭王旨造、伝示後世」というふうになっていて、百済王の世子（貴須）が晋の聖王の世に生まれあわせたことをよろこばしく思い、とくに倭王のためにこの刀を造らせ、後の世までの記念としたという意味である。

つまり三六九年には、百済と倭国が同盟関係にあったことを告げているのである。このとき新羅を蹴散らしたという記事なのだ。ところが、これらの話に日本側でさまざまな尾鰭（おひれ）がついた。主に二つがくっついた。ひとつは時代が前にさかのぼるのだが、崇神天皇は韓半島から騎馬に乗ってやってきた征服王であるという話だ。もうひとつは、神功皇后の新羅征伐（三韓征伐）の神話である。これらがしだいに重なった。

崇神天皇仮説のほうは江上波夫が騎馬民族渡来説として唱えたもので、当時の学界で大いに話題になった。第十代の崇神はハックニシラススメラミコトの名をもち、ミマキイリヒコ（御間城入彦）の和名をもっているのは、〝ミマの城のイリヒコ〟が倭国に入って〝ハックニをシラス天皇〟になったというものだ。ミマとは任那のことではないかという仮説も乱れとんだ。

その崇神の一族が騎馬民族だったということは、のちに縄文学者の佐原真らの馬をめぐる徹底的な反証によって退けられたのだが、任那あたりから崇神らしき大王の一派がやってきたという仮説は、いまなお否定されきってはいない。

神功皇后の新羅征伐のほうは、おそらく七世紀につくられた伝説がかぶせられたのであろうということで、今日の歴史学ではほとんど認められていない。とはいえ、神功皇后紀の物語がすべて作り話かというと、そこに何かの残響を聴きとることもできる。ここをどう解釈するかが加耶問題のいささか面倒な喉元（のどもと）に刺さっている骨なのだ。

ぼくの子供時代は「神功皇后の新羅征伐」の話はごくごく当たり前だった。第十四代の仲哀天皇の時代に熊襲(くまそ)がまた叛(そむ)いたので、天皇は皇后のオキナガタラシヒメ（息長足姫）とともに熊襲を制圧するべく出陣したが、平定を前に病没したというのだ。オキナガタラシヒメが神功皇后である。息長足姫という名からはアマ族（海人）系の海洋的な響きが匂う。それはともかく皇后はたいへん勇ましかったので、忠臣の武内宿禰(たけのうちのすくね)と計って、熊襲を背後から援助していた新羅を討つことにした。そこで、武装した皇后が自身で軍船を率いて彼(か)の地に迫ると、新羅王は恐れおののいて降伏し、その後は日本の属国となることを誓ったという話だ。小学校四年のころだったと思うが、初めて大阪の住吉神社に家族で行ったとき、父が「ここが神功皇后さんのお社(やしろ)やで、新羅征伐をしたことを称(たた)えているんや」と誇らしげに言っていたことを思い出す。

むろん、こんなことは史実としてはほとんどでたらめなのだが、先に紹介した都怒我(ツヌガ)阿羅斯等(アラシト)や千熊長彦の記述が勝手に拡張されたものとみれば、まったく根拠のないこととはいえない。

そのほか、気になる話はいくつもある。今夜はふれないが、記紀神話にはアメノヒボコ（天日槍命）が新羅からやってきたという伝承があるし、出雲神話に新羅との国引きの説話が語られている。その一端を千田稔さんが祖述したのが『王権の海』（八八一夜）だ。

このように新羅との関係についてはいろいろあやしげな話も入りまじってはいるのだが、まとめていえば、四世紀後半に百済と加耶の南部諸国と倭国とがなんらかの軍事的同盟関係を確立していたことだけは確かだろう。百済が南下する高句麗と対抗する事情に入ったことが、こうした南部諸国の糾合をもたらしたわけである。

倭国は金官国や卓淳国と交渉していただけではなかった。卓淳の西に位置する安羅（アルラ）国とも交渉をもっていた。それを示す記録が「広開土王碑」である。

碑文には、永楽九年（三九九）に新羅が高句麗に救援を求めたこと、その理由として自国に倭人が満ち溢（あふ）れていることが述べられ、その要請をうけて高句麗の広開土王が五万の軍勢を新羅の王都に派遣したところ、倭賊がさあっと退いた。そこでさらに急追すると、倭賊は任那加羅の従抜城（じゅうばつじょう）に至り、そこに「安羅の戍兵」がかかわって城は帰服したというのである。

任那加羅は金官国だろうと本書の著者はいう。従抜城も金海付近にあったのだろうとも推理している。その従抜城を明け渡すとき「安羅の戍兵」がかかわったというのだ。安羅は弁辰十二国のひとつだった安邪（アニャ）国が前身で、のちに阿羅加耶ともよばれた小国である。三世紀には狗邪国と並ぶ力をもっていた。倭国はその安羅の兵力とも関係して、新羅に脅威を与えていたわけである。神功皇后の新羅征伐がまことしやかに誇張されたこと、ゆえなしとしない。

ようするに四世紀の後半に百済と加耶と倭国は複合的につながっていた。この複合関係は六世紀初めまでつづく。つまり一〇〇年か一五〇年間ほど、釜山・対馬・北九州は船団が行き交う一衣帯水の地帯水域だったのだ。ということは五世紀の「倭の五王」時代は、これらの同盟関係のうえで進行していたということになる。

広開土王の死のあと、どうやら高句麗と倭国のあいだに和解が成立したようだ。そこで四一三年、高句麗王の長寿王の使者と倭王の讃（履中天皇）の使者が連れ立って東晋の朝廷を訪問した。劉裕という将軍が実権を握っていた。

劉裕はその後の四二〇年に宋朝を開き、高句麗王に「使持節・都督営州諸軍事・征東大将軍・高句麗王・楽浪公」の地位を、百済王に「使持節・都督百済諸軍事・鎮東将軍・百済王」の地位を与えた。

これでは倭王には何も与えられていないということである。そこで讃のあとの珍（反正天皇）は宋に使者を送り、「使持節・都督倭・百済新羅任那秦韓慕韓六国諸軍事・安東大将軍・倭国王」という称号がほしいと頼んだ。冊封に甘んじようというのだ。中華秩序に対する日本の従属的な立場がよくあらわれている。けれども宋が珍に許可したのは「安東将軍・倭国王」だけだった。

珍の長ったらしい称号要求には南朝鮮の大半の国名が並んでいる。この時期の倭王が反高句麗同盟の盟主たらんとしていることをうかがわせる。これはこれで、古代日本としてはけっこうな外交感覚だ。いまなら安保理事国としての権利を要請しているといったあたりだろうか。

ともかくもこうして次の倭王の済（允恭天皇）のときに、ついに「使持節・都督倭・新羅・任那加羅・秦韓慕韓六国諸軍事・安東将軍・倭国王」の称号を得ることになった。ここには「任那加羅」の名が入っていた。このことについて本書の著者は、それ以前に加羅との関係に失敗していたので、ここでその失地回復を狙ったのであろうと推理する。

次の興（安康天皇）も武（雄略天皇）もこれを継承したところをみると、この路線はうまくはこんだようだ。ワカタケル大王こと雄略については、書きたいことがいろいろあるので、いずれ千夜千冊しよう。

六世紀になると、南朝鮮の事情が大きく変化した。百済と新羅が加耶諸国を取り込みはじめるからだ。まずは百済が動いた。『日本書紀』継体紀には次の記事がある。継体六年（五一二）、百済が任那国の上夛利・下夛利・娑陀・牟婁の四県を要求してきたので、倭はこれを百済に賜与した。いわゆる「任那四県割譲」記事である。

ついで百済は、穂積臣押山を従わせて五経博士の段楊爾を遣わせ、伴跛の国がわが地を略奪したので本属するように要請したいと言ってきた。倭はこれを受けて斯羅・安羅および伴跛からやってきていた人物を召集してその旨を伝えたが、伴跛がこれに抵抗したので撃破し、その地を百済に賜った。

このとき伴跛は戦闘力を整えて築城し、新羅にも迫って子女や村邑を蹂躙した。この暴虐に対して、倭は物部連らに五〇〇の船団をもって向かわせることにしたのだが、抵抗が強いので帯沙江に停泊せざるをえなかった。なおも伴跛が攻撃してきたので、物部連らは退却した。百済はさらに加羅の多沙津を戻してほしいといってきた。倭はこれを認めた。以上は継体九年（五一五）の記事になっている。

この記事の語るところを倭国の譲歩と見るかどうかが、これまで歴史家たちの意見の分かれるところだった。だが、著者はこれらはすべて百済の進出を天皇家の視点で書きあらわしたものだとみなしている。百済が進出をはたしたのであって、それ以外ではなかったというのである。

百済が倭国を押し返していった直後、今度は新羅がついに洛東江を渡って金官国と加耶諸国を攻めた。侵略された諸国は倭に救援を要請したので、五二七年、倭は近江毛野臣を派遣した。近江毛野臣は筑紫の折から勃発した北九州の磐井の乱に足止めされ、ようやく二年後の五二九年、二回目の派遣に当たり、安羅に向かった。

新羅の侵攻に対してろくな手が打てない。継体紀二四年の記述によれば、毛野臣は久斯牟羅に舎宅を立てて二年ほど滞留したが、功績は上げえなかった。かくて金官国は新羅に投降し、五三二年に滅亡してしまったのである。

これは百済にとっても、また安羅にとっても倭国にとってもかなりの大打撃だったろう。五三八年、百済はそれまでの熊津を捨てて泗沘に遷都し、なんとかもちこたえようとした。さらに欽明二年（五四一）と欽明五年には、聖明王が任那の旱岐（首長）たちを集めて、任那を〝復建〟する対策を問うたという記事があるように、いわゆる〝任那復興会議〟も開かれたのだ。このとき初めて歴史上に「任那日本府」という言葉が登場するのである。しかしこの日本府は出張ガバナンスではなかった。出店ではなかった。おそらくは「倭宰」だった。倭宰とは何か。倭国のミコトモチの使臣のことだろうというのが、著者の見解だ。

いずれにしてもこの会議で、百済は的臣・吉備臣・河内直・阿賢移那斯・佐魯麻都という五人を放逐することが決議された。かれらが新羅と通じていたという理由だった。かれらは安羅の要請で新羅との交渉に当たっていたのだとも見られる。つまり、ここでは百済は安羅と新羅の関係を断たせることが狙いだったのである。

このとばっちりを受けたのが加耶諸国だ。加耶は親百済派と親新羅派に分かれざるをえなくなり、五五四年には百済と新羅との戦闘に巻きこまれ、さらに五六二年の新羅の大攻撃によって潰えてしまうのである。ここについに倭と加耶との関係もなくなった。

このあと、倭国は任那復興を独自に画策する。そういう決断をする。欽明天皇が死に臨んで「朕、病い重し。後の事を以て汝に属く。汝、新羅を打ちて任那を封し建つべし」と遺言したからだ。

汝とは、次の天皇の敏達天皇である。敏達は日羅という百済系の役人を招聘して、対策を練った。日羅は大伴金村に師事し、その軍事力に頼んで事を進めようとしたが、百済がこれを阻んだ。そんなこともあり、敏達時代には任那の復興はならなかった。

欽明の遺言である任那問題は先送りされ、用明天皇、推古天皇にまで持ち越されたのである。また、その渦中では金官国系の秦氏の一団と安羅系の東漢氏の一団が渡来して定着し、倭国内での新興勢力となっていた。

以上がざっとした「加耶」と「倭」をめぐる流れである。ともかくは要約的な流れを追うことだけにした。

最初に書いておいたように、これらは東アジアにおける重要な日韓史すなわち日朝史の最初の出来事だったのである。竹島問題のルーツのルーツなのだ。それはまた、日本国の最初の「戦争の歴史の発端」なのでもある。白村江で唐と新羅の連合軍に敗退したことが「日本」の自立になったのであるけれど、それ以前にこんなにもややこしい交易と内乱と進出と同盟が続いたのだ。

その複雑な日朝の動向に、倭国のリーダーたちはそれなりに果敢にかかわったと言っていいだろう。何が成功で何が失敗だったかではない。これらの出来事のいずれにも目をふさがなかった倭国の当事者たちのこと、むしろ今日こそ思い起こされるべきかもしれない。どんな時代においても、外交とは「平時の戦争」だと言うべきなのである。

第一四九一夜　二〇一二年十一月二七日

参照千夜

一〇三八夜：笠谷和比古・黒田慶一『秀吉の野望と誤算』　一〇一一夜：岡田英弘『日本史の誕生』　一四二一夜：青木健『アーリア人』　一四二四夜：林俊雄『スキタイと匈奴』　一四三五夜：尾形勇『東アジアの世界帝国』　八八一夜：千田稔『王権の海』

ソグド人らの遊牧ネットワークが
大アジア中国を注射する

シルクロードと唐帝国

森安孝夫

興亡の世界史　第五巻

講談社　二〇〇七

読みごたえがあった。アジア＝ユーラシアについての視野が大きく、諸民族に関する視点の多くに焦点力がある。とくに隋唐王朝を建国した中核集団が漢民族中心のものではなく、突厥やソグドやウイグルとの〝協業〟によっていたということをダイナミックに案内した。

本書は一四二四夜に紹介した『スキタイと匈奴』と同じ「興亡の世界史」シリーズの第五巻にあたる。前にも書いたように、このシリーズそのものが斬新な組み立てで執筆者も気鋭が揃っているのだが、なかでも本書を担当した森安孝夫はおもしろい。専門は仏教とアジア史の交差するところならすべてといってよく、とくにウイグル、ソグド、マニ教にめっぽう強い。いまは大阪大学の文学研究科教授で、「内陸アジア言語の研究」という学術誌の編集長も引き受けている。

本書は、たんにシルクロードと大唐帝国の関係を記述したものではない。これまでの世界史教科書、とくに全アジア史への挑戦であり、西欧中心史観に対する憤懣やるかたない思いの吐露にもなっている。歴史シリーズにそういう憤懣を書きこむことはややめずらしいけれど、それほど従来のアジア史がめちゃくちゃだったということだろう。それに著者のそういう憤懣が本書をいきいきさせたともいえた。

こんなふうにアジアを躍如させる歴史教科書を若いうちに読んでいたら、誰だって勇気凜々のアジア的世界観がもてたのではないかと思う。

かつて日本にとっての中国は現在のアメリカ以上に圧倒的存在だった。地域も広大だが、文物のパワーが尋常ではなかった。とくに飛鳥・奈良・平安時代の日本にとって、大唐帝国の存在は唯一無二の絶対的グローバリズムの淵源で、近隣には百済・新羅・高句麗・渤海があったといっても、それらは漢字と律令制と仏教文化を中国から受け継いだ東アジア文明圏のミニ兄弟のようなものだった。

そのミニ兄弟のひとつに日本もあった。そういう日本からユーラシアを前後左右に匍匐運動するごとくに動いてきた仏教を見ると、また東アジア世界を塗り替えた世界帝国として隋や唐を見ると、どうなるか。どんな事象についても、これまでの西洋史観で見てはいけない。

ユーラシアの地図を見ると、近代以降の世界の価値観をリードしたアルプス以北の西欧諸国は、ユーラシアの西北端に位置している。小麦・大麦・粟（あわ）などに依拠したエジプト・メソポタミア・インダス・黄河の四大農耕文明圏をつなぐラインより、かなり北側になる。

一方、農耕文化と穀物文化がつくったユーラシアを背景とするアジア文明は、その生産力と食糧需給力によって大きく人口を伸ばしてきた。農業技術も断然に先頭を走りつづけていた。

それに比較すると、西欧世界が北魏時代の六世紀に成立していた『斉民要術』に匹敵できる農業技術に達したのは、やっと十八世紀のことだった。そのように貧しかった西欧が隋唐時代の世界の中心だったなどということはありえない。

そもそも紙・羅針盤・印刷術・火薬・銃火器のどれひとつとっても、ヨーロッパで発明されたものではなかったのだし、キリスト教は中東や西アジアから伝播（でんぱ）し、ゲルマン民族の大移動は中央アジアのフン族から始まったのである。カール大帝のフランク王国ですらイスラームの勃興がトリガーを引いたことで成立したようなものだった。仮にその後の「ヨーロッパの誕生」が世界主人公としてのアイデンティカルな自意識を早くつくりえたのだとしても、それもまたイスラームの勢いが十字軍運動をよびさましたからだった。

だからヨーロッパで大航海パワーが拡大して、十五世紀半ばにウォーラーステインのいう「世界システム」がヨーロッパに成立したなどというのは、かなりおかしな説なのだ。それを言うならモンゴル帝国の勃興と拡大が始まった十三世紀のアジアにこそ、もっと早期の「世界システム」の大胆な開闢があったというべきなのである。

それだけではない。そのモンゴル帝国のずっと前に、東アジアから中央ユーラシアにかけて四世紀から五世紀半ばの北魏まで五胡十六国が動きまわり（五胡は匈奴・鮮卑・羯・氐・羌）、そのうえで魏晋南北朝（華北の北魏、江南の宋・斉・梁・陳）につづく隋唐帝国が成立して、陸のシルクロードとも海のシルクロードともつながって、世界最大の交易圏を形成していたのだった。さらには仏教圏がキリスト教の版図以上の領域をもってユーラシアを覆っていた。

まさに隋唐がつくった大アジアは世界帝国にふさわしい。唐は儒教・仏教・道教だけでなく、回教（イスラーム）も景教（キリスト教ネストリウス派）さえもその懐にかかえていたけれど、ローマ帝国は異教の受容はせいぜいがミトラ教やマニ教までで、それもたちまち異端扱いをしてしまったのである。おまけにローマやラテン社会は当時のユーラシア最大の宗教である仏教のことなどとんと知らなかったのである。

この時期、仏教を知らないヨーロッパがどうして「世界システム」の牙城たりえようか、というのが著者が言いたかったことだった。

インドからシルクロードをこえて漢代の中国に伝来した仏教は、南北朝時代に格義仏教（中国的解釈の試み）から教相判釈（教義比較の試み）を整えてようやく根付き、隋唐時代においてはついに北朝仏教と南朝仏教が融合していった。

これは本格的な中国仏教の確立だった。そこでは太宗の「貞観の治」や玄宗の「開元の治」のもと、多彩な仏教文化が花開いた。玄奘や義浄に代表される教学仏教や、曇鸞に始まって善導によって大成された浄土教が隆盛するとともに、そこにさらに不空や一行に躍如した密教なども加わって、まさに中国仏教黄金時代が出現した。唐はたちまち古代インドに代わる仏教王国になり、長安はバグダードの国際イスラーム都市に比肩する国際仏教都市になった。

しかしそうした大唐帝国といえども、国内のインサイドパワーや皇帝による上からの指導力による充実だけで繁栄したわけでもなく、そこに矛盾がなかったわけでもない。仏教がオールマイティであったこともない。

そもそも中国はヨーロッパにほぼ一〇〇〇年ほど先駆けて官吏登用制度を採用していたのだけれど、その登用試験の「科挙」で求められたのはもっぱら儒学であった。儒学こそが〝実学〟で、仏教や道教は〝虚学〟とみなされた。それゆえ仏僧や道士をのぞく多くの者が儒学の学習を余儀なくされていた。初唐の張説・陳子昂、盛唐の杜甫・王維・孟浩然、中唐の白楽天・韓愈・柳宗元、晩唐の杜牧・李商隠などの名だたる詩人・文人たちも、こぞって科挙を通過した。李白でさえ一再ならず官吏に就こうとして任官活動をした。

それほどに儒学に国教性があったにもかかわらず、唐の仏教は充実したわけである。なぜなのか。その理由を解くにはたんなる仏教イデオロギーの分析だけでは足りない。当時の中国というステートがアジア＝ユーラシアのダイナミックな動向を活用していたことに目を致す必要がある。それには、従来のユーロ・セントリズム（西洋中心主義）や、その逆のシノ・セントリズム（中華中心主義）に片寄った史観をぶっとばす必要がある。そうすれば、中国仏教にはすでにシルクロードをへたユーラシアのさまざまな特色がまじっていたことが見えてくる。

本書が注目したのは、大唐帝国の充実と変容をつねに刺激しつづけたアジア＝ユーラシアを動く三つの動向だった。箇条書きにしておくと、①シルクロード史と表裏一体のソグド人による東方世界に対する影響を重視する、②唐の建国にかかわった突厥（とっけつ）の動向の意味に注目する、③安史の乱前後の唐の変容をもたらしたウイグルの活動の意義を忘れない。こういうふうになる。

ソグド人や突厥やウイグル人という日本人にはややなじみの薄いノマド（遊牧民）が主人公になっているところが、本書の真骨頂だ。世界史の視座をアジアから積極的に書き換えようという野望に満ちた著者は、この三つの動向を文字通り縦横に駆使して、六世紀から九世紀までのアジア＝ユーラシアの様相を実に痛快に浮き出していく。これまで、ここまで全アジア的ノマドをダイナミックに描いたものは少なかった。

ちなみに突厥もウイグルもモンゴリア平原に生まれて、中央ユーラシア東部に広がっていくトルコ（＝チュルク）系の遊牧民集団であるが、これまでわれわれが学校で「人類はコーカソイド（白色人種＝ユーロペオイド）、モンゴロイド（黄色人種）、ニグロイド（黒色人種）に大別される」などと習ってきたことを、こうしたチュルク系の歴史を追うことで変更せざるをえなくなっているのだということも、知っておく必要がある。かれらはペルシア語でいうなら、まさに「トルキスタン族」ともいうべき人々で、それをむりやりモンゴロイドやコーカソイドに入れることはなかったのである。

もうひとつ、本書を読むうえであらかじめ知っておいたほうがいいことがある。おおかたの歴史ファンは中国を形成しているのは「チャイニーズ」という中国民であると思っているかもしれないが、またその中心は多数派の漢民族が担っていると思っているかもしれないが、その認識も訂正しておいたほうがいい。中国がチャイニーズであるのは、中国統一のしくみが口語ではなく文語（書き言葉）によって徹底的に管轄されてきたからなのだ。そのことを外して見れば、実のところ中国はいまのいままでずっと変容の激しい多民族国家だったのだ。チャイナはチャイニーズによる国家ではなかったのだ。

このことは、現在の世界の中でいまだに「アメリカ民族」というものがいない、いないのだということを考えてみれば、およそのことはきっと想像がつく。中国民族だって似たようなものなのだ。しかし、そのような「チャイニーズではない中国」と「アメリカンではないアメリカ」とが、これからの二一世紀世界をリードしていくとなると（そうなりそうだけれど）、これはなかなか厄介なことである。

ソグド人について書いておく。

ソグド人はソグディアナを原郷とする。ソグディアナはユーラシア大陸のほぼ真ん中にあって、パミール高原から西北に流れてアラル海に注ぐアム河（オクソス）とシル河（ヤクサルテスまたはサイフーン）にかこまれている。この地域の中間地帯がトランスオクシアナ、つまりは西トルキスタンで、つまりは中国から見た「西域」だった。

ソグディアナの最大の首邑(しゅゆう)はサマルカンドで、アケメネス朝ペルシアの時代からマラカンダの名で歴史に登場していた。サマルカンド(康国)の南にはキッシュ(史国)が、西にはクシャーニャ(何国)があって、そのもっと西にソグディアナの西の要衝にあたるブハラ(安国)があった。

これらの都市国家の経済は当初は農業で成り立っていた。紀元前六世紀あたりから農耕が営まれていたことが考古学的にわかっている。けれどもこうしたオアシス農業には、必ずや田畑の限界がつきまとう。それゆえ人口がふえてくると、他の地域との交易に活路を見いだす者が続出した。これが有名なソグド商人たちで、シルクロードはこのソグド商人たちの「絹の道」だったのである。

ソグド人は人種的にはコーカソイドに属するとされているが、むしろソグド語を喋(しゃべ)るすべての民族がソグド人だった。文字もあった。最初からあったのではなく、日本人が漢字から仮名をつくったように、ソグド語をアラム文字で綴(つづ)るうちにそれが草書化してソグド文字が生まれていった。ついでに言っておけば、このソグド文字が突厥やウイグルに伝播してウイグル文字となり、そのウイグル文字が十三世紀ころにモンゴル文字に転化して、さらには十七世紀にそこから満州文字が派生していった。

それはともかく、ソグド人のソグド語こそはシルクロードの国際共通語だった。つまりはソグドが動くところがシルクロード型グローバル・スタンダードだったのだ。ちなみに地域としてのソグディアナは、いまではその大半がウズベキスタン共和国の国域に属する。

中国側ではソグド人のことをいろいろな呼称であらわした。「胡」があやしい。商胡、賈胡、客胡、興生胡、興胡……。いずれもがソグドだし、胡商とか胡客といえばたいていソグド商人かもしくはイラン商人のことをさしていた。胡座、胡床（腰掛け）、胡瓶（水差し）、胡粉（おしろい）、胡椒、胡服（衣裳）なども、これらに準ずる。とくに中国の連中を狂喜させたのは胡姫によるたいそう官能的なダンスであった。胡旋舞・胡騰舞などと呼ばれた。白楽天の『新楽府』には有名な「胡旋女」という詩が入っている。しかしソグド人はいつまでも商人に甘んじてはいなかったようだ。本書は、李淵による唐の建国には、安興貴・安修仁という兄弟をはじめとする多くのソグド人がめざましいはたらきを見せたことを強調する。このことは、隋唐王朝の本質をどう見るかということにかかわってくる。

これまでは漢人王朝とみなされてきたのだが、このようにソグド人やのちに見るような突厥のかかわりが中国王朝の確立に濃かったとすると、隋唐王朝はむしろ「胡漢融合王朝」というべきものであるかもしれず、その背景には「鮮卑拓跋王朝」の展開があったとみなせるのである。

現代の中国では、漢民族のほかに五〇あまりの少数民族が公式に認められている。ところがそこには、かつて唐代まで活躍していた匈奴、鮮卑、氐、羌、羯、柔然、高車、突厥、鉄勒、契丹などのノマド（遊牧民）は一つも入っていない。

なぜそうなるかというと、秦漢時代までに形成された狭義の漢民族（チャイニーズ）の中に、これらが魏晋南北朝を通してしだいに〝同化〟させられていったからである。かれらはその後はチャイニーズとして扱われた。それゆえ厳密にいうと、秦漢時代のチャイニーズや漢文化と、隋唐以降のチャイニーズや漢文化とは別物なのである。

唐には、東魏と西魏の分立時代から中国に巨大な経済負担をかけた突厥人もいれば、商人として縦横に活躍したソグド人やペルシア人もいたのだし（これらが胡人）、また高仙芝や慧超のような朝鮮人も阿倍仲麻呂・藤原清河・井真成のように日本人もいた。かれらは漢語を自由にこなし、ときには第三言語も操っていただろうが、だからといって、そのすべてが漢語が喋れたというだけで、その大半が「漢化」したとか、唐がそういう異民族を受容したのは度量が大きかったからだとか言うことはできない。もしそういうふうにしたとすれば、それはなんらかの政治的判断によるものか、ないしはたんなる後知恵なのだ。

このことは、アメリカ語が喋れるのはアメリカ国民であっても、その民族的な正体が

アムール河
バイカル湖
大興安嶺
モンゴリア
セレンゲ河
ハルビン
トーラ河
ウランバートル
ケルレン河
吉林
トニュクク遺跡
オルホン碑文
オルホン河
遼河
遼陽
漠
砂
當州
平壌
陰山山脈
ソウル
フフホト
大同
蔚州
瀛州
幽州(北京)
易州
定州
朔州
代州
エチナ河
オルドス
瀛州
恒州
黄河
張掖
太原
邢州
涼州
(武威)
霊州
六胡州
相州
魏州
山脈
衛州
汴州
青海
固原
洛陽
蘭州
揚州
南京
天水
長安
(西安)
長江
武漢
成都
長沙
福州
泉州
昆明
広州
珠江
ハノイ

で延びている

ソグド人の活動拠点をマッピングし俯瞰すると、ユーラシア全域を結ぶ一大交易ネットワークが浮上する。シルクロードはこのソグド商人たちの「絹の道」であり、ソグド語こそはシルクロードの国際共通語だった。

（本書に掲載されている地図に松岡がマーキングしたもの）

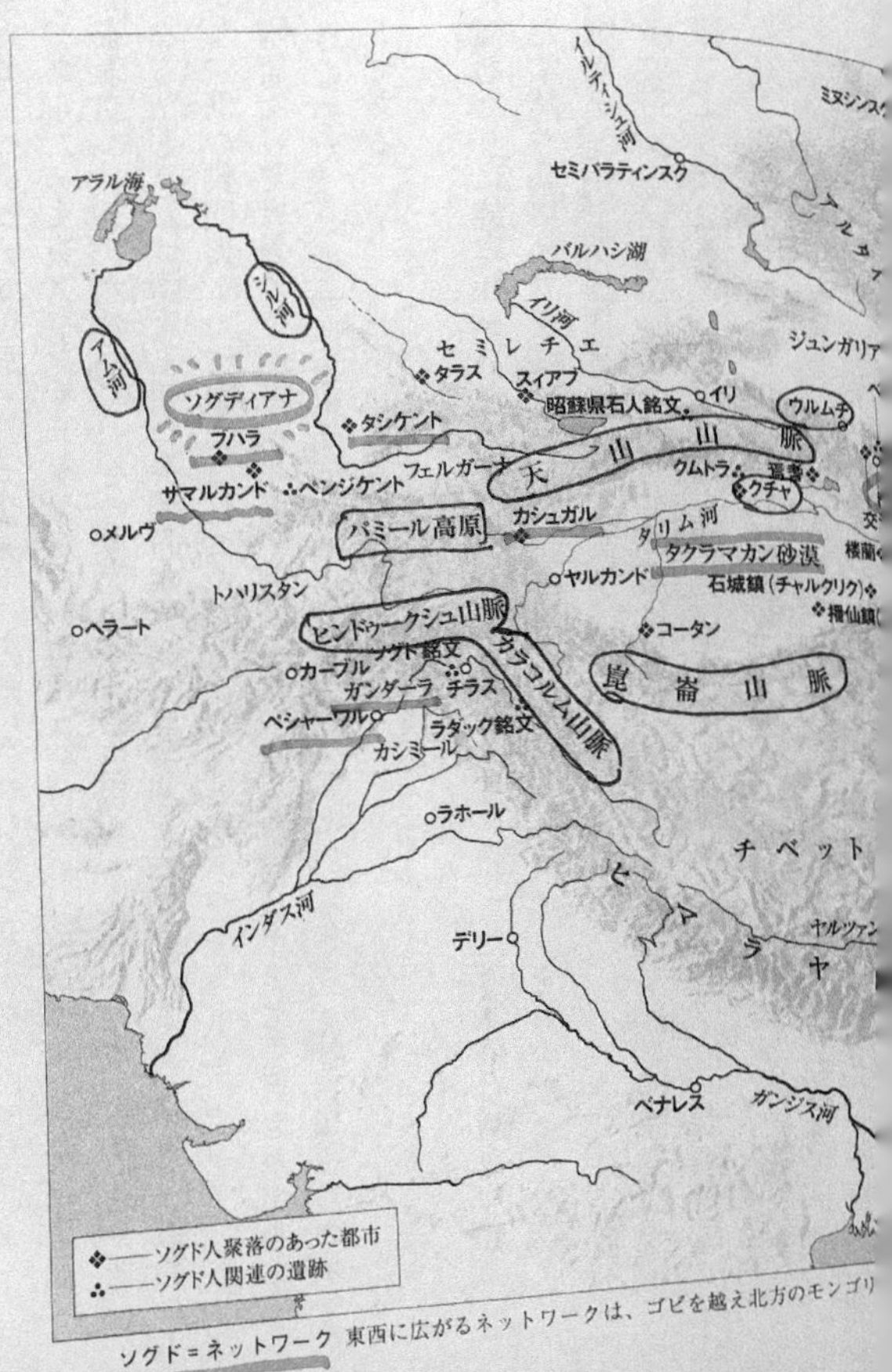

ソグド＝ネットワーク　東西に広がるネットワークは、ゴビを越え北方のモンゴリ

ヒスパニックやイタリアンや日本人であるということにも通じることで、よくよく考えればすぐにわかることなのだが、ところが中国における中華思想というのはそこが恐ろしくも強大で、ついつい周辺国（いまでは世界中）が納得させられてきたわけだった。

しかし、あらためて東アジアやユーラシアの実相に分け入ってみると、その中華思想による国家確立のシナリオのいくつもの場面に多くの異民族がかかわっていたことがあきらかになる。とりわけ隋唐王朝は秦漢的な意味でのチャイニーズによって用意されたというより、別の集団によって準備されていたというべきなのだ。

いや、隋唐だけではなく、西魏・北周・隋・唐が一連の集団によって用意されてきたというべきなのだ。この一連の集団とは、北魏の武川鎮に由来する「鮮卑拓跋系の集団」のことである。

大興安嶺あたりに鮮卑族がいた。中国本土に入って北魏を建てた。北魏は新たに北方に台頭した柔然や高車の力を警戒して、辺境を守るための「六鎮」をおいた。そのリーダーには国防エリートが抜擢された。

北魏の孝文帝が中原の洛陽に遷都して「漢化政策」をとるようになり、国家力学の中心が南に移るようになると、六鎮は軽視されるようになった。五二三年に「六鎮の乱」がおこった。この反乱は北魏を東魏と西魏に分裂させた。東魏は山東の貴族と手を結び、西魏のほうは武川鎮の連中が関中盆地で郷兵集団を統率していた在地豪族と手を組んだ。力は西魏のほうが勝った。やがて東魏は北斉、西魏は北周と名前を変える。

こうして宇文泰をリーダーとする武川鎮の集団が、西魏の中で勢力をもっていった。これを最近では「関隴集団」という。まさに鮮卑系の胡漢融合集団だった。胡漢融合集団の「関隴集団」が何をしたかははっきりしている。北周の宇文氏、隋の楊氏、唐の李氏を次々に政権につけていったのだ。唐を建国した李淵は関隴集団の出身なのだ。ただし、事はそうかんたんには進まない。ここには当面最大のライバルがいた。突厥（突厥第一帝国）である。隋唐はライバルの突厥を叩く必要があった。

突厥は六世紀の半ばに勃興した。ちょうど東魏と西魏が北斉と北周に名前を変えるころのことで、かつての匈奴・柔然などのあとを承けた中央ユーラシアを舞台に勢力を伸ばしていった。

隋の楊堅（文帝）はまず突厥を分断させる政策をとった。次の煬帝も突厥分断策を推進した。突厥は東突厥と西突厥に分かれ、東突厥は山西北部からオルドスのほうへ転々とせざるをえなかったものの、それでも勢力を整えると中国侵略の機を窺っていた。そこへ煬帝の度重なる高句麗遠征が始まった。高句麗遠征は失敗だった。突厥が息を吹き返すチャンスがやってきた。

ここで登場するのが関隴集団出身の李淵と李世民の親子だったのである。李淵（高祖）

はかつての武川鎮の結束力をいかして隋を滅ぼすと、代わって長安に入城して東突厥を懐柔することで、新たな政権の座についた。次男の李世民（太宗）はこれをうけて関中十二軍を要して突厥対策にあてた。

が、唐と突厥の関係は一進一退で、それどころか、それを続けるうちに両者が交じっていったとおぼしい。結果的には唐が突厥を内属させるのだが、それはわれわれが教科書で学んだ〝立派な唐建国の成就〟のようなものではなく、複雑な突厥遺民（降戸）懐柔政策によるものだったのである。

その後、突厥は新たな編成をへて突厥第二帝国をつくっていくのだが、それについては今夜は省くことにする。いつか別の千夜千冊で補うかもしれないが、いまは約束できないということにしておこう。

ともかくも本書には、ぼくがいまでこぼこにスキップしながらスケッチしたことの一〇〇倍以上の詳細なアジア的な歴史文脈が描かれている。ぜひとも読まれるといいが、少なくとも今夜の肝に銘じておいてほしいのは、第一には世界のシステムは全アジア的な遊牧民によって実験されてきたということ、第二に隋唐帝国といえどもその中核部隊は鮮卑や拓跋の系譜につながる武装集団であったこと、そして第三に、それらの経済力を内外に支えていたのがソグド・ネットワークだったということである。

なお、著者の森安孝夫は歴史のエンジンを動かしているのは、軍事力と経済力とともに「情報収集伝達能力」であるという卓見を、本書の随所に披露している。そこも見落とさないほうがいい。情報収集伝達能力とは、いいかえれば歴史的編集力ということである。ただ、われわれはその編集力が全アジア史的にどう発揮されたのか、まだわかっていない。

第一四三一夜　二〇一一年十月三日

参照千夜

一四二四夜：林俊雄『スキタイと匈奴』　一三六四夜：ウォーラーステイン『史的システムとしての資本主義』　一四三六：礪波護『隋唐の仏教と国家』　九五二夜：李白『李白詩選』　一四〇二夜：ジャネット・L・アブー＝ルゴド『ヨーロッパ覇権以前』

「金と宋」と「平家と源氏」と
奥州藤原四代の資源が意味するものとは何か

小島毅

義経の東アジア

トランスビュー　二〇一〇　勉誠出版　二〇〇五

義経は奥州衣川で死んではいなかった。生きのびて蝦夷から北アジアをへてモンゴル(蒙古)に入り、そこで勇猛果敢な武力を発揮してチンギス・ハーンになったというのだ。シーボルトの『日本』にも拾われた話で、明治になって小谷部全一郎が奔放な大仮説を著述し、話題の「義経=成吉思汗」説として大正昭和の有名なトンデモ歴史観になった。

源義経は一一五九年(平治一)に生まれて一一八九年(文治五)に死んだことになっている。チンギス・ハーンの生涯には不明のことも多いのだが、一一五五年から六二年あたりに生まれ、「青き狼」として育ってモンゴル帝国を一代で築き、一二二七年八月に没した。たしかに同時代だし、ほぼ同い歳である。なぜ、こんなトンデモ仮説が出回ったのか。

すでに林羅山が『本朝通鑑』に義経が蝦夷に渡った可能性を書いていた。新井白石も

『読史余論』でアイヌ説話に小柄で英明なオキクルミと無双の大男のサマイクルの話があって、それが義経と弁慶の主従関係に喩えられている話を紹介していた。そこへもってきて江戸前期に近江の沢田源内という著述家が書いた『金史別本』というあやしげな歴史書に、十二世紀の「金」の将軍には源義経という名の男がいたと、のちに「清」の乾隆帝が書き残しているという説が披露されたのである。これについては金田一京助がその真偽を確かめたほどだった。

ともかくも、こうした臆見やシーボルト説があれこれ絡まって「義経＝成吉思汗」説が捏造されたようなのである。むろんそんな話を採り上げたくて、今夜の本書を選んだのではない。しかし義経の時代というもの、実は東アジアを俯瞰して語るべきことがいくつもあったのである。小島毅の俯瞰力を借りて、その話を案内してみたい。

この本の主旨は、義経が三十歳ちょっとの生涯をおくった十二世紀後半は、日本史上の稀にみる転換期であって、かつ東アジアでも重大な選択がおころうとしていた時期に当たっているのだから、そして秀衡・清盛・義経・頼朝の奥州藤原氏の時代もまたそうした動向の本質と似たところをもっていたのだから、義経を考えるにもつねに東アジアの社会経済のダイナミズムは欠かせないというものだ。

ま、こんなふうに簡素に言ってしまってはミもフタもないだろうから、もう少し歴史的な様相を説明することにする。

その前に、この著者はなかなかおもしろい。機知にも富んでいるし、記述の工夫も怠らない。『父が子に語る日本史』『父が子に語る近現代史』（ともにトランスビュー）があるかと思えば、『靖国史観』（ちくま新書）があり、ぼくもおおいにお世話になった『近代日本の陽明学』（講談社選書メチエ）なんていう本も書いている。

こういう本の並びからすると、てっきり日本の歴史学か日本思想史の研究者だろうと思われるだろうが、そうじゃない。一九六二年生まれの、れっきとした気鋭の中国思想史の専門家だ。『中国思想と宗教の奔流』（講談社）、『朱子学と陽明学』（放送大学教育振興会）などがある。『足利義満』（光文社新書）を難なく料理してしまう腕前の持ち主でもある。

本書はもともと勉誠出版で同名の書籍として刊行された。義経についてのアジア的捉えなおしの展開はほぼこちらに書いてあったのだが、このたびはこれに「日本を東アジアから見るためのリベラル・アーツ」ともいうべき補助章がいくつか加えられ、いっそう背景の被写界深度のレンズ効果が増した。

義経は平治一年（一一五九）に生まれた。それぞれ母の異なる源義朝の息子十一人の九番目だった。それゆえのちに九郎とも名のった。父の義朝は東国で活躍していた武士団のリーダーで相模の鎌倉の楯（館）を本拠にしていた。

長兄の義平は相模原あるいは橋本の遊女を母とする鎌倉悪源太で、三兄が熱田大宮司の娘を母とする頼朝、次が池田宿の遊女が母の範頼で、義経は常盤を母として生まれた。九条院（藤原呈子）に仕えていた雑仕女だったようだ。そうとうの美女だったと『平治物語』にある。

生まれてすぐに父の義朝が平治の乱で殺された。常盤は幼い義経を連れて大和の龍門に隠れ、兄の頼朝は伊豆に流された。母は捕らえられたが、わが子の命と引き換えに清盛の言いなりになることを引き受けたので（清盛とのあいだに一子を生んだ）、義経はひそかに牛若丸として七歳まで山科に育って、あとは鞍馬山中にいた。

鞍馬は都の北方の守護神である毘沙門天（多聞天）の山である。ここで牛若は遮那王とよばれ、稚児として仕付けを施されるはずが、暴れん坊に育った。鬼一法眼なる奇怪な人物から武術を教わったということになっている。鬼一法眼は中国の兵法書『六韜』を伝授したらしい。ここに荒法師たちがいたか、その中に弁慶がいたかどうか、牛若が五条大橋（一説では五条天神）でひらりひらりとその弁慶を翻弄したかどうか、まったく史実にはのこっていない。

常盤は、このあと一条長成（大蔵卿）に嫁いだ。長成は父の一条長忠にさかのぼれば藤原基成と縁戚関係で、基成がのちに奥州平泉の館に入ることになり、そこへ義経が落ちのびるようにやってくるわけだから、常盤の再婚は義経の未来を図らずもスコープしていたことになる。

承安四年（一一七四）、牛若丸は鞍馬を出て奥州平泉の藤原秀衡のところに行った。最初の奥州藤原氏とのかかわりだ。金売り吉次や陵助重頼（＝深栖三郎の三男）らが手引きしたことになっている。一条長成の縁があったかもしれない。奥州への途次、熱田神宮の大宮司のもとで元服をはたし、源九郎義経を名のった。九郎判官だ。義経人気のことをしきりに「判官贔屓」というのは、このときの名義に倣っている。

治承四年（一一八〇）、清盛が後白河法皇を幽閉して院政を一時停止させたことをきっかけに、以仁王の平家追討の令旨が出て、頼朝が伊豆で挙兵した。このことを聞き知った義経は、ずっと会いたかった兄と駿河の黄瀬川に初めて対面した。兄弟は互いに手をとりあって源氏の武運と平家打倒を誓いあっている。

頼朝は侍所を開設して、ここに義経を配した。頼朝は累代の家人や広大な所領などもっていなかった男だ。直属の武力基盤もなかった。ただ源氏の嫡流という貴種性によって坂東武士団の〝主君〟に推戴されているにすぎない。もし頼朝が天下に君臨したいなら、ここで坂東武者とは明確な一線を引き、自分をかれらの容喙を許さない超越者に仕立てあげなくてはならない。それには、どんな武士団連合をも自分の下知に無条件で応じる政治システムに組織替えし、武士の一人一人を御家人として従属させることをめざす必要があった。それは弟の義経でも例外ではなかった。

義経は初陣で、征夷大将軍を名のったばかりの木曾義仲を宇治・勢多に追いかけた。当時の義仲は〝朝日将軍〟といわれるほどの勢いだった。しかし義経はなんなく豪猛で鳴る義仲を近江の粟津で討って、そのあと初めて入京した。元暦一年（一一八四）、頼朝に平家追討の命がくだると、今度は義経は六兄の範頼（のりより）とともに西国の福原に向かったが、平家はここを脱出していたため、一ノ谷で「鵯（ひよどり）越えの逆落とし」などの奇略を敢行して平家軍をものの見ごとに破ると、屋島に逃れた一門をさらに追撃した。その途中、後白河院から左衛門少尉および検非違使（けびいし）に命ぜられ、さらに従五位、大夫判官へと順調に昇進していくのだが、これが兄頼朝の勘気にふれた。

それまで頼朝は以仁王（もちひとおう）の平家追討の令旨によって動いていたにすぎない。この令旨は頼朝だけに与えられたのではなく、誰もが挙兵することができた。これではいくら頼朝軍が勝とうとも天下の中心には近づけない。朝廷からのオーダーこそが必要だ。当時の権力者は後白河法皇である。だから、その宣旨を入手したかった。それなのに義経は後白河法皇に近づいて、ちゃらちゃらしている。これが気にくわない。頼朝は頼朝で鎌倉に公文所・問注所を開いて、次の手を準備する。

文治一年(一一八五)、平家は壇ノ浦に沈んだが、都での義経の評判の高揚や人気にくらべ、その勝利は関係者たちにはまったくよろこばれなかった。梶原景時の讒訴が迎え、頼朝からは勘当された。

平家滅亡が三月二四日で頼朝の勘当の達しが五月四日だから、わずか一ヵ月あまりで義経は嫌われたわけだ。そこでともかくは兄のいる鎌倉に行こうとするのだが、その手前の腰越で差し止められた。このとき江ノ島近くの満福寺で書いたのが有名な「腰越状」で、大江広元に兄へのとりなしを頼んだ手紙だ。のちの寺子屋で手習いにされるほどの名文と書風だが、弁慶が下書きしたとも伝わっている。

腰越状に対する頼朝の返事は「そのまま京都に帰れ」というもので、冷たい。のみならず所領二四ヵ所を没収した。ここに至って義経は兄との対決もやむないと感じ、叔父の源行家らとともにあらためて後白河法皇に接近し、頼朝追討の院宣を獲得する。これでもう引き返しはなくなった。

頼朝も土佐坊昌俊に義経が依拠する堀川を襲撃させ、これが失敗すると、ついでは大軍を率いて義経を討ちにかかった。なんとか九州惣地頭に補任をもらった義経はたまらず西国に向かうのだが、十一月六日、大物浦で出帆したのち、嵐のなかで和泉の浦に漂着したという噂をのこしたまま、消息を絶った。六日後、今度は頼朝が義経追討の院宣を得るものの、義経の行方は杳としてわからない。吉野山にいるらしいということになり、そこを襲うのだけれど、捕まったのは静御前だけだった。歌舞伎『義経千本桜』はこのときの出来事を題材にした。

こうして義経の逃避行が始まっていく。そこには『勧進帳』に名高い安宅ルートなどもふくまれるのだろうが、そしてそれが能や歌舞伎にもなっていくのだが、史実はどれもこれもはっきりしない。ともかくも文治三年二月、義経は奥州平泉の藤原秀衡の御所に辿り着いたのである。

秀衡の庇護のもと、義経は藤原基成の衣川館に入った。その挙動のいっさいは伏せられていたが、平泉に義経がいるらしいという情報は、まもなく頼朝の耳に入る。さっそく後白河法皇に奏申して義経追捕を命じる使者を平泉に送った。ところが秀衡はこれをにべなく断った。

秀衡には奥州政権を確立したいという意志が迸っていた。しかし、これこそ頼朝が虎視眈々と待っていたことなのだ。義経には追捕の命令が出ているのだから、義経を匿えば国家的犯罪になる。秀衡はその禁を犯した。頼朝はまんまと「北の王者」を討つ名分を得た。もっとも奥州攻めとなれば、事態は大掛かりになる。まずは征夷大将軍の名義を求め、万策を練ることにした。

そこへ秀衡の病死が伝わってきた。文治三年（一一八七）十月末だ。義経は最大の後ろ盾を失った。頼朝にチャンスがおとずれた。藤原基成と四代泰衡に義経の討伐を命じた。ぐずぐずしていた泰衡はそれでも文治五年四月になって、衣川を襲った。義経は持仏堂に籠もって応戦したが、もはやこれまでと自害して果てた。時にわずか三一歳だ。

義経の死が奥州藤原四代の最期である。以降、日本は幕府をセンターとする「武者の世」となり、源氏、北条氏、足利氏をへて徳川一族による幕藩体制に進んでいく。

義経の一生は十二世紀後半にはまる。武家政権が生まれようとする日本の転換期であるが、この時期は東アジアの転換期でもあった。その話に入ろう。

義経が生まれた一一五九年ちょうど、日本からざっと二〇〇〇キロほど離れた中国の一隅で陳淳という男が生まれた。陳淳は義経が非業の最期をとげた翌年の一一九〇年に朱子（朱熹）と出会い、その後は朱子に師事してさまざまな問答を重ねることになった。その問答は全一四〇巻の『朱子語類』となり、陳淳が直接の弟子とかわした問答は『北渓字義』となった。義経の時代とは東アジアでは朱子学（宋学）が確立していった時期なのである。

陳淳が生まれたのは中国暦では紹興二九年だ。高宗が即位して二九年がたっていた。高宗は南宋の初代皇帝であるが、宋の皇帝としては開国以来の十代目にあたる。父親は風流天子として名高い徽宗皇帝で八代目、徽宗は自由に書画を遊んでいたのだが、兄の哲宗が病死して急遽皇帝となり、蔡京というブレーンと国政にあたらざるをえなくなった。そこに難問が出現してしまったのである。

そもそも「宋」という国は、その当初から「燕雲十六州問題」をかかえていた。このことがわからないと義経の時代の東アジアはわからない。

十世紀はじめに唐帝国が倒れた。北中国に五つの短命な王朝が続いた。「五代」（五代十国）という。そのひとつの「晋」は、建国のために北方の「契丹」の援軍を必要とした。その代償として今日の北京や大同などの一帯を契丹に割譲することにした。これが燕雲十六州である。契丹はやがて「遼」という国名になった。

宋は割譲後も燕雲十六州を自分たちの領土だと主張したが、遼には強大な軍事力があったので宋からの対応策がなく、十一世紀になると講和条約を結んで遼による十六州占拠を認めることにした。その一方、宋の中で発行する地図には十六州は宋の領土だと示した。まるで今日の日本における北方領土や竹島だ。

そんな宋と遼の関係に転機がおとずれたのが徽宗時代である。遼のさらに北方にいた女真が「金」という国を建て、宋とのアライアンスを求めてきた。徽宗と蔡京は、よしよしこれなら金と組んで遼を挟み撃ちにできると思った。これが失敗だった。宋は遼に負けつづけ、金は遼に勝ちつづけた。おまけに宋と金が遼の領土分割の交渉に入ると、金は有利な条件を引き出すために宋の本土に侵攻して都の開封を包囲し、徽宗は退位、蔡京は処刑されてしまった。

こうして九代欽宗皇帝が継ぎ、その欽宗が金によって北方に拉致されるという「靖康の変」がおこると、十代皇帝の高宗が即位した。高宗は金とのあいだに平和友好条約を結び、二十年に及んだ交戦状態に終止符を打った。それがさらに二十年ほどたつと、金の側から一方的に条約を破棄してきた。紹興三一年（一一六一）のことで、義経が常盤と離されて鞍馬山に入るころだ。たちまち宋は混乱し、都の臨安（いまの杭州）は恐慌状態になり、金もここぞと襲いかかろうとしたのだが、虞允文という前線司令官が踏んばって長江南岸の采石磯というところで金を食い止めた。

南宋は生き延びた。このことを日本から見るとどうなるかというと、清盛は金と日金貿易をしないですみ、日宋貿易に集中できたということになる。

清盛の日宋貿易によって、日本には宋銭が大量に流入して「銭の病」がおこった。あぶく銭やダーティマネーが出回ったのである。相手国の通貨が一方的に流入してきたということは貿易黒字が出たということだ。一九八〇年代の日米関係もそうだった。ドルが日本に入ってきて日本は貿易黒字、アメリカには貿易赤字が積み上がっていった。おかげで手ひどいジャパン・バッシングを食らった。ただし、現代では自動車をはじめとするさまざまな製品が交易されるのだが、当時はまったく別の交易品が流れた。日本は何を中国に売っていたかというと、金を売ったのだ。

中国では北方では金が産出するが、南では採れない。もしも清盛の交易の相手が女真の金王朝であったならば、日本は貿易黒字はもてなかった、宋が相手だからこそ金が売れたのである。徽宗の失敗は東アジア社会にとって大きな転換だったという意味が、ここにある。

その金が日本のどこから清盛のところに届いたのかというと、奥州からやってきた。藤原氏が調達していた。清盛はこれを宋に流すために西国福原の大輪田泊をつくって拠点にし、そこから奥州産出の黄金を動かしたわけである。

奥州藤原氏のほうはどうしたかというと、一方で清盛経由で宋を交易相手にしつつ、実際には他方で北方の遼や金を相手にしていた。清衡・基衡・秀衡は北方交易の王者である。これは何を意味するかといえば、奥州藤原氏は京の朝廷や福原の清盛政権に頼らずとも、独自の北方交易で奥州政権をそれなりに維持できたということだ。だからいまさら清盛の方針に従う必要はない。

ここに、もうひとつの〝東アジアの義経〟の意味が隠れている。清盛政権から源氏の政権に時代が移るとき、源氏の棟梁の頼朝にとってはこのままではぐあいが悪かったのだ。まして義経が奥州にいるということは、新たに政権を動かそうとしていた頼朝にとってはもっとまずい。頼朝が清盛同様の新朝廷型の内政や外交や交易をするつもりだったのならそれでもいいのだが、頼朝はまったくそんなことは考えていない。

頼朝は複合的な武士団の力を背景に「御恩と奉公」を誓う御家人を集め、従来のシステムとは異なる「幕府」というものをつくろうとしていた。そのために征夷大将軍になろうとしていた（のちになった）。それなのに、弟の義経が奥州と組んでしまったのだ。これでは頼朝は平泉政権とともに義経を叩くしかない。そういうことになる。

本書の著者の小島毅は、平家と源氏の対立をはなはだ斬新な視点でとらえている。それは「開国か、鎖国か」という視点だ。平家は開国を狙い、源氏は結局は鎖国的だったというのだ。

そもそも清盛と頼朝の関係は「武の家」どうしの闘いであったとともに、大きくは東日本（東国）と西日本（西国）の覇権争いでもあった。しかしそれとともに同じ源氏の棟梁においても、その方針が開国に向いているか、鎖国に向いているかということによって、骨肉を分けた者のあいだで熾烈な闘いを演じたのであった。頼朝が義経を無慈悲に屠ったのは、〝奥州義経〟が清衡以来の開国性に富んでいたからだったのだ。

その後に三代実朝が鎌倉八幡宮の大銀杏の下で殺されたのも、そういう事情によっていたと小島は見ている。実朝はなぜ殺されたのか。宋に心酔しすぎていたからだった。

鎌倉幕府はそういう実朝を早々に抹殺することによって、いわば「関東農本主義」を基軸にした新たな「日本一国主義」の確立を急いだのだ。

この見方はかなり大胆である。はたしてそこまで踏みこんで言えるのか心配だが、しかし小島からすれば、それほどに東アジアにおける宋の役割が日本の十二世紀と十三世紀に大きくのしかかっている、そこに義経の抹殺も含まれていたと言いたいわけなのである。

唐から金をへて宋へ、平家から源氏をへて北条氏へ。ここに東アジアにおける「武家政権」の出現というローカル・スコープが立ち上がったのである。

第一四二〇夜　二〇一一年六月二十日

参照千夜

一四一六夜：工藤雅樹『平泉藤原氏』　一四一九夜：入間田宣夫編『平泉・衣川と京・福原』

「パクス・モンゴリカ」が生んだ
イスラーム的アジアの力について

ジャネット・L・アブー＝ルゴド

ヨーロッパ覇権以前

もうひとつの世界システム

佐藤次高・斯波義信・高山博・三浦徹訳　岩波書店　全二巻　二〇〇一

Janet L. Abu-Lughod: Before European Hegemony 1989

この数週間で、チュニジアのジャスミン革命を筆頭に、エジプト、リビア、イエーメン、バーレーンなどのアラブ中東イスラーム社会が、次々に火を噴きはじめた。執拗で強引で小心だった大統領フスニー・ムバラクも、わずか数週間の民衆暴動の波及によって、退陣を余儀なくされた。

チュニジア革命がフェイスブックのせいだなどと言っているのは日本のジャーナリズムと電子オタクだけで、そこには二一世紀に入ってますます怪獣リヴァイアサン化しつつあるグローバリズムのなかで、アラブ・イスラーム社会に沈殿してきた世界史的なマグマがゆっくり噴き出ていたわけである。

このマグマは厄介だ。かなり深いところから胎動している。それなのに、オイルマネーやイスラーム原理主義や9・11以降のイスラーム・テロばかりに目を奪われて、われわれは「中東」や「マグリブ」（北アフリカ）の現代史がどんな世界史のマグマを孕んできたのかを、すっかり忘れていた。

いまさら言うのもなんだけれど、チュニジア、リビア、エジプト、イェーメン、バーレーンは人口の過半数がムスリムである。加えて東アフリカと北アフリカと西アフリカの、モロッコ、モーリタニア、セネガル、ガンビア、ギニア、アルジェリア、マリ、ニジェール、ナイジェリア、チャド、スーダン、ソマリア、ジブチも、イスラーム諸国だ。

これに地中海と紅海を挟んで、サウジアラビア、シリア、ヨルダン、レバノン、クウェート、オマーン、カタール、UAE（アブダビやドバイ）、トルコ、イラク、イラン、アゼルバイジャン、アフガニスタン、パキスタン、バングラディッシュ、ブルネイ、マレーシア、インドネシアというふうに、イスラーム圏がアラビア海・ペルシア湾・インド洋・ベンガル湾・南シナ海に向かってびっしりつながっている。

さらにイラン高原やパミール高原の向こうにはトルクメニスタン、ウズベキスタン、カザフスタン、キルギス（以前はキルギスタン）、タジキスタンがタン・タン・スタンと広がっていて、そこはマルコ・ポーロたちが動いた内陸イスラーム圏だった。このうち北アフリカ（マグリブ）は八世紀の後ウマイヤ朝以来の骨太のイスラーム社会であって、今日出回っている『アラビアン・ナイト』は、そのエジプトのカイロでほぼ全面的な編集がされたとおぼしい。だからチュニジアやエジプトの動乱といっても、この巨大イスラーム・ベルトの中の出来事というべきだった。

ぼくは二〇〇六年のサッカーのワールド・カップの決勝戦で、フランス代表のジダンがイタリア代表のマテラッツィに頭突きをしたとき、この大イスラーム・ベルトが何かに向かってコツンと頭突きをしたのだと感じた。ジダンはアルジェリア移民のムスリムの家に育っていて、一説には姉を侮辱されたので思わず試合中の頭突きに及んだというのだが、それはウンマ（イスラーム共同体）への侮辱であったはずだった。このあたりの事情については内藤正典さんの『イスラムの怒り』（集英社新書）が詳しい。

ムハンマド・アブドゥフという近現代エジプトの改革思想のルーツをつくった知の巨人がいる。一八四九年生まれのウラマー（イスラム法学者）で、カイロのアル・アズハル大学でアフガーニーの思想に共鳴して、一八八二年にウラービー革命にかかわった。いずれ何かの千夜千冊の中で紹介したい。エジプトの現在を語るには欠かせないルーツ的人物である。

このところの報道で、「ムバラクは去れ」「ムバラクを倒せ」という怒号が飛びかっている。エジプト群衆の背後にはムスリム同盟とかムスリム同胞団といった正体不明の「堅い絆」が動いているのですというニュース解説があったけれど、これは正体不明どころか、祖国（ワタン）と民族（カウム）と信仰（ウンマ）を一緒にすべきだというムハンマド・アブドゥフの思想を下敷きにしてきたものだった。このあたりのマグマの動向も大事だ。加藤博さんの『「イスラムvs.西欧」の近代』（講談社現代新書）が詳しい。

事態は明白きわまりない。ここにきて、西洋中心主義の歴史観と欧米型資本主義の経済観が「世界の解明」には必ずしも役に立たないことが、あられもなく露呈しているだけなのである。

けれども、そのことを身をもって知るには、ひとつには、中東や南米や東アジアの劇的な変化の意想外の現実に次々に出会ってみることが必須で、もうひとつには、そもそもこのような現代史のマグマが〝本来の世界史〟のどこから対流をしてきたのか、それがどんな裂け目で噴き上がってきたのかを知ることが重要になる。しかしながら、その〝本来の世界史〟というものが、われわれには見えなくなってしまったのだ。

たとえば、では、モンゴルの疾風怒濤の歴史とはどういうものだったのか。それはどんなふうに十三世紀の世界史を誕生させたのか。おおざっぱなことくらいは、ほかならぬ東洋人である日本のわれわれは、歴史の血液感覚としてもそこそこ見えていてよさそうなはずだが、はたしてそうなっているのかといえば、かなり心もとない。だからこのことについては、いずれ別の機会に千夜千冊したいけれど、いまはとりあえずその前代未聞のモンゴル軍によるユーラシア制覇の十大ステップとでもいうべきを参考までにまとめておく。ざっと次のようになっている。

①一二〇五年にチンギス・ハーンがゴビ砂漠の南の西夏王国に侵入しはじめて、一二二七年に西夏を滅ぼし、翌年にはモンゴル帝国の第一歩が踏み出された。
②一二一一年に天山のウイグル王国がチンギス・ハーンに投降し、ついで西遼(カラ・キタイ)が帰順して、ここにモンゴル帝国の激越な第一弾が発射された。
③チンギス・ハーンは一二一〇年に金と断交して、翌年からは内モンゴルと華北に侵入を開始、一二三四年にはこれをオゴタイ・ハーンが受け継いで金を支配した。
④ついで一二一一年、ナイマン王の息子クチュルクがカラ・キタイに亡命し、一二一八年、モンゴル軍はクチュルクとともにカラ・キタイ王国を撃破し、その最前線はカザフスタン東部にまで進出した。
⑤一方、セルジューク・トルコの王朝が一一五七年に断絶すると、ここに新たにホラズム・シャー朝がおこり、これを一二一九年にチンギス・ハーンが全軍を指揮してシル

河を渡り、七年の遠征によって掌握した。一二二〇年代前半のことだ。
⑥そのころチンギス・ハーンの長男のジョチはカザフスタンを任されていた。オゴタイ・ハーンは一二三六年にジョチの次男のバトゥを総司令官としてウラル以西の諸国の征服に乗り出し、キプチャクの草原とコーカサスの諸種族をまたたくまに制覇すると、一二四一年にはポーランド王国に入ってポーランド軍とドイツ騎士団を粉砕していった。その勢いはハンガリー王国やアドリア海にまで達した。
⑦オゴタイ・ハーンが一二四一年に死去すると、モンゴルの大遠征軍は東経一六度線で突如としてヨーロッパ進軍を中止して引き上げてしまった。総司令官バトゥは方向を転じてヴォルガ河畔、北コーカサス、ウクライナ、ルーシなどを支配して「黄金のオルド」を築きあげた。
⑧他方、一二五三年、チンギス・ハーンの孫のモンケ・ハーンは弟のフレグを西アジア方面に派遣して、バグダードを攻略させ、一二五八年にアッバース朝を滅ぼした。
⑨フレグはさらにシリアに侵入、そのままエジプトに進軍して一二六〇年にマムルーク朝を襲うも失敗、フレグはタブリーズを拠点として南アゼルバイジャン、西トルキスタン、アナトリア、コーカサスに及ぶ広大な領域を支配する。これがイル・ハーン国ことフレグ・ウルスだった。
⑩かくて一二七九年、フビライ・ハーンが派遣したモンゴル軍は杭州を占領、ここに

南宋が滅亡した。フビライは一二五三年に雲南のタイ人の大理王国を、一二五九年には韓半島の高麗王国を降伏させ、それらの中核たる中国全土をモンゴル支配による元朝に染め上げていった。

こんなにも凄まじいことが十三世紀前半にあっというまにおこっていったのである。東は日本海・東シナ海から、西は黒海・ユーフラテス河・ペルシア湾にいたる東アジア・西アジア・東ヨーロッパに及ぶ大アジアのほぼ全域が、大モンゴル帝国の版図となったわけである。これをしばしば「パクス・モンゴリカ」という。

とはいえ、「パクス・モンゴリカ」のこんな粗筋だけをもって、それで十三世紀のすべてが説明できるわけではない。ここにはウマイヤ朝とアッバース朝以来のイスラーム諸国の大胆緻密な動向と、『クルアーン』と『ハディース』にもとづいたウンマ・ネットワークの網の目とが、まことにダイナミックな多発多様なエンジンとなって形成されてもいた。十三世紀は「アラビアン・ナイトの人々」と「シンドバードの海」と「チンギス・ハーンの国々」と「マルコ・ポーロの道」とで相互複合的にできあがり、そこへヴェネツィアやジェノヴァが繰り出す「地中海の交易商人」とがさまざまに交じりあっていたという、そんな構図だ。

今夜は七、八年前から気になっていた本書『ヨーロッパ覇権以前』を選んだ。それほどの大著とはいえない程度の、けれども中味がけっこう濃い二冊組だ。内容はきわめて明快、表題通りのヨーロッパが覇権をとる以前の、その〝世界〟とはどういうものだったのかということを問うた。

覇権とは「ヘゲモニー」の訳語だが、つまりは十三世紀（正確には十三世紀半ば）には、世界のヘゲモニーはアラブ・イスラームで、かつモンゴリアン・アジアで、かつ中東的で東洋的なしくみが、その大半を握っていたということをあらわしている。念のためもうひとつ言っておくと、ぼくにとっての本書はアンドレ・フランクの『リオリエント』（藤原書店）とぴったり一対につながっていて、そこに岡田英弘と宮崎正勝の二冊の『世界史の誕生』ものがくっついているというふうになっている。

本書とフランクの関係については、アブ－ルゴド（アブー＝ルゴドと表記されているがアブールゴドにさせてもらう）の先駆的な本書が先に刊行されて、これを受けてフランクが大著『リオリエント』を著したという順になる。（注＝フランクの『リオリエント』は本書『大アジア』の第四章のラストに収録した）

本書におけるアブールゴドの主張は、多少は慎重なところもあるものの、全体としてはアジア・ラディカルである。ブローデルやウォーラーステインが近代資本主義の基本となる「世界システム」は十五世紀のヨーロッパでほぼすべて成立していたという見解に立ったのに対して、いやいや、それ以前の十三世紀後半にはすべての準備がほとんど用意されていたじゃないかというものだ。

これはヨーロッパ中心主義の文明史観に強くクレームをつけたもので、けっこう激しい主張だ。彼女は、一二五〇年から一三五〇年のあいだに東地中海とインド洋を結ぶ中東に世界交易システムの新たな心臓部が確立していたということ、すなわちイスラームの経済社会の拡大期こそがその後の世界大のシステムの基本を確立していたということを、終始一貫して主張した。

この「一二五〇年から一三五〇年のあいだ」のまさに開幕にあたる一二六〇年は、マルコ・ポーロの父ニコロと叔父マッフェオがコンスタンティノープルから旅立って、広大なアジア・イスラームの土地に踏み入り、ついにフビライ・ハーンの国に入った時期にあたる。さきほどモンゴル軍の進軍として一〇個のステップを列挙しておいたけれど、マルコ・ポーロ一族の大旅行の前後には、そのような大変化がユーラシア全域において連続しておこっていたのだし、同時期にヨーロッパ側でも看過できないことがおこっていたのだった。

たとえば、一二五〇年のルイ聖王による十字軍の手痛い失敗、一二五八年のモンゴル帝国のフラグによるバクダードの征服とイル・ハーン国の成立、一二六一年のコンスタンティノープルのラテン帝国の陥落、エジプトにおける一二五〇年から六〇年のあいだのマムルーク朝の樹立などなど……。

本書のアウトラインを少々ながら眺めておきたい。アブールゴドが一番言いたかったことは何かといえば、世界交易システムの新たな心臓部は「東地中海とインド洋を結ぶ中東にこそあった」「それはイスラーム社会とモンゴル社会と地中海社会のあいだにあった」ということである。

これは、たんなるユーラシア・アジアの勢力地図がそうなっていたということではない。経済社会が「世界システム」のレベルに達していたということだ。十三世紀後半に、あらかた次のようなことがおこっていたということだ。①貨幣と信用取引のしくみがだいたい発明されていた、②資本蓄積とリスク分散のメカニズムがほぼ確立していた、③富についての大半の集積方法がおおむね用意されていた。

この通りなら、世界の経済史を総覧しようと思う者にとってたいへん新鮮なことになるが、それが決してオリエンタリズムによる誇張や贔屓目ではないことを、アブールゴドは執拗に立証している。

当時の「世界」は、(A) 西ヨーロッパ、(B) 中東、(C) 東方アジアという三システムに大別できるものになっていた。そこに二つか三つのサブシステムがそれぞれ内属して、独特の外向けの回路を形成しつつあった。

(A)の西ヨーロッパには、三つのサブシステム回路があった。①東フランス・中央フランス、②フランドル地方の織物生産地帯、③ジェノヴァとヴェネツィアだ。

①のフランス回路では、トロワ、プロヴァンス、バール・シュール・オーブ、ラニィの四都市がシャンパーニュの大市などを形成していた。②のフランドル回路の中心になったのは、商業面と金融面でのブリュージュと、工業面でのヘントである。③のジェノヴァとヴェネツィアの回路では、ジェノヴァがコンパーニャなどの商業的自治組織でムスリム諸国と争って西洋的な動力源になっていたのに対して、ヴェネツィアはコンスタンティノープルの庇護をいかした東洋寄りの商業都市国家になっていた。だからこそここからマルコ・ポーロ一族が東への旅を意図できた。

(B)の中東には三つのサブシステム回路が動いていた。①黒海沿岸では、コンスタンティノープルがセンター機能をもち、②パレスティナ海岸地帯ではここに十字軍の活動が加わって、内陸路によるバクダード回路と北東に進む中央アジアの隊商を包みこむ回路が発動した。③ペルシア湾とインド洋を媒介にした回路ではホルムズやシーラーフなどの交易拠点が含まれて、大量の商人が入り乱れた。

(C)東方アジアにも三つのサブシステム回路が躍動していた。①アラブ世界と西インドを結びつける回路、②南東インドとマラッカ海峡を結ぶ回路、③マラッカ海峡と中国の東端を結ぶ回路、である。

これらのうち興味津々なのは、（C）の東方アジア・システムなのだが、マルコ・ポーロ的にいうならこれは、（A）の③回路のヴェネツィアを発して、（B）の①コンスタンティノープルを介し、さらに②バクダード回路、③インド洋のホルムズ回路をへて、すべての流れが（C）に至ったというふうになる。

そこで、以上の俯瞰された（A）（B）（C）の十三世紀世界システムを、今度はマルコ・ポーロふうに西から東へ向かうルートで表示してみると、別のネットワークが見えてくる。そこには、（a）北方ルート（コンスタンティノープルから中央アジアの陸路を横切るルート）、（b）中央ルート（地中海とインド洋をバクダード・バスラ・ペルシア湾を経由して結ぶルート）、（c）南方ルート（アレクサンドリア・カイロ・紅海をアラビア海とインド洋のほうに結ぶルート）、という三つのルートが浮かび上がってくるのだ。

これが当時の「東方幻想」を満喫させるルートであった。修道士カルピニやマルコの一族たちも、まさにこの「東方幻想」ルートにかきたてられていた。そしてここにこそ〝本来の世界史〟が十三世紀に誕生していった背骨が如実に見えてくる。

十三世紀の（a）北方ルートを仕切っているのはモンゴル帝国だが、そこには前史もあった。すでにアッティラ麾下のフン族がローマ帝国崩壊直後に内陸ルートをドイツ地域にまで進出していたし、トルコ系の民族であるセルジューク族が西に向かい、十二世紀までにはイラク全土と肥沃な三日月地帯とエジプトにいくつものルートをつくっていた。また、別のトルコ系のホラズム・シャー朝はトランスオクシアナ（中央アジアのオクサス川以東のオアシス地帯）を押さえていた。

このようなモンゴル前史に対して、さきほど一〇のモンゴリアン・ステップに紹介したような、モンゴル軍の未曾有のユーラシア撃破が連打されたわけなのである。とくに一二二五年までに、チンギス・ハーンのモンゴル軍先鋒隊がホラズム・シャー朝を破り、ハンガリーにまで進攻していったことが大きかった。

しかし、ここでチンギス・ハーンはなぜかくるりとヨーロッパに背を向けたのだ。これは世界史上のグランドシナリオにとってきわめて大きな〝方針変更〟なのだが、ここではその点には立ち入らない。チンギス・ハーンにとって、ヨーロッパは魅力のある征服対象ではなかったということなのだろう。

ともかくもこうしてモンゴル帝国はヨーロッパを捨てて、朝青龍や白鵬クラスの兵士を何万人も用意した戦線を東に大きく切り返し、今度は中国に向かったのである。一二二七年、チンギス・ハーンはその途次で病没した。けれども、このことがまわりまわって、十三世紀ユーラシアにモンゴル型の（a）北方ルートを確立させたということ、いくら強調しても強調しすぎることにはならない。

チンギス・ハーンの死後、世界制覇の野望は四人の息子たちに委ねられた。ジョチとバトゥはロシアと東ヨーロッパを、チャガタイはペルシアとイラクのほぼ全域にわたるイスラーム地域を、トルイにはモンゴルの本土が任せられ、それらすべてをオゴタイ・ハーンが統率した。

その後、オゴタイが死に、次をモンケが継いだのち、モンケの兄弟であるフレグが一二五八年にバクダードを征服して、そこにフレグ・ウルス（イル・ハーン国）を創設した。もう一人のモンケの兄弟のフビライのほうは中国北部を任されて元朝（大元ウルス）を確立した。バクダードと元の上都・大都こそは、マルコの一族が東へ東へ向かったルートと目的地だった。

（b）の中央ルートのほうは、シリア・パレスティナの地中海沿岸部に始まり、メソポタミア平野を通ってバクダードに入り、そこで陸路と海路に分かれた。

陸路というのはペルシアからタブリーズに至り、そこから二つに分岐して、南東へは北インドに向かい、東にはサマルカンドから西域をへて中国に進路をとるというふうになるルートである。海路のほうはティグリス川に沿ってペルシア湾に下り、バスラの港からオマーン・シーラーフ・ホルムズ・キーシュというふうに進んだ。大量の商品が運ばれたのはこの海路のルートだった。

（C）の南方ルートは、カイロと紅海とインド洋を結ぶルートのことで、これは一二五〇～六〇年のエジプトに出現したマムルーク朝の影響がすこぶる大きい。

このエジプト地域はアラブ・イスラーム史としては、後ウマイヤ朝（七五六～一〇三一）やファーティマ朝（九〇九～一一七一）がいたところで、そこが十字軍に攻められると、それを十二世紀のクルド人の兵力がサラディンのもとで撃退したことによってアイユーブ朝（一一六九～一二五〇）となり、そのアイユーブ朝がさらにエジプトの国土を実質的に守ってきた奴隷軍人たちによってマムルーク朝（奴隷王朝）に切り替わったことで、新たな世界史の踊り場になった地域なのである。

それゆえこの南方ルートは、その中心のカイロが「世界の母」とよばれてカリフ制を再興したこと、ついでは初代のスルタンになったバイバルスが一二六〇年にシリア・パレスティナを制圧したこと、さらには後続の十字軍を撃退しつづけたこと、これらの流れの出現がつくりだした世界史上の新規ルートだった。いわば十字軍とモンゴル帝国の挟撃によって出現したルートだ。

以上、十三世紀世界は三つの（A）（B）（C）システムと、八つか九つのサブシステムをもつ回路の相互複合的な組み合わせによって説明できると、アブールゴドは見たわけである。

本書は後半にさしかかって、「シンドバードの道」と「モンゴルの道」に分け入り、いよいよ「インドと中国が呼応しながらつくりあげた十三世紀東方世界」の牙城に向かっていく。「シンドバードの道」とは、まさにアラビアン・ナイトな広大な領域のことである。かつての古代ペルシアの商圏がどのようにアラブ化され、イスラーム化されていったかということが証かされる。「モンゴルの道」のほうは十三世紀においては、それこそぴったりマルコ・ポーロの東方への旅に重なっていた。

こうして最後に注目されるのが、紅海・ペルシア湾・アラビア海・ベンガル湾・南シナ海をまたいで形成された「インド洋交易圏」と、フビライ・ハーンの中国支配によって頂点に達した「モンゴリアン・チャイナ交易圏」である。

「インド洋交易圏」を制したのはアラブ・イスラーム商人だ。かれらは西側の海路では紅海・アラビア半島・ペルシア湾岸・インド西南を交易し、中央の海路ではインド東南・マラッカ海峡・ジャワを動きまわり、東端の海路ではそのマラッカ海峡からスンダ海峡・東インド諸島をへて、ついには中国華南をめざした。

このような実情をアブールゴドは、十五世紀に書かれたイブン・マージドの航海記などを克明に調べて再生させている。

この商人たちは単独の族派など形成していない。それぞれ独自の商人組織をつくりあげていた。共通の言語や共通の通貨で取引していたわけでもない。それでもアラビア語はギリシア語や口語ラテン語と同様にかなり広い地域で用いられていたし、北京語はすでに東方アジア諸国の共通語になっていた。

通貨はヨーロッパでは銀が価値をもち、中東では金がそれにあたり、中国ではそのころは銅貨が好まれていた。けれども、そういうことはこのアラブ・イスラーム商人たちの何の支障にもならなかった。どんどん両替をすればすむからだ。ようするに、かれらは資本主義の先駆者で、かつ非ヨーロッパ的な主役たちだったのだ。

ちなみにアラブ・イスラーム商人の前身の、そのまた前身はなんとシュメール人である。そこには商業民族の歴史があった。それがササン朝ペルシア期で「銀行・小切手・為替手形」の原型を生み、これをイスラーム商人がコンメンダによる契約商業に発展させていった。

この契約商業はシャリカ・アルミルク（所有権上の協業）とシャリカ・アルアクド（契約による商業上の協業）によって発展したもので、労働すら投資行為とみなされる。このあたりのことは、櫻井秀子さんの『イスラーム金融』（新評論）が詳しい。つまりは、こういうところにもヨーロッパ的な契約とはまったく異なる〝世界史〟が登場していたわけである。このアイディアはのちにインドネシアのスカルノやマレーシアのマハティールらが、二十世紀に復活させている。

ヨーロッパとアジアを結びつけた地理中心は、中東と中央アジアとインド洋だった。なかでもインド亜大陸が、すべてのユーラシアの動きの波動力となった。

南インドは大半の航海者が出合うところで、西海岸にはアフリカやメソポタミアから来た船が着岸し、東海岸には中国・インドネシア・マレーシア・タイなどの船が西に向かうために寄港する。西側がマラバール、東側がコロマンデルだ。マラバールの中心はカリカット（現在はコジコーデ）やゴア、その背後に発達したのがグジャラートやシンド（今のパキスタン）である。コロマンデルのインド商人はもっぱら東に向かって活動した。

インド亜大陸に次ぐのは東南アジアと、その海だ。

そもそも東南アジアは十世紀と十一世紀に、南インドのチョーラ朝、クメールのアンコール朝、ビルマのパガン朝、北ベトナムの黎朝、中国本土の宋朝などの新たな動向によって勃興していったところで、海に向かってはいわゆる「都市の多島海」を形成していった。

そこからしだいに中核的な〝海のブリッジ〟となっていったのがマラッカだ。今のマレーシアにあたるが、ここの海峡は一五一一年にポルトガルの征服者カブラル艦長の一行がイスラーム商人の船舶を襲撃して捕縛するまで、ずっと東西の要衝をつなぐ〝海のブリッジ〟として守護されつづけた。マラッカ海峡はスンダ海峡とともに最も広域の東西のルートをつなぐ最も狭い海峡だったのである。

これでやっと東アジアの帝国、中国の話になる。

もともと中国の人口分布の重心は六世紀までは内陸部にあって、外国交易もシルクロードを中心とする内陸交易中心だった。それがローマ帝国の没落とともに、人口重心が南方に移動して、海洋交易が活発化した。それとともに十二世紀末には人口が一気に七三〇〇万人に達した。その一世紀後の、つまりフビライ・ハーンの時代には、全人口の八〇パーセントが中国南方に居住したのだった。

これは今日の北京型の中国からは想像がつきにくいだろうが、この南が、か、っ、た中国こそ、十三世紀世界システムに大きく寄与したのである。マルコ・ポーロは北の中国を「カタイ」と呼び、南の中国を「マンジ」と呼んだ。

南のマンジの蠢動（しゅんどう）を体現したのは、広東・泉州・杭州だ。マルコ・ポーロの時代でいうと、広東はカントン、泉州はザイトゥン、杭州はキンサイになる。とてもエキゾチックだった。これらの港町の繁栄は一三六八年の元の滅亡後も続いた。もっともアブールゴドは、どうも中国についてはあまり冴えた分析をしていない。のちに『リオリエント』のアンドレ・フランクからそこを批判された。そこはむしろ明治・大正期の日本の大アジア主義者のほうが詳しかったろう。

ごくごくおおまかな紹介をしたにすぎないけれど、十三世紀の世界システムは以上のような地理と勢力とネットワークをもって形成されたことが浮上したと思う。

ところがそれらの大半が、十五世紀にはヨーロッパによってしだいに分捕られていったのである。そこでは、東方寄りのヴェネツィアよりも大西洋寄りのジェノヴァが活躍し、そのジェノヴァにコロンブスが登場した。またポルトガルが「旧世界」を乗っ取り、スペインが「新世界」を合併したことが、十三世紀世界システムに変容を生じさせたのだった。

いったいなぜこんなふうになったのか。このことについては、本書には述べられていない。この問題に入るには、いったんアラブ・イスラーム社会の歴史を離れ、ヨーロッパとイスラームの相克の歴史を近代にまで突き進み、一方で中国がノンチャイニーズの清王朝になってのたうった理由と、鎖国を破られた日本が一挙に明治維新をおこしてアジア進出に転じたことを、あらためて俎上にのせることになる。舞台はヨーロッパによる東アジアと東南アジアの植民地化に、どのように日本とアジア諸国が対峙しようかというほうへ移ることになる。

第一四〇二夜　二〇一一年二月十九日

参照千夜

一四〇〇夜：『アラビアン・ナイト』　一三九五夜：加藤博『イスラム経済論』　一三九八夜：大川玲子『図説コーランの世界』　一三九九夜：イブン＝ハルドゥーン『歴史序説』　一四〇一夜：マルコ・ポーロ『東方見聞録』　一三九四夜：アンドレ・グンダー・フランク『リオリエント』　一〇一一夜：岡田英弘『日本史の誕生』　一四〇三夜：宮崎正勝『世界史の誕生とイスラーム』　一三六三夜：ブローデル『物質文明・経済・資本主義』　一三六四夜：ウォーラーステイン『史的システムとしての資本主義』

第二章　近代アジア主義

山室信一『思想課題としてのアジア』
頭山満『幕末三舟伝』
宮崎滔天『三十三年の夢』
杉山茂丸『俗戦国策』
滝沢誠『権藤成卿』

近代日本から見た
機軸のアジア・連鎖するアジア・投企するアジア

山室信一

思想課題としてのアジア

基軸・連鎖・投企

岩波書店　二〇〇一

日本がアジアに属することは、いまは誰も反対しないだろう。AA会議（アジア・アフリカ会議）もアジア・フォーラムもアジア大会もASEANも定着した。「アジアの中の日本」と言われても抵抗もないだろうと思う。抵抗もないが、それなら日本人に「アジア人」という矜持や自負があるかといえば、あまりないようにも感じる。もともと「アジア」という呼称はヨーロッパの地理学が割り出した区分名である。アッシリア語で「東の方」を意味する「アス」（asu）に語源をもつ。それに対して「西洋」は日没を意味するエレブ（ereb）が語源だった。ヨーロッパの地理学者は、ウラル山脈・カスピ海・黒海・地中海・紅海を結ぶ線より以東の地域のことを、つまりは東半球の北東部をアジアとみなした。西側の地政感覚からするとトルコ以東はみんなアジアなのである。

しかし「あなたがたが住んでいるそこは、アジアなんですよ」という領域規定は、この地域に住み、歴史をへてきた者からすると、お節介なお仕着せだった。そこにはアジア人の自覚やアジアを守るという社会文化感覚がほとんど積み重なっていない。それどころか一〇〇年前までは、欧米はアヘン戦争を仕掛け、インドやビルマ（ミャンマー）やインドシナを植民地にし、フィリピンを領有していた。それが急に「解放された自由アジアでしょう」と言われても、とうていピンとはこない。

それゆえこのお仕着せの中にいたままで、アジア人がアジアという概念によって自画像を描くということは「不慣れな自家薬籠（やくろう）仮説」をいくぶんの撞着（どうちゃく）と抵抗をもって形成するような作業を強いるものになった。そう、ならざるをえなかった。

日本を舞台に急激に組み上がっていった「アジア主義」はそういうものだ。しかし、それは征韓論や日清日露戦争からのことではない。予兆はあった。近世の書物から二つほど、例を出す。

長崎奉行所にいた北島見信は「紅毛天地二図贅説（ぜいせつ）」で、西洋が設けた欧羅巴（ヨーロッパ）州や亜細亜（アジア）州のほかに、あえて和児知斯爺瓶多（ワオルチスヤマト）という州を提案し、これを"Fortis Jamato"と綴（つづ）ってみせた。

蝦夷・靺鞨・朝鮮・日本本州・四国・九州・琉球・台湾・呂宋・爪哇などを包括した島嶼による、いわば「大日本洲」のようなものを提案したのだ。これはまさしく「我が地をアジアと言われたくない」という意思だった。ヤマトを“Jamato”と綴ったのがおもしろい。

水戸の会沢正志斎なども「西夷はその地を分けて、亜細亜州・欧羅巴州・亜不利加州と称すれども、夷輩の私に名づくる所にして、天朝にて定め給ほる呼称にも非ず」と反発して、「亜細亜などの名を以て、神州までをも総称するは悖慢の甚だしきなり」と息巻いた。

近代に入ってからの例も、一人、あげておく。小牧実繁という地理学者がいた。大津坂本の酒井神社の祠官の長男で、母は蟬丸神社の三上家の娘だった。大正八年（一九一九）に京都帝国大学で小川琢治や石橋五郎の薫陶をうけ、三方五湖や琵琶湖や沖縄久米島のフィールドワークに従事し、昭和二年からは濱田耕作に従って満州・関東州の考古学調査を手掛けた。ヨーロッパ留学もした。

昭和十五年（一九四〇）、小牧は「日本地政学宣言」を書く。地理学を日本の歴史的伝統をいかした日本精神に満ちたものにするためには、日本神話や伝承にもとづく新たな日本地政学が必要になっていると説いたのだ。ヨーロッパのお仕着せの地理学では日本は捉えられないとみなしたのだ。敗戦後、こうした小牧の方針は国策主義だと非難され、公職追放すれすれになるのだが、その後は延暦寺の「比叡山」編纂や、城南宮史の編纂や葛川明王院の史的編纂に与かった。昭和三四年には滋賀大学の第二代学長になり、滋賀民俗学会を立ち上げたりもした。

小牧の日本地政学は「皇道による地政学」である。平田篤胤あるいは佐藤信淵の皇国史観や「ムスビ」の精神形態学にもとづいたものだった。だから、こんな神州地政学や皇道地政学をもって「日本地政学」とするのははなはだ危ういのだが、しかし、このような見方が近代日本のアジア主義や大アジア主義ではたいてい下敷きになっていたのである。

本書は近代日本がアジアに対してどんな考え方や見方をしてきたのかということを、思想課題として組み立てようとした大著で、八〇〇ページ、八八〇〇円だ。大著だが、精密にアジア近代の俯瞰を試みた労作であって、解読のための縮図を何通りも提示した。メッセージは鮮明に絞り込まれている。たんなるアジア主義の総覧ではない。

山室信一は『法制官僚の時代：国家の設計と知の歴程』『近代日本の知と政治』（ともに木鐸社）で存分に腰を下ろした姿勢から、一気に「日本人はアジアをどう想定したのか」という大問題を俯瞰したのである。

アジア主義については、一九六三年に竹内好が「現代日本思想大系」の九巻目に『アジア主義』（筑摩書房）を構成執筆してこのかた、二〇一四年に中島岳志がまとめた『アジア主義』（潮出版社）にいたるまで、これまでいくつかの解読が試みられてきた。とくに竹内好のまとめは、その後のアジア主義をめぐる言説の大きな下敷きになった。では、その後はどうだったかといえば、ぼくは山室による本書をその一連の研究群の底辺の一冊におくべきだと見ている。

近代日本の知識人がアジアをどのように見るか、戦うべきか取り込むべきか、大いに悩んだことは近代史がまざまざと証かしている。「アジアとしての日本」「日本というアジア」をどう描くのかという問題だ。福澤諭吉や大久保利通や伊藤博文はその自画像づくりに苦労し、樽井藤吉や頭山満や大川周明らによるアジア主義の展望はそこを突破しようとした。

壮大な「大東亜」の構想が綴られ、中国（清）と朝鮮半島と日本をまたいで多くの知者や猛者が交流し、日清戦争、日露戦争、満州攻略などを通してその共栄圏の実現が熱っぽく語られた。しばしば「大アジア主義」といわれた。しかし近代日本と昭和日本は、その不慣れな仮説を実践に移すにしたがって、この挑戦に失敗してしまったのである。満州事変をおこし、満州国を宣言し、日中戦争となり、太平洋戦争（大東亜戦争）で敗北した。大アジア主義は大東亜共栄圏の大気球がはじけるとともに潰えた。

こうして敗戦とともに何もかもが吹っ飛んだ。大アジア主義は忌み嫌われ、枠組としてのアジア主義も根拠を奪われた。それなら吹っ飛んだままでいいのか。かつてのアジアの自画像はすべて反故になったのかといえば、そんな軽々しく歴史観を放棄することはできない。また、その再生はまったく不可能なのか。もはやそれを描くことは許されないことなのか、それとも今日の歴史学にはそれを描く根拠が失われたのかといえば、仮にそうだったとしても、ハイ、その通りですと何もかもを棚上げしていいなどとは言えない。

では、どうするか。これが山室の問題意識になった。山室は「実態としてのアジア」の検証だけでなく、「社会的想像態としてのアジア」を考えることにした。歴史の結果としてのアジアではなく「想定されたアジア」を検証することにしたのだ。検証にあたっては三つの視座を用意した。「基軸のアジア」(conceived)、「連鎖するアジア」(linked)、「投企としてのアジア」(projected)だ。なかなか説得力があった。

それぞれの眼目とスコープを案内しておく。

「基軸のアジア」では、文明史から見たアジアを再認識することが眼目である。基点のひとつに、一六〇二年にマテオ・リッチが作成した世界地図(坤輿万国全図)や一六九五の西川如見『華夷通商考』などがある。この地図によって、その後の中国と日本におけるアジア観（歴史地理観）が大きく変更を迫られたわけである。

抵抗もおこった。山鹿素行は「文明もって隆えて、皇統終に絶えず」「中華文明の土」などと『中朝事実』に書いていた。佐藤信淵は皇国型の「亜細亜大州」を自覚する必要を説いた。ここから明治になって、東西文明を調和させるという見方と東西文明を対決させるという見方とが出てきた。

代表的な調和論は、岡倉天心の「アジアは一つ」を謳った『東洋の理想』、内村鑑三の「東西文明調和論」、樽井藤吉の『大東合邦論』、金沢庄三郎の『日韓両国語同系論』などだ。内村は「釈迦の印度は属隷国の恥辱に沈み、孔子の支那は満州略奪者の占領物たるに際し、亜細亜の日本にすでに欧米的の憲法ありて、自由は忠君愛国とともに併立し得べしとの例証を世界に挙げうる」と書いた。吉田東伍や喜田貞吉もこれに準じた。そこに日鮮同祖論も広がった。

ところが日清・日露で大日本帝国が勝ち、それなのに欧米の三国干渉などを受けてみると、ここに登場すべきはむしろ「東西文明対決論」であろうというふうになってきた。小寺謙吉、陸羯南、陸奥宗光、竹越與三郎、木村鷹太郎、石川三四郎らがこの論調を拡張するうち、そこに日本主義・アジア主義が極端に蒸留され、さらには大川周明や石原莞爾に及んでは「満蒙独立運動」や「世界最終戦争のアジェンダ」にまで膨らんだ。

これはアジア・ナショナリズムやアジア・モンロー主義ともいうべきもので、日本はアジアとともに世界に対峙すべきだという論調だったのだが、後戻りがきかないものでもあった。山室はそこに「自己拡張するアジア」が胚胎していったと捉えた。

「連鎖するアジア」では、近代になってアジア諸国に平準化・類同化・固有化がおこってきたから、そこを社会史と思想史の両方から見ることが眼目になる。しかし、アジア諸国にもたらされた欧米による外圧と日本の近代化による衝撃は異なるものでもあったので、そこも見る。そういうスコープだ。

ここではアジアにおける国民国家性と一国史観とアジア連帯主義のいずれもが検討される。西洋世界（The West）と非西洋世界（The Rest）という頑固な見方にも配慮しなければならない。それは、そもそもは中・韓・日を通じて「西学」と「東学」との反発と連鎖として準備されていたことでもあった。

この反発と連鎖は、中国では宣教師たちの西学の怒濤のような翻訳と、日本では蘭学ブームと渡辺崋山の『慎機論』や高野長英の『戊戌夢物語』などの時務論として発酵し、いったんは佐久間象山が放った名言、いわゆる「東洋道徳・西洋技術」という対比にも達した。これには吉田松陰が痺れた。

しかしながら列強による「西からの一撃」は、これらの準備をあっけなく蹴散らすものでもあった。アヘン戦争、アロー戦争、ペリーの黒船到来がおこり、それがすぐさま一八六六年のアメリカのシャーマン号による平壌攻撃とフランス艦隊による江華島攻撃となり、そこへロシアの南下政策が加わって、たちまち朝鮮半島が列強社会とアジア社会の争点の地にされた。当然、隣接する中国と日本がざわついた。

日本の藩閥政府は征韓論の是非を問う議論に突入し、中国の李鴻章（りこうしょう）はその日本の動向には「中国の虚実」をうかがうものがあり、その議論は中国にとっての「永久の大患」になるだろうと警戒した。かくして事態は朝鮮半島における外からのクーデターと内部の分裂を誘発することになったのである。そのあげくが金玉均（キム・オッキュン）や頭山満や内田良平の暗躍がおこっての閔妃（ミンビ）殺害にいたる。

これらの動向は、中国においては康有為（こうゆうい）や梁啓超（りょうけいちょう）の「大同思想」として、維新以降の日本においては文明開化を背負った福澤諭吉や中江兆民や中村正直（まさなお）の「脱亜入欧思想」として、それぞれ組み上がっていたものの、それぞれ限界を露呈させた。

日・中・韓、いずれも考えこんだ。このままでは列強に蹂躙（じゅうりん）されるままになる。世界史からとりのこされることになる。どうするか。ここに作動を開始したのが、ひとつは本書が第二部第六章で名付けた「知の回廊」による交流で、もうひとつが「大アジア主義」の台頭だった。

近代アジアにおける「知の回廊」のきっかけは留学生の相互交流によってもたらされた。日本では新島襄、五代友厚、中江兆民、西周(あまね)、津田真道(まみち)、内村鑑三、津田梅子、青木周蔵、中村正直、下田歌子、遠藤謹助(きんすけ)など、大半が欧米に留学して知識の輸入と翻案と自立の模索に励んだわけだが、もっぱら欧米回路が多く、アジア的ではなかった。それゆえアジアにおいては東アジア諸国から日本への留学が圧倒的に多く、そのためここにアジア的な「知の回廊」としての近代日本コリドールともいうべきが作動することになった。

李朝の政府や役所は両班(ヤンバン)の子弟を選んで日本留学を奨め、日本側も花房義質(よしもと)らがその要請にのりだした。一八八一年の初期派遣では通訳には朴仁淳が立った。福澤が慶応義塾で真っ先に留学生を受け入れたのは有名だ。二年後には五〇名前後がやってきた。陸軍士官学校に入校する者もいた。金玉均は士官学校留学生を中心に朝鮮陸軍の改変を図ろうと企てた。

朝鮮から中国に留学する発端は、駐日公使の何如璋(かじょしょう)が李鴻章に進言して始まった。おりからの洋務運動がその拍車をかけた。中国から日本への留学は、康有為や孫文らの進言が大きい。日本側の受け入れにも陸軍参謀次長の川上操六などが熱心で、当初は軍人を育てる路線が強かった。列強に伍するには日中の軍事的連携力が必要だと思われていたからだ。

清の側にも「連日抗露」の動きがおこり、駐清公使の矢野文雄もその線で動いた。留学生の歴史は、その時代やその社会の次世代の針路がどのようになっているかを見る、恰好の羅針盤なのである。

本格的にアジア的な「知の回廊」が始動していくのは、専門施設が設けられるようになってからである。公立もあれば私立もあった。

先行したのは、東京日華学校、東洋大学の日清高等学部、梁啓超が設立した大同学校（のちの東亜商業高校）、東亜同文会による東京同文書院、高楠順次郎の日華学堂、嘉納治五郎の亦楽書院（のちの弘文学院）、寺尾亨の私塾、立教学院の志成学校、法政大学法政速成科、早稲田大学清国留学生部、明治大学経緯学堂などだ。

なかでも弘文学院には一九〇九年の閉校まで七一九二名が入学し、三一八〇名が卒業した。そこには魯迅、陳独秀、陳寅恪、林伯渠、そしてのちに孫文を助けることになる黄興らがいた。法政の速成科には二一一七名が入学し、汪兆銘や宋教仁らが籍をおいていた。女子にも門戸が開かれた。下田歌子の実践女学校が用意した清国女子速成科、成女学校、東亜女学校などが受け入れ体制をととのえた。下田歌子のことはあまり知られていないかもしれないが、もっと注目されてもいい。武家の娘として身についた儀礼で宮中の女官として出発し、早くから女子のための桃夭女塾を開いて、ロンドン視察ののちは帝国婦人協会を設立した。

　留学生たちの多くは故国に戻り、その後の朝鮮独立運動や中国改革運動や革命運動にかかわることになるのだが、それとともに、そこから抗日活動に転じる者も出た。この日本にとってはアタマの痛い転回は、このあとの日本のアジア主義者たちを焦らせ、過剰に鼓舞させた。


　アジア的「知の回廊」は翻訳グループや親睦団体やいくつもの結社や交流組織によっても活性化した。

　たとえば一八九八年前後、内外出版協会の山県悌三郎は日本・中国・朝鮮・インド・フィリピン・タイの青年が交流する東洋青年会をつくるのだが、そこには幸徳秋水や山田美妙らが参加して、フィリピン独立をめぐるアギナルドやマリアノ・ポンセの亡命を画策したりしていた。一九〇七年に結成された社会主義講習会(のちの斉民社)には章炳麟・張継・何震と幸徳秋水・山川均・大杉栄・坂本清馬・竹内善作らがのべつ顔を突き合わせて、斉民社の集会場となった青山のインディア・ハウスには二人のボースをはじめとするインドの活動家やベトナムのファン・ボイ・チャウらが参加した。

　一九一〇年に設立された亜細亜義会は、イスラム圏から来日したアブデュルレシト・イブラヒムを迎えた大原武慶が東亜同文会の支援をうけてつくったもので、すぐさま頭山満・中野常太郎・犬養毅・王浩然・馬仲先らが顔を揃えた。

翻訳活動も大いに一役買った。語学堪能になった留学生を結集して立ち上がったのは訳書彙編社で、日中翻訳を推進した。それを機会に会文学社・新民会・農学社などができあがっていくと、張之洞が「日本の各国語翻訳力とその出版には卓抜なものがあるのだから、これに積極的に追随したほうがいい」と述べて日中間の「広訳」を強調してからは、さらに京師同文館・西湖書院などが次々に名のりをあげた。

日朝関係でも、親睦会を通した翻訳交流がさかんになった。太極学会、共修会、洛東親睦会、大韓同寅会、大韓留学生会、大韓興学会などがある。

「知の回廊」は日清・日露をはさんで、東アジアに格別のネットワークを張りめぐらせていったのである。その実情、たいへんめざましい。ところが、それはそのまま「アジアをつなぐ回廊」にはならなかった。なぜなのか。

各国の活動家たちが日本を離れて自国に戻ると、その方向はついつい自国強化主義のほうへ、抗日的独立運動のほうへ、ナショナリズムのほうへ傾き、この転回を目の当たりにした日本のほうも「横に手をつないだアジア主義」から、「タテ型の民族主義・日本主義・国家主義・普遍主義」を孕んだ、異様な大アジア主義に向かっての変貌を遂げはじめたのである。

本書が三つ目のスコープとしてあげた「投企としてのアジア」は、そうした変動や変質が、日本や中国や朝鮮や沖縄やベトナムなどにどう投影されていったかという視座によって構成されている。

一八九七年八月、朝鮮は年号を光武と定め、国王を皇帝とし、国号を大韓帝国と改めた。これによって朝鮮は清朝の冊封体制から離脱した。

朝鮮はようやく中国の支配から逃れたのだが、その隙に手をのばしてきたのがロシアだった。日本も巻き返しをはかり、一九〇四年に第一次日韓協約を締結し、翌年は日露戦争でロシアを挫き、そのうえで韓国が実質的な保護国化をすすめるように仕組んでいった。山室は、これを「日本による類同化」と呼んでいる。

日本はどのように朝鮮の類同化ができるのか。日本最初のノーベル平和賞の候補にあがった法学者の有賀長雄はこんな疑問を呈していた。「韓国を段々日本が文化に導く、導いたところが、今の国家絶対主義で導ひていけば論理上必然の結果として、韓国には韓国の歴史があり、韓国の君主があつて、何処までも韓国は韓国でなければならぬことになつてくる。それを精神上において日本が勧めるところのものに心服しろといふことは言はれない」。

有賀は、日本の国民国家が国家至上主義を核として形成されてきた以上、これを韓国に適用するならば韓国の国家至上主義を喚起し、それを尊重せざるをえなくなると指摘したのだ。ぼくはこの有賀の論調にはなかなか説得力があったと思っている。有賀は、日本が万世一系の国体を保有したまま西洋の平準化を受容してみても、そこには「世界についてのアブソリュートと信ずるもの」が欠けているではないか、それを欠いたままで、隣国における日本の類同化を推進するのはムリがあると見抜いていた。

ではそれなら、この見方がその後の日本に貫かれたかというと、そうはならなかったのである。大東亜共栄圏という大きな傘で包むという構想に転じていった。それは日本の近現代思想史では「アジア主義」とは言わずに「大アジア主義」と言うことになったものだった。

山室の精査はまだまだ続くのだが、終章の「空間アジアの存在理由をめぐって」でまず尾崎行雄の発言を紹介し、そのうえで次のように締めくくった。

尾崎はこう言った。「私は常に地理的もしくは人種的観念を冷笑する者である。殊に亜細亜と云ふがごとき地理上の名義は何人が付けたか私は一向知らないものである、またこれを知ることを求めざる者である」。しかし、近代後期の日本は、この地理的人種的観念を「東亜」あるいは「大東亜」と言い換えて活用してしまったのである。「東亜永遠の平和を永久に確保せむとする」と言って対華二十一ヵ条の最後通牒を出し、「極東における全局の平和を維持する」と言って山東出兵をおこし、「東洋の平和を維持し世界の平和的発達に貢献する」と言って上海事変を敢行し、「東亜永遠の平和を冀念する」と言って盧溝橋事件の政府声明を発表したのだった。

山室は書く、「もし、真にこの目的に沿って日本が外交活動を繰り広げていたとするならば、おそらく近代日本ほど東亜やアジアの平和を追求しつづけた平和国家は世界になかったはずである。しかし、ここに挙げられた対外宣言は全て日本の権益と領土の拡張のための軍事行動に係るものであった」。

そして、こうも書く。「おそらく脱亜とアジア主義は対立していたのではなく、脱亜を進めていくことがアジア主義的な主張をさらに昂進させていったのである。その差異は、実力のある国家間の競争によって自立できない政治社会を植民地化していくという政策原理と、アジアという地域にあることや黄色人種としての人種的・文化的同質性を掲げて植民地を拡張していくという政策原理のいずれが、より抵抗が少なく受け入れられるかというだけの選択でしかなかった」。

山室には『キメラ』(中公新書)という満州国をめぐる充実した著書がある。こちらを最初に読んだほうが、本書の「アジア的思想課題」がよく見えるかもしれない。大アジアは今日なおキメラ(キマイラ)のままにある。習近平の一帯一路のニュースを聞くたび、そう思う。

第一七二七夜　二〇一九年十二月十八日

参照千夜

四一二夜：福澤諭吉『文明論之概略』　八九六夜：頭山満『幕末三舟伝』　七五夜：岡倉天心『茶の本』　二五〇夜：内村鑑三『代表的日本人』　五五三夜：吉田松陰『吉田松陰遺文集』　四〇五夜：中江兆民『一年有半・続一年有半』　七一六夜：魯迅『阿Q正伝』　七三六夜：大杉栄『大杉栄自叙伝』　一七二八夜：坪内隆彦『アジア英雄伝』

アジア的怪男児に土俵を用意した頭山満という前代未聞

頭山満

幕末三舟伝

島津書房 一九九〇 国書刊行会 二〇〇七

この本はこの本として論ずる価値がある。だからとりあげた。頭山満が口述したものを昭和五年に刊行した一冊である。頭山はまるで講釈師のように三舟の人物と生きざまを闊達に喋っている。中身はほとんどヤンチャな挿話の組み合わせだが、なかに幕末維新についての頭山の見方が霰走りする。

第三八五夜に山岡鉄舟のことを書いたときにも案内したように、幕末三舟というのは勝海舟・高橋泥舟・山岡鉄舟のことである。いずれ劣らぬ傑物だった。三舟を議論するだけでも、もうひとつの幕末維新を綴るにあまりある動向と情報がひしめく。たとえば清河八郎は泥舟・鉄舟の莫逆の友であり、互いに幕閣の中央にいながら尊王攘夷を心に秘めた。剣や槍をとっては互いに譲らないほどの、天下に聞こえた腕前を誇っていた。

頭山は「海舟の神、泥舟の気、鉄舟の力」、あるいは「義の海舟、忠の泥舟、誠の鉄舟」というふうに比較した。千夜千冊ではすでにこのうちの海舟と鉄舟を覗いた。残るは高橋泥舟だが、この人は槍の名人で、同じく名人だった山岡静山の弟にあたっていて、泥舟その人も伝通院琳瑞和尚に翻弄されてからはさらに修行して、波瀾の幕末に背筋を通した。ただし著書はない。書がおもしろい。

ともかくもこういう三舟だから、それぞれが覚悟を賭した交差の綾を語ればキリがないのだが、とはいえここでは三舟のことより、やはりこれを得々と語った頭山のほうを扱わなければならないだろう。この男こそ維新後の明治から昭和を三舟以上の傑物として暗躍したのである。

頭山満といえば筑前玄洋社だ。

玄洋社が福岡に誕生したのは前身の向陽義塾ができた明治十二年にさかのぼる。頭山はまだ二五歳、のちに頭山とともに三傑とよばれた箱田六輔が三十歳、平岡浩太郎が二九歳だった。十年後に条約改正の進展に不満をもった来島恒喜が時の外相大隈重信に爆裂弾を投げて自殺するのだが、その来島もこのときは二一歳だった。

玄洋社はありきたりのガイドでは〝超国家主義の源流〟などと評されてきたが、初期の玄洋社は自由民権運動の結社であって、母体となった向陽義塾（向陽社）は高知の立志社を凌ぐ勢力だった。頭山は「わが福岡こそは憲政発祥の地であった」としばしば豪語したものだ。

これは考えてみれば当然のことで、西南戦争はそもそもにおいて九州に吹き荒れた嵐だった。不平士族は西南にいた。自由民権の狼煙はこのあとに西郷とともに下野した板垣らによっておこるわけだが、その中心地が板垣の高知と西郷の薩摩だった。それゆえ西郷を死なせた大久保利通を討ちたいという企図はこの九州勢にこそあった。すでに佐賀の乱や熊本神風連の変などで佐賀や熊本が根こそぎやられていた。

こうした状況や条件を数えあげてみれば、自由民権の中心のひとつが福岡筑前にあったことはだいたい予想のつくことなのだ。実際にも箱田六輔は大久保暗殺を企てていた。

この地にはまた、他の日本列島の各地とは異なる格別の動向が渦巻いていた。二つ、ある。ひとつは、ここが近代日本における石炭の積み出しセンターであったことだ。筑前・筑豊・筑後が日本のエネルギー資源の中心であったため、ここに集散する人間の鋭気と勇気と覇気をいやましに形成した。

もうひとつは、アジアの風である。玄界灘の向こうは朝鮮半島とアジア大陸だ。これはかつての堺や長崎同様に、筑前を燃え続けさせた。すでに明治十年代に、筑前ではのちの日清戦争を予兆するがごとき対清国義勇軍が準備されたりもして、このアジアの風が最後まで玄洋社に吹きまくった。

多士才々が頻繁に出入りした玄洋社の歴史をかいつまむのは容易ではないが、わかりやすくいえば、おおよそ次のようになる。最初に玄洋社の士族たちに強い影響と磁場をもたらしたのは、女傑で鳴らした高場乱（たかばおさむ）である。眼医者であって、男装の女丈夫。天保期に生まれた。眼科医であるのは父親譲りで、代々が医者だった。

乱は亀井暘洲（ようしゅう）（亀井南冥の孫）の亀井派に属して、飯田太仲・中村北海に学び、早くから『尚書』『周易』『左伝』『三国志』『水滸伝』に通じた。乱という名が示しているように、少女のころから男児として育てられ、男装が正装だった。長じて興志塾（こうしじゅく）を主宰した。その苛烈な塾の雰囲気から、豪傑塾・腕白塾・梁山泊（りょうざんぱく）などの異名をとった。箱田・平岡・頭山、武部小四郎、来島恒喜、いずれも高場乱のかわいい教え子だったのである。だから「玄洋社の生みの母」とも言われた。明治二四年に死んでいる。

高場乱については書きたいことがいろいろあるのだが、いまのところは石瀧豊美の『玄洋社発掘・もうひとつの自由民権』（西日本新聞社）や、永畑道子の『凛・近代日本の女魁・高場乱』（藤原書店）に譲っておく。

玄洋社ができてからの統率は箱田、進藤喜平太、頭山がもっぱら引き受けた。それぞれ役どころがちがっていた。箱田や進藤は福岡に構え、頭山は遊説（ゆうぜい）し、箱田や進藤は煽（あお）

り、頭山は鎮めた。このように最初のうちの頭山は人材を発掘することと、血気さかんな若者の暴発を抑える役にまわっていた。

それゆえテロリストを理想としていた杉山茂丸などから見ると、頭山ははなはだ行動力がない者に映ったらしい。が、その杉山ものちに頭山の図太い魂胆の大きさに敬服していく（『百魔』）。杉山の息子の夢野久作も『近世快人伝』（文春学藝ライブラリー→ゴマブックス）では、その巨魁性には跪きたいものがあると書いた。

こんなふうに頭山は「傑物」「巨人」「老獪」などと評されてきたが、頭山自身は「威力」という言葉を好んだ。その威力とは「千万人の敵を一人で制する威力」のことだった。一人で千万人とは、三舟を称えた頭山らしい。

ともかくも頭山の行く手は波瀾万丈である。毀誉褒貶にものべつ見舞われた。明治二三年の第一回衆議院議員総選挙では玄洋社は頭山を送り出そうとしたのだが、頭山はこれを固辞して香月恕経を代議士とし、松方内閣の肩をもたせた。二年後の総選挙では〝選挙大干渉事件〟とよばれる干渉をして、これで玄洋社は民権派を敵にまわして国権主義に転向したと言われた。

この第二回総選挙で政治家として登場したフィクサー気質の星亨は頭山を政治に引っぱりこみたかったらしい。伊藤博文が明治三三年に立憲政友会の結成に際して暗躍したとき、ここへ一番に引き入れたかったのが頭山だったのである。が、頭山はこれを断り、大井憲太郎を推している。

こうした複雑な事情を、これまでの明治史は適確に叙述しえていない。たとえば民権派壮士たちによる頭山満暗殺計画があったといわれるのだが、その首謀者が大井か星だろうと憶測しているのもそのひとつで、これは玄洋社や頭山の周辺の歴史を調べると、とうてい当たっていないと思われるのだが、そんなふうにあらぬ邪推が飛び交うのも頭山という人物の尋常ではないスケールにもとづいていた。

明治時代とは、日本の富国強兵と朝鮮半島の動乱と中国革命とが一緒くたに驀進(ばくしん)していた時代である。したがって、この三国をまたぐ人士は三国ともに多士済々だった。頭山はこの三つの国をまたぐ者を愛した。擁護し、激励し、資金を渡し、その身を匿(かくま)い、仕事を与えた。

金玉均は朝鮮の両班(ヤンパン)の出身で、日本の急激な近代化に刺激されて朝鮮近代化のために奔走、明治十七年には日本から資金を得て甲申事変(こうしんじへん)をおこした。金が依拠した開化派(独立党)はいっとき旧守派(事大党)を制して政権を奪取するのだが、わずか三日で清国軍によって排除された。

金は日本に亡命する。政府は用済みの金の来日を迷惑がった。明治十八年、自由党の大井憲太郎らによる大阪事件がおこるが、これは金を擁して朝鮮に事を構えようとしたものだった。政府は金を小笠原島に軟禁した。このとき金を庇護したのが福澤諭吉、頭山満、岡本柳之助、犬養毅である。とくに頭山の命をうけた玄洋社の来島・的野・竹下は小笠原に渡って金を慰めた。のみならず小笠原母島の開墾に乗り出している。頭山は「開拓と植民」にはつねに援助を惜しまない。

しかし金玉均は暗殺される。その五ヵ月後、日本は清国に宣戦布告する。玄洋社の朝鮮独立党支援計画はこうして潰えた。

頭山は主義主張では生きなかった。日本とアジアをまたぐ「怪男児」に惚れることが仕事だった。荒尾精という男がいた。陸軍将校の荒尾は早くからアジアに注目して、上海で楽善堂（有名な薬局）を経営する岸田吟香の協力で漢口に薬局をつくり（この岸田吟香の子が岸田劉生）、これをもっぱら大陸活動の拠点とした。頭山はこの荒尾の活動に目を細め、楽善堂に入った山崎恙三郎から事情を聞いて、援助を惜しまなかった。

荒尾はやがて大陸の社会経済文化を調査研究するための日清貿易研究所を設立するのだが、日清戦争で封印される。それでも荒尾はこの研究所の「外員」を求めて、それを〝東洋君子・東洋豪傑・東洋俠客・東洋長者〟などと奇妙な名称で分けて、ひたすら支援した。この研究所の後身が、ぼくがずっと気になっている東亜同文書院である。

金玉均といい荒尾精といい、頭山はアジアに身を挺する先駆者に共感を示した。たとえば黒龍会の内田良平、東学党の乱に加わった天佑俠の面々、独自の中国観をもっていた武田範之、中国革命に邁進献身したかった宮崎滔天らは、みんな頭山のお気にいりである。当然、孫文の挙兵にも肩を貸している。

中江兆民は民権派の代表の一人である。選挙大干渉事件では国権派の頭山とは対立する立場となった。それでも兆民は頭山に感服していた。こんなことを書いている。「頭山満君、大人長者の風あり。且つ今の世、古の武士道を存して全き者は、独り君あるのみ。君言はずして而して知れり。蓋し機智を朴実に寓する者と謂ふべし」。

頭山満という奇っ怪で、図抜けて、やたらにアジア主義と国粋主義を交ぜつづけ、国家革命に向かう者への応援と恫喝を惜しまない人物の評価は、いまのところまったく定まっていない。日本人はこのような左右の揺れ幅の大きな近代の傑物を呑みほすのがまったくヘタクソで、いつまでも喉のどこかに骨が刺さったままにいる。何をびくびくしているんだろうか。

日本の近代は黒船このかた条約改正の歴史であった。どう不平等条約を撤廃するか、それが近代国家の最大の課題だった。かくて井上馨の案、大隈重信の案などが提出されたのだが、これをめぐって明治の論壇が四分五裂したといってよい。谷干城は後藤象二郎を説き、鳥尾小弥太は大隈を痛罵(つうば)した。

そのなかで頭山満が内相松方正義のところを訪れて、「閣下は独り今日の国家に対して、その責任を辞すること能はざるのみならず、永劫未来、子々孫々に対してその責任を辞すること能はざるなり。苟(いやしく)も閣下にしてその責任を忘れて条約改正に賛成することあらば、余は国民と共に鼓を鳴らしてその罪を問はざるべからず」と談判したという記録がのこっている。こういう悠揚迫らぬ応酬をどう見るか、そこに近代日本の命運がかかっていた。

第八九六夜　二〇〇三年十一月二五日

参照千夜

三三八夜：勝海舟『氷川清話』　三八五夜：山岡鉄舟『剣禅話』　一二九八夜：杉山茂丸『俗戦国策』　四〇〇夜：夢野久作『ドグラ・マグラ』　四一二夜：福澤諭吉『文明論之概略』　一一六八夜：宮崎滔天『三十三年の夢』　四〇五夜：中江兆民『一年有半・続一年有半』　三二〇夜：岸田劉生『美の本体』

西郷隆盛から宮崎三兄弟へ
金玉均にも孫文にもやさしかった革命家

宮崎滔天

三十三年の夢

平凡社東洋文庫　一九六七　岩波文庫　一九九三

学衆A　いよいよ今年も終わりですね。ぼくはホリエモンや村上ファンドが潰された のが気になった。校長の二〇〇六年は如何でしたか。

校長　中国が四年連続で一〇パーセントの経済成長率で、北朝鮮が核実験の準備をすすめているよね。アジアが気になるよね。

学衆B　イシス編集学校もささやかながら一段と成長したようですし、全集版『千夜千冊』全八巻が十月に刊行されたのが大きかった。凄い知の重戦車ですね。

校長　あの全集、意外に開きやすいんだ。牧製本という日本一の製本屋さんです。ぼくもページを開いて読むのが楽しくて、ついつい時間がすぎる（笑）。

学衆B　へえ、校長も読むんですか。

校長　すごくタメになる（笑）。

学衆C　そういえば、全集が出た十月は那須の二期倶楽部に「七石舞台かがみ」が出現したり、NHKブックスの『日本という方法』が刊行されたりで、けっこう賑やかでしたね。文藝春秋の本のために茂木健一郎さんと泊まりがけの対談もしたんでしょう？

校長　うん。脳とSNSはどう絡むんだろうね。

学衆C　七月に千鳥ケ淵のギャラリー「册」で「松岡正剛・千夜千冊展」が開かれたでしょう。初めて校長のアート遊びを見ましたよ。

学衆B　校長の書は私も色紙をもらったから知っていたけれど、仏像のようなものも出品されていて、あれが意外でした。手先がかなり器用なんですね。

校長　昔はね。いまは目が困る（笑）。

学衆C　「册」のとき、読書術の特別講演が二回ありましたが、ああいう秘伝公開はいい。もっとやってください。

学衆A　ぼくは紀伊國屋ホールや丸善ホールでの読書術に関する話も痺れたな。読書は脳トレなんかじゃできない、もっと根本的な方法があるということを断言されていた。

学衆C　講演でいえば、有楽町朝日ホールでの岡倉天心の話、短かったけれどワタシには最高でした。校長の今年の体調のほうはどうだったんですか。

校長　いつまでもつかだね。

学衆B　それそれ、そう言って人を心配させるのはよくないですよ。

学衆C　一一六六夜のヘミングウェイでは「死の去来」ばっかり持ち出して、あれは困ります。そのキリマンジャロの凍豹のあとが西郷隆盛でしょう。「負」を引き取るっていう話ばっかり。

校長　そういう話が大事なんだよ。

学衆A　人を寂しがらせるためにわざと書いている。

校長　いや、そういうわけではなく……。

学衆B　やっぱりそうなんだ。

校長　それがヤバイときもあるんでね。ついつい「負」を背負える者を大切にしたくなる。いとおしくてね。

学衆B　で、一一六七夜の『西郷隆盛語録』の最後に、続きをまた書くって予告していたのは、いったい誰のことなんですか。

校長　それが今夜の一冊で、宮崎滔天の『三十三年の夢』。

学衆B　へえ、滔天ですか。ついに登場ですね。

学衆A　ボクは滔天も『三十三年の夢』も知らないんですが、どういう人ですか。

学衆C　孫文の革命を用意したんですよね。

校長　おそらく、これからの日本にこそ必要な男だろうね。

司馬遼太郎の『翔ぶが如く』(文春文庫)は、文庫本でいうと五冊目の半ばあたり、宮崎八郎が登場してきて俄然おもしろくなってくる。「肥後荒尾村」という一章があって、宮崎八郎が育った熊本(白川)県荒尾の様子が詳しく綴られ、例の司馬流のゆっくりした蛇行解説がすすむなか、しだいに八郎が西郷の挙動に近づいていくというふうになっている。ぼくが最初に宮崎八郎を知ったのは、この小説のなかでのことだった。

宮崎八郎は〝九州のルソー〟と言われ、多くの青年にその存在を知られた。理由がある。ひとつは〝日本のルソー〟と謳われた中江兆民の「仏学塾」に学んでいたこと、もうひとつは次の漢詩が有名になったことだ。「危言ひとり乾坤を貫かんとす　誰が知らん凄月悲風の底　泣いて読む盧騒の民約論」。

最後の行は「泣読盧騒民約論」となっている。漢詩ふうに「キュードクるそーミンヤクロン」と読む。これが青年の口の端から口の端へ伝えられていった。だからルソーと宮崎八郎は切っても切れないものと思われていた。司馬もそのことに関心をもったようで、『翔ぶが如く』では、その謎に少しだけ介入していた。

これから書くことは『翔ぶが如く』を下敷きにはしない。以前から愛読してきた上村希美雄さんの全五巻におよぶ『宮崎兄弟伝』(葦書房)を虎の巻に、滔天が前半生を自叙伝化した『三十三年の夢』をテキストにする。

案内したいのは滔天の生涯の言動のことなのだが、それには、〝九州のルソー〟であった八郎が、なぜ西郷一党の挙兵に投企したかを知る必要がある。

明治十年の正月、宮崎八郎は、鹿児島「私学校」の生徒たちが西郷隆盛を擁して兵を挙げたという噂を聞いた。八郎は、自分が興した「植木学校」を通じて研鑽しあってきた仲間を中心に「協同隊」を組織した。

植木学校というのは明治八年に八郎と松山守善が開校した塾で、熊本の慶応義塾のようなものをめざした。『日本政記』『十八史略』から万国史、ルソーの『社会契約論』を兆民が一部訳した『民約訳解』まで、互いに学びあった。他方で剣術も欠かさなかった。八郎らは文明開化の明治維新などにはこれっぽっちも満足していなかった世代なのだ。幕末維新の志士とはちがっていた。

そこへ西郷の生徒たちの挙兵である。八郎は挙兵に呼応し、一気に西南戦争の前線に駆けつけた。「徴集隊」という。この義挙は、今日の見方はともかく、当時としては意外なものだった。ルソー主義なら大半が自由民権や議会主義に靡いていたのに、そうした動きに背いたかのような西郷の挙兵に、ひとり八郎が勇躍して加担したからだ。兆民はこの知らせを聞いて、八郎が本気でそのようなことをしようとしているのかどうか、わざわざ九州に下向して真意を問うたほどだった。それほど西郷に加担することは、当時は異様(アノマリー)に見えた。しかし八郎は莞爾(かんじ)として答えた。「西郷どんに天下をとらせて謀反(むほん)するのも一計ではありませんか」。

まず西郷に勝たせて、それから真意を問えばいいというのである。その前に西郷をつぶすのでは、日本が見えなくなるというのだった。兆民は青年に宿る大きなものを感じて、納得した。けれども八郎はその西南戦争の陣中、八代萩原の一戦に戦死する。享年わずか二六。それが宮崎八郎の全生涯だった。

学衆B　宮崎八郎が宮崎兄弟を引っ張ったんですか。

校長　二六歳で死んでしまうけれど、そのスピリットは宮崎兄弟にカミソリの刃の飛片のように突き刺さるんだね。

学衆A　そういう兄弟がいたんですね。

校長　熊本に出たというところに意味があるね。

学衆C　宮崎兄弟ってどういう人たちですか。

校長　八郎の兄弟姉妹は十一人いるんだけど、そのうちの民蔵、彌蔵、寅蔵をとくに〝宮崎三蔵〟といって、八郎の意志を大きく受け継いだ。スピリットとか意学衆C　志というより、むしろ「志操」といったほうがいいかな。

校長　そういう兄弟のことを全部書くなんて、上村っていう人はたいへんなものを書いたんですね。

学衆B　上村さん自身が熊本の人ですからね。西南戦争は鹿児島と維新日本の闘いであって、また熊本による九州のための闘いでしょう。

校長　『宮崎兄弟伝』って五巻もあるんですか。

学衆C　うん、日本篇が二冊、アジア篇が三冊。たしか日本篇のときに毎日出版文化賞も受賞した。あまりに長大な著作なので、上村さんはこれを簡縮した『龍のごとく』という一冊も書いてますね。こちらは宮崎滔天を主人公にしている。同じ葦書房だから、手軽にはここから読むといい。

校長　松岡さんは、いつごろから西郷とか宮崎兄弟に関心をもったんですか。

宮崎兄弟を知るのは『翔ぶが如く』からだけれど、西郷隆盛については、そうだなあ、かなり前からだね。ぼくはもともとは勝海舟や山岡鉄舟や高橋泥舟という〝幕末三舟〟が好きで、その三舟が西郷を格別視しているので気になっていたんだね。でも実は、ずっとよくわからなかったね。なぜ幕末維新を作り上げた西郷が、維新政府と対決するような内乱をおこして死んでいったのか。西郷の死は松陰や龍馬の死、あるいは大久保や伊藤の死とは全然ちがうからね。

学衆B　北一輝や石原莞爾ともちがう。

校長　そうだね。西郷の謎は近代日本の謎で、それゆえ今日の日本がいまだに隠している謎ですよ。その謎の一端を宮崎兄弟が解いていったんだと思う。だから、話はそこから始まるんですよ。今年の最後に『三十三年の夢』をもってきたのは、そういうこと……。

宮崎八郎には十一人の兄弟姉妹がいた。男は上から、武平、八郎、伴蔵、兵蔵、左蔵、民蔵、彌蔵、虎蔵(通称は寅蔵)である。武平は長男だが養子だったので、実子としては八郎が長兄になる。ふつう宮崎兄弟というと、このうちの八郎・民蔵・彌蔵・寅蔵をさす。上村の『宮崎兄弟伝』は、この四人を中心に九州・日本・アジアを舞台にして、宮崎兄弟の足跡・言動・史実・評論を縦横無尽に編み上げた。雄渾(ゆうこん)で精緻、壮観きわまりない大作だった。

今夜の主人公の滔天は、宮崎兄弟の末っ子の寅蔵のことである。寅蔵は、八郎が戦死したとき六歳。しかし、六歳にして父親(長蔵という)から火のような厳命を言い渡されたことをよく憶(おぼ)えていたという。父は二つのことを激しい口調で言った。ひとつは「男子は片々たる家の経営にうつつを抜かさず、世のために志を抱くべし」、もうひとつは

「官の字のつく職に就くべからず、堅く為るべからず」。

その父も明治十二年に脳溢血で死んだ。時代は、西郷と宮崎八郎と宮崎長蔵を失って大きく変貌しようとしていた。寅蔵から見れば、そう見えたろう。寅蔵は兄の民蔵と彌蔵に憧れて、しだいに天衣無縫の根本革命家として、また「大陸を背負った男」として育っていく。以下、話がややこしくなるので、寅蔵のことは滔天と呼ぶ。

滔天が「一兄」と呼んだ民蔵は、写真を見るとよくわかるのだが、威風堂々たる体軀で鋭い眼光の持ち主だった。八郎に最も近い気宇壮大をもっていた。とくに兆民の仏学塾などに学んだのちは、人間というものはもともと天賦の人権をもっているのだという真理にめざめた。人間の社会は土地の平等をもつべきだと考えるようになった。

そこで民蔵は、まず小作人の自由度をつくっていくことを計画した。大地と小作人の関係をこそ革命しようというのだ。これを民蔵は「道理」と呼び、そのような道理に日本人が達することが近代国家としての絶対の急務だと確信した。日本には宮崎安貞、二宮尊徳、安藤昌益といった、農本革命を志向しそれを実践してきた先駆者がいたが、民蔵はそれを近代資本主義との対決をもって企もうとしたのだった。

二兄の彌蔵は、元来の気質は女性のように温和だが（母親からいつもそうからかわれていた）、ラディカルな大陸思想をもっていた。当時は福澤諭吉が「脱亜入欧」を説いてアジアへの未練を断とうと主張していたときであるが、彌蔵は新しい構想をたてた。

ごくかんたんにいえば、「天は人の上に人を作らず」と言っても、人が世に立つには方針が必要である。たとえ日本に人民主権の国家がおっつけ生まれたとしても、その国土の位置や力量によってはとうてい列強の波濤から逃れられない。この波濤から自立しうる可能性をもっているのは、おそらく大陸の中国だ。中国が共和制の革命をおこしてアジア人民の連合の中心になれば、弱肉強食の白人の無謀を阻止できるかもしれない。ただしそれには、中国にこの革命の任にふさわしい者たちがいることが条件になる。私、彌蔵は、よしんば自分を中国人の身なりにやつそうとも、この中国革命の中心人物を捜し出すことを使命としたい。

だいたい、こういうものだ。これでわかるように、彌蔵の思想はその後の中国辛亥革命と日本の明日を予告するものだった。しかし、前途は多難である。こういう二人の兄の薫陶をうけるのだから、滔天の青雲の志が燃えないはずはない。まずは自分の武器を磨くことから始めた。

学衆C　どんな武器を磨いたんですか。

校長　最初はそのころの青少年の多くがそうだったように、不羈独立の精神を学びたくて、徳富蘇峰の「大江義塾」に入るんだね。いま、熊本市消防局の裏手に

「徳富記念園」があるけれど、あそこです。それが明治十八年、滔天が十六歳のときだね。どうも熊本中学は途中でやめたようです。そのころ、一兄の民蔵は上京して兆民の仏学塾に入っている。

学衆C　蘇峰に影響を受けたんですか。

校長　受けるんだけれど、不満ももった。フランス革命の話が多くて、どうもアジアっぽくない、日本ぽくないと感じたようだね。それで半年でやめて、兄貴を追って上京する。

学衆C　そのとき下宿したところが、のちに孫文たちが屯したところだったっていうんですよね。

校長　芝愛宕町の「対陽館」だね。屯というか、孫文や黄興たちが出入りした。そこで、滔天は東京をいろいろぶらついて中村正直の「同人社」とか、あれこれ訪ね歩くんだけれど、いまひとつしっくりこない。滔天は自分の腸にじーんとくるものじゃないと、なかなかピンとこないらしい。それでともかくも早稲田の東京専門学校の英学部に入って、英語を身につけようとした。

学衆A　英語が武器ですが。

校長　そうじゃない。

学衆A　じゃあ、英語以外に磨くべき武器がなかった？

校長　それがあるとき、オルガンの音色を聞いてピンときたんです。
学衆A　へえ、オルガンですか？
校長　町を歩いているときに聞こえてきた、教会の賛美歌のためのオルガン。すぐにその教会に飛びこんで、宣教師の説教を聞いたら、実に説得力がある(武田清子さんの研究によって、この教会がチャールズ・フィッシャー宣教師の英国第一浸礼教会だったことがわかった)。そりゃ、そうだよね。当時の青年にとって壮士の演説にくらべれば、磨き抜かれた宣教師のメッセージのほうがずっと魅力的だったはずだ。
学衆B　札幌農学校の内村鑑三や新渡戸稲造でわかります。
校長　それで滔天は、そのころ小崎弘道が設立したばかりの番町教会に行く。そこで洗礼を受けた。
学衆A　あっ、キリスト者になったんですか。
校長　それがなかなか一筋縄じゃいかなくてね、いろいろ紆余(うよ)曲折があった。すべて『三十三年の夢』に書いてあることです。

東京にはすぐに彌蔵もやってきた。洗礼を受け、早稲田に学んでいた滔天のもとに、荒尾の宮崎家が火の車になっていたことが告げられた。すでに父はなく、そこへ松方デフレとともに凶作が襲っていた。滔天は帰郷して、明治二一年の春からは熊本英学校へ、さらには足をのばして長崎の加伯里英和学校に通う。熊本英学校は有名な花岡山バンドの一人、海老名弾正が初代校長になった学校で、徳冨蘆花が「肥後の耶蘇教、復興の烽火」とうたったところである。

こういう足跡を見ていると、どうやら滔天は伝道師になろうとしていたようだ。英語を磨いたというより、伝道の技能を磨いたというべきだろう。しかし、ここには必ずや「パンか、福音か」という問題が待ち構えていた。

滔天はやがてそれを「パンか、革命家か」というふうに捉えていくのだが、その前に滔天のスタイルを決定するにいたる一人の人物が、長崎の町にあらわれた。それをきっかけに滔天のさまざまな運命が動き出したのだ。この人物は日本人ではない。七十歳をこえたイサク・アブラハムというスウェーデン生まれの風来坊であった。みずから「私は国家の外の人類だ」と名のっていた。さしずめ世界放浪者、いわば世界ヒッピーの先駆者である。

滔天はこの老ヒッピーからアナキズムの何たるかを教えられ、革命は世界のどこにもありうること、ここにもそこにもありうることを告げられる。老ヒッピーも青年滔天が気にいって、ひとつ私と世界放浪をしようじゃないかと誘うのだが、さすがにこの老人の余命を考えると、そうもいかない。滔天は同郷の前田下学に頼んで、この世界ヒッピーに熊本で英語講習塾を開いてもらうことにした。

イサク・アブラハムを迎えた前田下学の父親を、前田案山子という。槍の名手で、明治十三年からは民権結社の「山約水盟会」の盟主となって、その郷里の小天村（いまは天水町）は一種の熊本民権活動の〝鹿ケ谷〟になっていた。岸田俊子や中江兆民も訪れている。

なぜ〝鹿ケ谷〟かというと、そのころの熊本は「藪の内組」という活動が広がっていて、のちに幸徳秋水の愛読書となったヘンリー・ジョージの『進歩と貧困』をテキストに、徹底した革命思想や社会思想を醸成している最中だった。とくに明治二三年に、帝国議会の開院式が開かれる議場に爆弾を投げ込むという計画を「藪の内組」の吉田虎雄（〝三池のルソー〟と言われた）が立てたとき、熊本の苛烈をどのように世間から隠すかという課題が必要になっていた（そうしないと、私学校の二の舞になる）。〝鹿ケ谷〟というのは、小天村がそのための隠れ里だったという意味だ。

「藪の内組」には、いろんな人士がいた。のちに中国革命運動の重要な同志となった清藤幸七郎、のちに金玉均を助けた田尻市喜、トルストイのアナキズムを導入した相良寅雄あたりだ。

さて、その小天村の前田案山子に、三女の前田槌子がいた。十二歳のときに「学問ヲ勧ム」という激越な演説をして熊本新聞に絶賛された才女である。二十歳になった滔天がアブラハムを連れて熊本に戻り、小天村をアブラハムの居所にしたとき、槌子は十九歳だった。滔天はその槌子に一目で惚れてしまった。実は天下の放浪者アブラハムは天下の自由恋愛者でもあって、二人はこのアナーキーな恋愛魔術によって近づいてしまったらしい。余談になるが、のちに漱石が小天村の温泉宿を訪れて『草枕』を書いたとき、「那美さん」のモデルとなったのが槌子の姉の卓子（つなこ）だった。漱石は、遠く滔天の足跡を偲（しの）んだことにもなる。

学衆B　前田槌子？　気になりますね。

学衆C　やっぱり滔天って変な人。まだ二十歳でしょう？

校長　二十歳前後で、世界放浪の幻想や火の出るような恋と交差していないなんて、そんな青年青女は落第だよ。もっとも滔天もここまでは、まだ第一エンジンが始動したというくらい。ここで目の前のことに溺（おぼ）れていたら、のちの滔天はありません。

学衆A　というと、滔天は転回するんですか。

校長　そうね。槌子には惚れたままなんだけど、結婚をずっと先送りにして、ハワイに行こうとする。家宝の仏像を売ってまで旅費をつくろうとしていた。

学衆A　はあ、よりによってハワイとは？

校長　ハワイからアメリカに行こうとしたようだね。この思いつきは彌蔵にこっぴどく叱られる。このとき有名な彌蔵と滔天の徹夜の議論がおきるんです。

明治二四年の夏の彌蔵との一夜の議論は、滔天の第二エンジンを点火させた。彌蔵は日本はアメリカを向いて喋るのではなく、中国に体を向けるべきだと説いた。この説得が滔天を変えた。以降、滔天は中国を向いて生きていく。

もっとも、この方針を一兄の民蔵は保留した。日本人にさえ道理を説くのが難しいのに、それを地大物博の中国人に向かって説くのは至難の業だろうというのだ。また、そこに腕力や暴力をもちこむのは、最初から考えるべきことではなく、必ず最後の手段にすべきだと言った。しかし、滔天は二兄の思想のほうに大きく共鳴した。こうして明治二五年五月、二三歳の滔天は上海に向かう船上の人となる。日清戦争開戦の二年前のことである。

学衆A　えっ、ハワイでなく中国に行ったんですか。行動の転換が高速ですね。

校長　明治の連中は早いよ。右も左も、表も裏も、思想イコール行動だからね。現在は自由資本主義の市場原理だけが動いているから、その市場原理だけが速くて、あとはうんとのろのろしてしまったんだね。市場の速度に乗ったら、学衆Ｂ　あとは堂々めぐりを何度もくりかえすしかないんだよ。それじゃいけない。

校長　最近の日本がつまらないのは資本主義市場のせいですか。

学衆Ａ　まあ、そうなんだけれど、もっと正確にいえば市場原理に代わる価値観が少なすぎる、そのことを考えていないということです。

校長　それでどうなったんですか。

学衆Ａ　いま言ったように、滔天たちの活動はそもそも資金にも資本にも見離されているので、お金がなくて旅費が尽きる（笑）。やむなく戻って捲土重来を期するんだけど、そこへまたまた事態の運命を変える人物があらわれるんです。

学衆Ｃ　誰ですか。

校長　孫文でしょう？

　　いや、そうじゃない。まだ孫文まで進まない。金玉均です。朝鮮からの亡命者ですね。

　金玉均は甲申事変の首謀者で、世にかくれなき李朝朝鮮末期の近代革命家である。日本・朝鮮・中国の三国が互いに同盟を結んでアジアの衰運を挽回するべきだという「三和主義」を唱えた。

　官吏試験をトップ合格し、弘文館校理・司諫院正言・承政院副承旨などを歴任して、あっというまに新たな開化派の青年リーダーとなった。明治十四年に初来日して、すぐに福澤諭吉と親しくなり、その後は何度も福澤宅に逗留もした。井上馨・後藤象二郎から頭山満・大鳥圭介まで、多くの日本の政治家・実力者とも交流した。朝鮮に立憲制や近代商工業のしくみを案内したのは金玉均だった。

その後、いくつかの複雑な事情をのりこえて（日朝修好条規をはさんで大院君勢力と閔氏勢力が抗争）、開国をめざす甲申事変（明治十七年）にこぎつけるのだが、これはまさに三日天下に終わった。大院君勢力が袁世凱の清と結んだのである。

金玉均は日本に亡命してきた。多くの日本のトップと通じていた人物だったので、明治政府はその処置に困って「保護」を名目に、小笠原島に二年、北海道に一年八ヵ月の、礼を尽くした軟禁をする（小樽に中江兆民がいたときは、さかんに交流した）。これだけでもわかるように、金玉均はまことに不思議な革命的政治家なのである。朝鮮の開国と近代化の立役者とも、日清戦争の火種をばらまいたともいえるし、日本に自在に利用されたともいえる。

そのため、いまだに韓国側からも日本側からも（研究者たちからも）、定説となった評価がなく、かえって北朝鮮の金日成がその評価をいちはやく言いだしたほどだった。これほどまで毀誉褒貶に見舞われてきた近代朝鮮の人物はめずらしい。ぼくとしては、この評価揺れ動く金玉均をめぐる事情については、えんえん話したいことがいろいろあるのだが、いまはがまんして滔天との関係だけにふれることにする。

滔天は「藪の内組」の田尻市喜から金玉均を紹介された。そして、この男の革命性とアジア性に共鳴した。滔天は、金を来たるべき中国革命を準備する同志につなげようとした。金もまた失敗した朝鮮近代化（開国革命）を、むしろ中国において果たし、それが日本と連動できるなら望ましいと考えた。「三和主義」である。

しかしながら、明治政府にとっても厄介な人物との接触は、滔天の安全を脅かすものではあれ、決してその活動を補助するものではなかった。彌藏も何度か忠告をした。

そこへ驚くべきことがおこった。金が上海にわたった直後、おそらくは李朝高官の放ったであろう刺客の洪鐘宇（ホン・ジョング）に暗殺されてしまったのである（洪鐘宇は甲申事変のときに清国兵に処刑された郵政長官の息子）。それどころか、朝鮮に引き渡された死体は吊（つ）るされたのち胴体と四肢を切断され、「凌遅処斬（りょうち）」という六支の刑に晒（さら）された。

金玉均惨殺のニュースは日本中をおおいに驚かせた。谷崎潤一郎の名品『幼少時代』には、「私は妙に金玉均の事件を記憶にとどめているのであるが（中略）、団子坂の菊人形でも、金玉均暗殺の場面が人形になって飾られているのを見たことがあった」と書いてある。

問題は、清・朝両国による金玉均暗殺が、日本中に予想をこえる憤激の嵐を巻きおこしたことである。そのため、折から朝鮮全羅道に発生した東学党の乱が広がったことと相俟って、これを大きなトリガーとしての日清開戦の時計が急激に動き出した。

　事態は急展開する。滔天も参加した浅草本願寺での金玉均本葬が明治二七年の五月二十日、日清戦争の火ぶたが切られたのが八月一日。その間、わずか二ヵ月ちょっと、「撃てや懲らせや清国」の大合唱はあっというまに日清両国開戦になだれこんでしまったのである。

　日清戦争が朝鮮の領土や権益を標的にしての戦争だったことも、朝鮮で「斥和洋倡義」（日本と西洋を排して朝鮮の大義の達成を考える）の大合唱がおこったことも、また清が朝鮮からの撤兵をしなかったこともクリティカルな動きだった。彌蔵も滔天もそういうことにも敏感なアンテナが動いた。このあたりのことは、日清戦争に欣喜雀躍した当時の多くの知識人たちと、宮崎兄弟がまったく異なる資質の持ち主だったことを物語る。その資質と器量は征韓論を戦争と見なかった西郷隆盛にこそ通底する。

　けれども日本と清が戦争になったので、中国革命どころではなくなった。しかも日清戦争は日本が勝利し、おまけに下関条約のあとの露・独・仏の三国干渉で日本は遼東半島などの権益を放棄させられた。宮崎兄弟の計画は挫折したかに見えた。事実、半分はそうなった。しかし、兄弟はここでも新たな計画を思いつく。第三のエンジンに点火しようというのだ。これは、彌蔵と滔天とで革命準備計画を〝分業〟しようというもので、彌蔵は弁髪・変装して中国に潜入し、滔天はタイ（シャム国）に入って移民を工作引率して中国の革命的同志をゆさぶろうというものだった。

この計画で、二人は金玉均の支援者だった渡辺元や金の愛人だった芸者の杉谷玉や副島種臣らを訪れて、さまざまな相談をしている。この計画は清が戦争に負けて混乱しているあいだに、実行されるべきだった。清が安定を取り戻してからでは遅い。彌蔵はさっそく横浜の清国四八番商館に入居して潜行を窺い、滔天は広島移民会社の社員となって渡航代理人の資格をえて、タイにわたる機会を窺った。

明治二八年十月、滔天は首尾よく神戸港を出港、タイに入った。途中の港々では大量の中国移民が乗りこんできた。滔天はこの異臭を放つかれらこそ、未来の革命移民だと実感する。

こうして兄弟の〝分業〟が進行する只中、またもや二つの劇的なことがおこった。ひとつは、ついに名もなき男が広州で挙兵したことだった。孫文（孫逸仙）だった。挙兵は失敗するのだが、孫文は陳少白とともに日本に亡命した。もうひとつは、彌蔵がコレラで急死してしまったのだ。まだ二九歳だった。八郎につづいて、彌蔵も死んでしまったのである。滔天は声をあげて泣き、呆然自失する。

学衆A　孫文があらわれたとき、彌蔵が死んでしまうんですか。宮崎兄弟にはそうとうに深い宿命が動いているんですね。

校長　そうだねえ。だから「三十三年落花の夢」なんだよ。いま、話は彌蔵が急死した明治二九年、すなわち一八九六年にさしかかったところだけれど、滔天が『三十三年の夢』を「二六新報」に連載したのが明治三五年です。滔天が三三歳になったとき。

学衆A　ああ、三三歳のときの執筆だから三十三年ですか。

校長　その数年のあいだに、滔天は横浜で孫文と出会い、すぐさま故郷の荒尾に誘って肝胆相照らす。それで孫文とフィリピン独立運動を支援したり、孫文と広州に入って南清での蜂起などを画策したりするんだけれど、これらはことごとく失敗していくんだね。

学衆C　全部？

校長　うん、全部。そして明治三四年の冬、なんと浪花節語りになることを決意して、翌年、『三十三年の夢』を書いて、本当に浪曲師になるんです。桃中軒雲右衛門に入門したので、桃中軒牛右衛門という芸名になった（笑）。『三十三年の夢』はことごとく落花狼藉の日々だったということなんです。

学衆A　『三十三年の夢』は失敗の記録なんですか。

校長　そうね。けれども、これが中国語に訳されて爆発的に読まれることになる。というのも、ここには中国革命に向かおうとしたすべての計画と失敗が、孫文を始めとする実名とともにすべて綴られているんだね。

学衆C　辛亥革命のおこる前のことばかり？

校長　そう、失敗した計画の話ばかり。しかし、それが辛亥革命になったんですね。こんなことって、科学とか企業とかではありえないでしょう。成功したあとに、それまでの失敗のプロセスを書くことはあっても、まだ失敗ばかりしているときにそのことを熱情をもって書くなんてね。

学衆C　そうか、校長はそのことを言いたかったんですか。

学衆B　編集が先行して、それが革命になる。

校長　どうかな。まあ、もうちょっと話の続きを聞きなさい。

二兄の彌蔵を失った滔天が立ち直るには、何かの方向転換が必要である。思い切って犬養毅や頭山満に会うようにした。直接的には運動資金や工作資金を得るためだったが、むろん資金のためだけではなかった。〝分業〟の頼みの綱を断たれた滔天は、こうした太っ腹の政治家の懐に飛びこみ、自身は裸一貫の浪人となって、窮鼠、猫を嚙むという挙に出るしかないと思えたのだ。いったん降参するしかなかったのだ。いわば芸者になっ

上は1898年に孫文(2列目中央)、宮崎滔天(最後列)、内田良平(前列右端)が顔を揃えた貴重な写真。下は1924年に来日した孫文(中央)およびその側近たちと会談する頭山満(前列右端)、山田純三郎(後列左端)。いずれも愛知大学東亜同文書院大学記念センター所蔵。

て、一発逆転を図るしかなかったのである。

滔天はこのとき、自分自身を「半ば生ける屍(しかばね)」だとみなした。これは、西郷が月照と入水して死に別れた直後に、自分が「土中の死骨」となったと自覚していることに、よく似ている。そのことがその後の西郷のすべての「志操」を支えたように、滔天のその後の日々も、「半ば生ける屍」こそが支えた。この「半ば生ける屍」を、当時の言葉で〝浪人〟という。滔天にとっては、「大陸浪人」あるいは「革命浪人」という意味だ。滔天はこのあと浪人生活に徹した（ちなみに、三好徹に宮崎滔天を小説にした作品があるのだが、そのタイトルは『革命浪人』になっている）。

滔天がどのように孫文と出会うようになったかということ、そのころ孫文がどのように動いていたかということは、省きたい。いつか孫文の著書を紹介するときにふりかえろう。辛亥革命のこと、孫文と宋慶齢の結婚、孫文と袁世凱(えんせいがい)の関係、そして、近代日本の最大の失敗としての「対支二十一カ条の要求」のことなどだ（これについてはNHKブックスの『日本という方法』にやや詳しく書いておいた）。

そのかわりここでは、二人が出会ったあとにおこったいくつかの事情について案内しておきたい。ひとつは孫文の日本滞在を助けたのは、滔天に動かされた犬養や頭山や玄洋社の平岡だったということ、ひとつは孫文が宮崎兄弟の故郷の荒尾を愛したこと、ひとつはフィリピン独立運動にまつわることだ。

学衆C　孫文を助けたのは、いわゆる大物右翼や国粋主義の連中だったということですか。

校長　それが、当時の連中をいちがいに右翼とか国粋主義と決めつけられないんだな。たとえば玄洋社は孫文の生活費一年分を負担したんだけれど、それは筑豊炭鉱による収入から割いたもので、べつだん右翼活動に資すると思ったからじゃないよね。このことは田中清玄（一一二夜）のところでも書いておいたことだ。

学衆B　でも、何かに利用できると思った？

校長　そりゃそうだろうね。男気を感じたといえば、それだけとは言えないだろうけれど、どちらかといえば「国家が動く」ということなら、それがどこの国のどの派の動きでも痛快に映ったんでしょう。

学衆B　そのことがフィリピン独立運動にも関連するんですか。

校長　そう見てもいいでしょうね。当時、一八九八年の米西戦争でスペインに勝ったアメリカは、スペインの植民地だったフィリピンを買い取ろうとしていたわけだよね。スペインも売り渡して売却益を得ようとしていた。アメリカはフィリピンをアジアの橋頭堡のための飛び石にしたかったからね。だって太平洋戦争でも、マッカーサーがそうだったんだけれど、アメリカは日本との戦争をフィリピンから始めたわけだ。でも、こういう取引はスペインからの独立をめざしてアメリカ軍とともに闘っていたフィリピン独立政府軍にとっては、とんでもない裏切りなわけです。そこに孫文が着目した。

学衆Ａ　何に着目したんですか。

校長　中国の同志が日本とともにフィリピン独立を支援して、そこに革命の拠点を確立し、その余勢を中国に移していくというウルトラCのシナリオだね。

学衆Ａ　余勢？

学衆Ｃ　日本とともに、というのはどういう意味ですか。

校長　そのころのアメリカ大統領はマッキンリーです。マッキンリーは「慈しみ深い同化」というあやしい用語をつかって、フィリピンを領有しようとした。これでは独立軍の目的は踏みにじられる。独立軍のリーダーはアギナルドというんだけれど、アギナルドは手を打った。ポンセという腹心の部下を日本に派遣して、参謀本部の福島大佐を窓口に日本の援助を求めていた。孫文はそこに目をつけて、この援助に広東の三万人の同志を投入してフィリピン独立を進めてしまおうと考えたわけだ。

学衆A　そんなことに日本政府も乗るんですか。

校長　乗るんだね。犬養が乗って、参謀総長の川上操六が黙許を与える。はたらきかけたのは滔天と平山周で、平山は滔天や末永節(みさお)と一緒にタイへ行った仲間です。これで銃一万挺(ちょう)、弾丸五〇〇万発、山砲、機関銃といった武器弾薬が布引丸という船にいっぱい搭載されて、フィリピンに向かったんだね。明治三二年の七月のことです。ところが、この布引丸が遭難して海の藻屑(もくず)と消えてしまったんです。何ということだろうね。

学衆C　また失敗ですか。

校長　でも失敗するごとに、だんだんスケールが大きくなっていくんだよね。

　フィリピン革命は失敗した。けれども孫文はめげてはいない。滔天もへこたれない。中国湖南の秘密結社「哥老会(かろうかい)」と結んで、孫文を会長とする「興漢会」をおこしたことを皮きりに、四方八方の可能性のすべてに手をつけていった。たとえば滔天は孫文・末永節と連名で、そのときウラジオストックにいた内田良平を呼び寄せた。内田は玄洋社社長の平岡浩太郎を叔父(おじ)にもつ。「黒龍会」の首魁(しゅかい)である。そのころ内田はロシアとの開戦に備えた工作をしていた。一方、孫文は中国のどこか（南清だと思われていた）で蜂起できるなら、ともかくロシアでもフィリピンでもタイでも、革命の気運にかかわる闘志はいくらでも集めるべきだと考えていた。内田はこの要請に応えて、九州(博多)に同志候補を集めていった。このときオルグに協力をしたのが、熊本「藪の内組」の清藤幸七郎だった。上村希美雄さんが書いていたが、こういう呼びかけにはかなり意外な人士が呼応したようだ。福岡の島田経一という人士は、わかった、家屋敷を売っ払っても隣邦の革命に協力しようじゃないかと言った。

わが滔天は、こういう出会いがあるたびに自分の命は中国革命の一兵卒として失ってもいいと思うようになる。もとよりとっくに「半ば生ける屍」になっている滔天なのである。

こうしていよいよ恵州蜂起の手筈が整っていった。鄭士良は、恵州に潜入して三州田に革命拠点をつくりつつある三合会と準備にかかる。陽衢雲は、香港の陳少白や平山周とともに兵器と軍糧の調達にあたる。ハワイで「興中会」に関与した鄧蔭南は、広州の史堅如と革命暗殺団を組織する。そういったぐあいだ。

孫文は劉学詢・李鴻章とのあいだの交渉のあいまから革命資金を抜き出し、その首尾次第によって、先にシンガポールに入って軍資金を貯めている滔天・清藤・内田と示し合わす予定だった。

すでに孫文はこれまでの革命資金のために、ざっと六万元の借金をしていた。だからすかんぴんだった。なんとか蜂起後の軍資金を集めておかなければならない。シンガポールはそのための隠れ回路だった。滔天はその責務を敢行しようとシンガポールに入った。シンガポールは中国人や日本人のあいだでは「星港」と呼ばれていた。日本人花街もある。三〇〇人以上の〝からゆきさん〟がいた。滔天がタイ（シャム）で知り合っていたお村、内田と仲のよかったお鷹などもいた（言い忘れていたが、滔天はすでに槌子と結婚し、子供ももうけていた）。

革命浪人を任ずる滔天は、そんな女たちと遊びつつ（遊ぶのは大好きだった）、孫文の到着を待つ。そこへ思わぬ横槍が入って（康有為の仕業といわれる）、滔天刺客説が流れ、滔天と清藤は逗留していた松尾旅館で警察に踏みこまれて逮捕されてしまった。拘留後は五年間の追放である。星港の夜はやっと到着した孫文と滔天の激論となった。二人の激論は初めてだったようだ。孫文は日本人側の動きがあまりに短兵急で、慎重を欠いていると批判した。

孫文としては、陳少白・平山に準備をしておいてもらい、万全の策が成ったうえで三州田で挙兵して、それが福建・厦門（アモイ）を制圧したときに、自分は台湾からそれらの指揮をとるという腹づもりだった。台湾で指揮をとるというのは、台湾総督の児玉源太郎の軍事面の支援がとりつけられていたからだった。

最善策が奪われたら次善策、それもだめなら次のオプションを、さらに別シナリオも考える、そういう方法をとりつづけるというのが、〝生涯革命家〟を覚悟した孫文の革命観である。滔天にはそれが中国人の悠長とも臆病とも映った。「秀才叛を謀りて三年すれども成らず」とは君のことだと、滔天は孫文を詰って、言い募った。孫文も「焦りはすべてを水泡にしてしまう」と反論する。

しかしさすがに二人は最後は和解し、大笑しあった。そこへ新たなニュースが届いてきた。山東省に発した義和団が「扶清滅洋」あるいは「反清反洋」を掲げて蜂起、それが華北にまたたくまに広がっているというのだ。そればかりではなかった。西太后が義和団を義軍と認めて、北京に居座る列強軍に宣戦布告をしたというのだ。明治三三年、一九〇〇年ちょうどの事件だ。

それで、どうなったのか。すでに日清戦争で弱体ぶりを世界にさらした清国に、列強が襲いかかっていた。三国干渉で清に恩を売ったフランスは広西省から雲南省におよぶ鉄道敷設権を手に入れ、ドイツは膠州湾を占領して租借権をもぎとり、ロシアは旅順・大連を確保した。それでも、清は耐えていた。しかしついに義和団が爆発した。ドイツが膠済鉄道の建設を始めたのがトリガーだ。

これがチャンスだった。混乱がすすむなか、孫文はついに恵州蜂起を決行するのだが、武器弾薬のロジスティックスが絶え（台湾総督府が背信した）、近代中国最大の混乱のさなかに、あえなく挫折した。

ここで滔天は活動をいったん停止させてしまう。先にも言ったように、明治三四年、三二歳半ばになっていた滔天はなんと浪曲師になることを決意する。これは意外な第四のエンジンだった。時代は日露戦争に突入した。

学衆C　うーん、なんともせつないですねえ。

校長　これで話が終わったわけじゃないよ。滔天はここで『三十三年の夢』を綴ったというだけで、中国革命との連携や孫文との関係はまだまだ続くんです。

学衆B　赤坂につくった中国同盟会。

校長　赤坂の内田良平の黒龍会本部で、孫文・黄興・陳天華・張継らに滔天も加わって「中国革命同盟会」の旗揚げをする。そのときのスローガンがいい。

学衆C　三民主義？

校長　まだそうは言ってなくて、「駆除韃虜・恢復中華・建立民国・平均地権」っていうんです。この平均地権はまさしく一兄の民蔵が育てていた思想です。孫文の革命施策には、宮崎兄弟の構想が入っていった。

学衆C　そうして赤坂が革命色に染まっていった。赤坂ですもんね（笑）。

校長　いまでも赤坂はアジア系の人が多いよね。

学衆A　中国人が日本で革命の準備に入ったということを、明治政府は黙認していた

校長　んですか。

表立った準備は隠していたからわかりにくかったんだけれど、そのかわり「清国留学生取締規則」というのをつくって、活動封じ込めに出た。これは留学生たちを怒らせた。そのころ日露戦争のあとのポーツマス条約で、新聞はこれは屈辱講和だと言って騒ぐんですが、そのとき東京朝日が「いくら支那朝鮮でもこんな条約は結ぶまい」と書いて、中国留学生たちの憤激を買うんだね。この留学生取締令に対しても、心ある留学生が屈辱をおぼえた。そして、中国革命同盟会にも参加した若き陳天華が自決してしまった。

学衆C　自決……。

校長　「日本という国が許せない」という抗議の自決だね。滔天はその二日前に陳天華と盃(さかずき)を交わしたばかりだったらしい。この自決に滔天は腸(はらわた)を掻(か)きむしられるほどの悲痛な思いをもったようです。

学衆C　はい。

校長　「生きて救国を空談するより、自ら死んで、放縦卑劣の汚名を雪(そそ)ぎたい」という遺書もあったんだね。「絶命書」といいます。これで帰国運動に入った留学生たちも多かった。滔天の浪花節もいっそう悲痛になっていったでしょうね。

学衆B　滔天は本当に浪曲師としてやっていったんですか。

校長　まったくへたくそだったらしいけれど、桃中軒牛右衛門としていくつも高座をつとめた。東京デビューは神田の錦輝館。九州では玄洋社が総力をあげて応援もしている。大阪朝日の鳥居素川も助けたようだね。

学衆B　本気だったんでしょうかね。

校長　滔天はいつも本気だよ。『明治国姓爺』といった新作もいくつか披露している。でもこういうことをしたのは、しばらく中国革命がおこらないだろうというヨミとか、革命の志士たちが次々に日本に亡命してくるだろうという情勢判断とかがあったからだろうし、自分は一介の革命浪人なんだから、そういうときは民衆に訴える作業に徹していなければならないだろうというような、そういう覚悟をもっていたからだろうね。西郷が鹿児島に帰って、その土地の若者とのみ交流したのと似てます。

学衆B　たしか滔天は、『三十三年の夢』が漢訳されたあとは、向こうでは〝支那の西郷〟と呼ばれますよね。

校長　いや、〝支那の西郷〟と呼ばれたのは体格が似ていた黄興のことで、滔天は中国留学生たちから「フランクリンや西郷隆盛と並ぶ最も侠なる者」と呼ばれた。そのときの漢訳タイトルが『三十三年落花夢』というんですが、まさに〝侠客の夢を見た男〟という意味だよね。落花狼藉。よく滔天の伝記に「侠か狂か」

と書いてあるのは、このへんの事情からだね。

学衆A　侠客かあ。しかしちょっとわからないのは、滔天たちはどうして日本の革命を叫ばないんですか。

校長　そうだね。そこが一番わかりにくいだろうね。ひとつには、民蔵や彌蔵から中国革命との連動こそ日本革命だという思想を受け継いでいたということだね。でも、それだけでは宮崎兄弟だけの話になってしまう。ほかの連中はどうだったのかということが、なかなかわからないよね。

学衆A　そうです。

校長　でも、いくつかの理由が考えられるでしょう。日本の国力が強くなりすぎていたこと、明治維新の体験をはじめ、日本に革命の思想と技能がほとんど蓄積されていなかったこと、それから西郷の痛切な挫折の意味が暗示のように響いていたこととか、天皇がいるということとかね。

学衆A　日本には革命の思想がないわけではないですよね。一揆とか大塩平八郎とか吉田松陰とか。

校長　中国のような易姓革命の思想はなかったけれど、むろん時代を変え、社会を革するという思想はあります。農本思想としてもけっこうラディカルなものがある。陽明学も日本独自のものでしたからね。でもやっぱり「御一新」でしょう。のちの二・二六事件などの昭和維新の叫びも「御一新」。これは「御一新」に「御」の字がついているように、やはり天皇のことがあるんですね。

学衆A　「お上(かみ)」ということ？

校長　うん、安全も革命も、内政も外交も、収穫も忍耐も、ともにあるということでしょう。しかし、こういう考え方や気質ではとうてい革命なんておこらないということで、このあとの日本の社会主義運動がそうなんだけれど、もっと根底的な社会革命を思想し、行動しようというものもおこっていくわけです。いわゆるマルクス主義革命だね。

学衆A　天皇制社会主義だって、あってもよかったわけでしょう？

校長　あっていい。それが大杉栄や北一輝のような革命思想です。でもこれは激越すぎて、受容されなかった。ただし見方を変えると、ひょっとしたら、戦後社会の日本はかなり穏やかな天皇制社会主義国家の様相をもっていたかもしれないね。もっともそれも「上からの仕事」だけどね。

学衆A　「下から」がない？

校長　日本では「下から」は、宮崎兄弟や芸能やグラス・ジャーナリズムになっていくんだね。

中国革命同盟会が結成されたのが、明治三八年、滔天は三六歳。滔天は同盟会の機関誌「民報」の編集を引き受けて、ここに『草枕』の那美さん（槌子の姉）をもってくる。ついで、まさに「革命」の二文字を冠した「革命評論」を編集する。ここには清藤、平山らのほかに、北一輝も同人として加わった。

日本での中国革命準備は遅々として進まないのだが、黄興や宋教仁らの活躍と、新たに日本に芽生えつつあった社会主義の動向、たとえば片山潜らの動向も少しずつ加わって、やっとフォーマットが見えてくる。

が、明治四一年からは広東に始まった日貨排斥運動がしだいに広まって、日本人が中国入りすることはかなり難しくなってきた。そこへもってきて、社会主義者に対する取締りが始まって、明治四三年には大逆事件をきっかけに、大弾圧に変わっていった。他方、このあたりからアジア主義の思潮が日本主義化していった。滔天はこれらの進行のあいだも、浪曲師としての活動と中国革命支援の活動をしつづけている。

そこに決定的な事態が日本を包んだ。日韓併合がおこったのだ。このことがなぜ滔天らの事情にとって大きかったかというと、ここに「大アジア主義」ともいうべきが開花してしまったからである。

日清戦争後の李朝朝鮮は親日派と親露派の抗争の時期に入っていて、結局は親露派の工作が功を奏し、国王高宗がロシア公使館の中で国王親政を宣言するという異常な事態になっていた。そのとき同時に、ロシア公使館の中に新政府（金炳始首班）が発足した。いわば朝鮮がロシアの手中に落ちたのだ。

この事態に、朝鮮のナショナリズムがやっと動き出した。独立協会の動きも活発になった。そこで明治三十年、高宗が還御して年号を「光武」と改め、皇帝即位式を挙行、国号を「大韓」とすることにした。大韓帝国である。

その後、ロシアは完成したばかりのシベリア鉄道を背景に、満州の領有を画策し、権益が日本とぶつかった。日露協商会議では、日本はロシアに満州撤退を要求し、ロシアは日本に対して北緯三九度線で分割しようともちかけた。互いにこれを拒否しあって、事態は日露戦争になだれこんでいくのだが、このとき大韓帝国はようやく中立化の道を模索するようになる。けれども中立宣言をしても、列強が認めない。とくにロシア、日本、アメリカが認めない。戦時における中立宣言だったからでもあった。

こうして唯一の自立のチャンスを逃した大韓帝国は、日露戦争に勝利した日本の前に屈服することになる。それが日韓併合だった。

ここで朝鮮半島に「反日反露」を謳う義兵闘争が生じた。義挙は各地で一五万人にのぼり、これを駐留日本軍が鎮圧していった。義兵闘争は三年半にわたった。そうしたなか、一方では独立自立を進める愛国啓蒙運動（大韓自強会や新民会が中心）が、他方では日韓合邦運動（李容九の一進会が中心）が、おこってきた。

日韓合邦運動を日本側で受け止め、これを推進しようとしたのは武田範之や内田良平だった。かれらは日韓合邦をさらに大きなアジアで括ろうとした。これを「大アジア主義」という。すでに樽井藤吉の『大東合邦論』というバイブルもできていた。金玉均の「三和主義」もこのバイブルの影響だったろう。

当然、滔天らにとって、日韓併合はとんでもない。しかしまた大アジア主義も、そこに日韓併合を含む以上は肯んじられない。滔天は苦悩する。いったい中国革命は大アジア主義なのか、それを脱却する革命になりうるのか。明治四三年十月、日韓併合の調印をおえて帰国した武田範之の祝宴でのこと、そこに参加していた宮崎滔天の長髪を、武田はばっさり切ってしまった。

噂では武田と滔天のあいだに約束ができていて、日韓併合が中国革命より先に成就したから、滔天の髪が切られたのだということになっているのだが、はたしてどうか。上村希美雄さんは理由がどうであれ、滔天の断髪は革命浪人としてのひとつの区切りがついたことを象徴していると書いていた。

が、それでも滔天の気概は衰えない。それから五ヵ月後、広州黄花岡で蜂起がおこると、滔天は槌子ともども家族ぐるみで武器密輸に奔走し、ついで明治四四年十月十日、武昌にはじまった蜂起が南京の各省に連打され、ここに辛亥革命がついに起動したときは涙を流して歓喜した。四二歳になっていた。

校長　さあ、このくらいにしようかな。

学衆C　えっ、終わりですか。まだ滔天に十年ほど残ってますよ。時代もいよいよ大正です。

校長　滔天は大正十一年に死ぬからね。最後の十年は大正ロマンだね。でも、その半分以上はロマンではなくて、辛亥革命以降、孫文がどのように苦労し、どのように袁世凱（えんせいがい）が入ってきて、また日本への亡命をしたとき、頭山満や滔天がどうしたかというようなことです。もう半分のうちの半分は、第一次世界大戦が始まり、日本が対支二十一ヵ条の要求を出してしまったことによって、最大の失敗をするという「日本という方法」の欠如の問題でしょう。ロシア革命も始まりますね。

学衆A　残りは？

校長　それが宮崎滔天の最期ということになるんだけれど、滔天は「悲観病」というものにかかる。

学衆A　悲観病？

校長　自分で名付けたんだけれど、ペシミスティックになったということだね。ショーペンハウアーや芥川龍之介ですよ。すでに中国では五四運動がおこっていて、もう中国に入ることも許されない。日本はシベリア出兵以来、しだいに戦勝国の美酒に酔ってばかりいる。滔天には、日本がなんだかつまらなくなっているんだね。

学衆Ａ　ついに「屍」ですか。

校長　それでも、そうはならないんだね。日本における精神革命の必要性を強く感じはじめるんです。

学衆Ｃ　日本主義ですか。

校長　そうではなくて、出口ナオのお筆先に関心をもって、大本教に惹かれる。

学衆Ａ　ええっ、大本教？　最期の最期になって出口王仁三郎ですか。

校長　それがね、ずっと土地問題にとりくんできた民蔵も大本教に関心をもつんです。そして滔天は、「大宇宙教」というものを開いた堀才吉に注目すると、その霊力にびっくりして、心霊界を確信してしまうんだね。ああ、宮崎滔天にしてそうなるかという感じだよね。それで大正十年、伊勢神宮や出雲大社をていねいに参って、そのあたりから腎臓病が悪化し、翌年に死ぬ。

学衆Ａ　それは意外な終焉ですね。

校長　ぼくも驚いた。般若心経を念誦しながら、淡々と死んでいったようです。もっとも、途中には、「さあ、これからはインドだ」と言って、インドの革命に加担しようかと思ったりしているね。

学衆B　衆議院選挙にも出馬してますよね。あれも意外だった。

校長　そう、そういうことをしちゃダメだよね。ぼくもどこかに書いたけれど、この大正三年の選挙は与謝野鉄幹や宮武外骨も出馬したんだけれど、みんな落ちている。落ちたからダメだというんではなく、すでに政治以上のことをしている連中が、不特定多数の票田なんかほしがったらダメですよ。鉄幹や滔天や外骨は逐鹿場裡の人じゃないからこそ、いいんだよ。だからインドへ行ったほうがよかっただろうね。ま、こんなところで除夜の鐘にしようよ。

第一一六八夜　二〇〇六年十二月三十日

参照千夜

四〇五夜：中江兆民『一年有半・続一年有半』　一一六七夜：西郷隆盛『西郷隆盛語録』　九一四夜：司馬遼太郎『この国のかたち』　六六三夜：ルソー『孤独な散歩者の夢想』　三三八夜：勝海舟『氷川清話』　三八五夜：山岡鉄舟『剣禅話』　八九六夜：頭山満『幕末三舟伝』　五五三夜：吉田松陰『吉田松陰遺文集』　九四二夜：北一輝『日本改造法案大綱』　四一二夜：福澤諭吉『文明論之概略』　八八五夜：徳富蘇

峰『維新への胎動』二五〇夜：内村鑑三『代表的日本人』六〇五夜：新渡戸稲造『武士道』五八〇夜：トルストイ『アンナ・カレーニナ』五八三夜：夏目漱石『草枕』六〇夜：谷崎潤一郎『陰翳礼讃』一一一二夜：田中清玄・大須賀瑞夫『田中清玄自伝』七三六夜：大杉栄『大杉栄自叙伝』一一六四夜：ショーペンハウアー『意志と表象としての世界』九三一夜：芥川龍之介『侏儒の言葉』七一二夜：吉野孝雄『宮武外骨』

伊藤博文暗殺を企て
福岡を大アジアに染めていった男

杉山茂丸

俗戦国策

書肆心水　二〇〇六

杉山茂丸の骨は夫人の骨と一緒に静かにぶらさがっていた。東大本郷の医学部本館の三階の標本室である。そこには漱石の脳から高木彬光（あきみつ）の『刺青（しせい）殺人事件』（角川文庫など）で有名になった刺青の皮膚まで、近代日本を象徴する数々の日本人の〝標本〟が展示されているのだが（ぼくは「遊」創刊にあたって「場所と屍体」を書こうと思ったとき、ここを二度訪れた）、そこに杉山茂丸は自分の骨を提供していた。

骨だけではない。体まるごとだ。「死体国有論」を唱えた杉山の遺言による。いまはどうだか知らないが、当時は杉山の骨のケースのかたわらには頭山満と広田弘毅のオマージュ解説まで捧（さ）さげられていた。

杉山の長男だった夢野久作（本名は杉山直樹）は、その『近世快人伝』（文春学芸ライブラリー）

で父のことを縷々書いていて、母が杉山が遺体を解剖するようにと言い残したことについては「情けない気持ちになるね」と洩らしていたと描写している。それは、そうだろう。死体を国家に捧げるというのは、かなり変わった思想だ。国民はすべからく自身の死体を研究に供すべきだというのが主旨ではあるが、そこにはこの怪人の途方もない生涯が集約されている。

本書『俗戦国策』には、杉山の明治大正の裏舞台での暗躍が、愉快な自慢話のように次から次へと述べられている。どこまで本当なのかはほとんど判断がつきにくい。だいたい生前から「杉山ホラ丸」と呼ばれていた怪人なのである。それも小学生のころからのホラ丸だった。

ぼくはもう一冊の大著『百魔』（書肆心水）にも目を通したが、こちらもそうとうに奇っ怪で、本物の人物には「魔」というものが棲んでいて、自分はその「魔」とわたりあってきたというのが筋になっている。それで百人の「魔」に出会って惚れたというのだ。なるほど、近代日本の確立期、博多・福岡・久留米などの北九州と朝鮮・中国に次々に怪事件や怪情報が立ち上がっていって、そのなかで杉山がかかわったとおぼしい綺羅星のような人物との接触や駆け引きや脅しがとくとくと語られている。

読んでいくと、その波瀾万丈にまんまと引っ掻きまわされる。何が真実で何がホラかはわからない。ところが、この引っ掻きまわされるのが、いけない・いけないと思いながらも痺れるような快感になっていく。そういう本書であり、『百魔』なのだ。

杉山茂丸を千夜千冊してみようと思ったのは、先だっての四月十七日からの三日間、志有会とA&Qの講演交流のために福岡にいたからだった。

福岡にいるあいだずっと、左から西郷や蘇峰や宮崎四兄弟が、右からは頭山満や杉山茂丸がぼくのカラダとアタマを「件」(人と牛の合いの子)のように出入りしていたのだけれど、やはり福岡や太宰府にいたことが大きく、帰ってきて、ああそろそろ杉山茂丸を書かなくちゃと思ったのである。

もともとこの福岡行は、九天玄氣組の中野由紀昌組長が「A&Q」立ち上げの講演を四ヵ月ほど前に頼んできたのを引き受けたのがきっかけになっていた。そこに、かつての福岡JCの会長で、いまは未詳倶楽部にも入っている安川タクシーの安川哲史君が、「せっかく松岡さんが福岡に来るのなら、福岡の若手経営者や店主で構成している志有会でも話してほしい」というので、十七日は福岡唯一の造り酒屋の石蔵酒造の酒蔵を改造した「博多百年蔵」で話をすることになった(なかなか面白いリメークになっていた)。

志有会には、太宰府天満宮の西高辻信良宮司から斬新な発想をもって鳴る人形師の中村信喬まで、吉田宏福岡市長から有田焼の今泉今右衛門さんまでが顔を揃え、とくにアビスパ福岡のコアメンバーが、ぼくの話からアビスパ再興のシナリオを共有したいというので熱していた。

その翌日、太宰府の九州国立博物館のミュージアムホールで、今回のメイン企画の「ぼくの九州同舟制」を話した。道州制にひっかけて九州全域の立ち上げを応援するという主旨の講演で、そこには中洲「リンドバーグ」の藤堂和子ママが数人のホステスさんを引き連れてきてくれていたほか（このママにぼくはジャンケン三〇連敗をしている）、大学教授からクリエイターたちまで多士済々が顔を見せた。ぼくは高千穂神楽から西郷におよぶ映像を交えながら「九州の本来と将来」を話しつつ、いつのまにか明治の川筋気質になっていた。

三日目は櫛田神社のそばの「鹿島本館」で、九天玄氣組のメンバーが集まって九州編集会議という集いをした。中野組長は〝全九州史〟を編集したいという大望をもっていて、そのプレスタートのためだったのだが、この鹿島本館がまた、杉山茂丸を千夜千冊したくなる引き金になったのだ。玄関を入るとすぐに頭山満の扁額がかかっていた。志有会ですでに福岡の草莽の風を感じ、太宰府で遠い古代九州に思いを馳せ、そして鹿島本館で頭山満の書に出会う。これでは、何かを書かざるをえないではないか。

というわけで杉山茂丸を書くことにした。ただしこの怪人はさっきも言ったように、本人が本書『俗戦国策』をはじめ、『百魔』『帝国移民策新書』『屑籠』『乞食勤王』などで、どこまでが本当のことかわからないことを書きまくっているため、順序を追うのが容易ではない。辻褄（つじつま）があわないところもやたらに多い。

今夜は杉山茂丸の事実を追うのが目的ではないからいいけれど、あまりに辻褄があわないところは、一応は先達たちの評伝も参照する。一又正雄『杉山茂丸・明治大陸政策の源流』（原書房）、野田美鴻『杉山茂丸伝』（島津書房）、そして最も詳細な評伝だと思われる堀雅昭『杉山茂丸伝・アジア連邦の夢』（弦書房）や、読売新聞の気鋭が数年前にまとめた井川聡・小林寛『人ありて・頭山満と玄洋社』（海鳥社）などだ。

杉山茂丸は幕末ぎりぎりの元治元年（一八六四）に、黒田藩馬廻組一三〇石の、一応は武士の家に生まれた。父の三郎平が藩主の黒田長溥（ながひろ）に「帰農在住」を進言して謹慎を命ぜられ、やむなく北九州蘆屋（あしや）に移り住み、トンコロリンの妙薬で当てた勤皇派の薬商の塩田久右衛門の家で暮らした。

父親が水戸学派だった。だから『大学』や水戸学や陽明学のイロハを教わったのは父親からだ。弟に龍造寺隆邦がいる。蘆屋での茂丸は八歳のときに母親を亡くし、継母を迎えた。顔に大きな痣（あざ）があって、ジャンコ婆さんと呼ばれた。また女医の珍山尼にかわいがられて、歌の手ほどきをうけるとともに勤皇思想を叩（たた）きこまれた。この女医の影響は、期せずして頭山満が福岡の興志塾で高場乱に勤皇主義の一から十を叩きこまれたことに呼応する（頭山は茂丸の九歳年上）。高場乱はぼくがずっと気になっている幕末維新を代表する北九州の女傑で、永畑道子に『凜―近代日本の女魁・高場乱』（藤原書店）というすぐれた評伝がある。

蘆屋では吉田磯吉との出会いもあった。磯吉は〝最後の侠客〟として川筋気質のシンボルとなり、政界にも花柳界にもヤクザの社会にも名を馳せた。今日の山口組のルーツは磯吉の子分に始まっている。もっともこのときの磯吉は茂丸の三歳年下のガキ大将にすぎない。茂丸は磯吉と意気投合した。磯吉については、猪野健治の『侠客の条件―吉田磯吉伝』（現代書館）がめっぽう詳しい。

明治九年、茂丸は十三歳であるが、かなりの異変が身近におこっている。神風連の変、萩の乱、秋月の乱がたてつづけに乱打され鎮圧され、叔父の信太郎が秋月の乱に加わろうとして逮捕された。これらはいずれも筑前士族（筑前勤皇派）が明治維新に貢献したにもかかわらず、その功績を薩長が独占していったことに対する怒りと不満が噴き出たもので、それは旧黒田藩士の子弟たちのやるせない憤懣にもなっていた。一家は筥崎宮の近所に越した。

翌年には「福岡の変」がおこった。西郷の西南戦争に呼応し、新政府に物申したくておこった「変」である。この騒動に十四歳の茂丸もどきどきしながら参加した。未成年ということで無罪放免されたものの、またまた一家は筑前山家（いまの筑紫野市）に引っ越した。「福岡の変」の首謀者とみなされた武部小四郎の辞世は、いまも平尾霊園の「魂の碑」としてのこっている。

武部が少年たちの弾圧と検挙を見て、行くどオオオー、オオオーと叫んだことを少年たちは忘れてはいなかったと、夢野久作は『近世快人伝』に書いている。「あの声は今日まで自分の臓腑の腐り止めになっている」ともある。武部のオオオー、オオオーの絶叫が玄洋社を生み、茂丸の伊藤博文暗殺計画のエンジン音になったのだ。

福岡は維新当初から荒ぶったのである。ハーバート・ノーマンの『日本政治の封建的背景』（岩波書店）に、「福岡こそ日本の国家主義と帝国主義のうちで最も気違いじみた一派の精神的発祥地として重要である」という、いささか福岡出身者には穏やかではないだろう指摘が書かれているが、武部のオオオーからすれば、半分以上は当たっている。残りは当たっていない。福岡には国家主義・帝国主義とともに反国家主義・反帝国主義の血も滾っていた。ノーマンは西郷隆盛に呼応して惨敗した「九州男児たち」の屈辱を見ていない。

十七歳、浅見絅斎『靖献遺言』やルソー『民約論』を柳行李に詰めて、上京する。宮崎車之助（秋月の乱の首謀者）の娘との縁談を断っての上京だったが、上野公園で寝泊まりする日々があるばかりで得るものはなく、やむなく大阪に転じた。

そこで洗心館の後藤象二郎に面会を申し入れ、突然、薩長に独占された藩閥政治に謀反をしたいと言い出した。福岡は藩閥政治が大嫌いな土地なのだ。征韓論で下野していた後藤は四四歳になっていたが、この大言壮語の少年をおもしろがった。洗心館では藤田伝三郎にも会った。陸軍の革靴の製造で大儲けした成り金である。のちの藤田組の総帥で、数寄者としては香雪を号して、大コレクターにもなっている。若造のくせに茂丸はこの成金男が気にいった。のちのち「大阪毎日新聞」や日本興業銀行に藤田がかかわったとき、手伝っている。

明治十五年、茂丸は一年半の放浪をおえて福岡二タ村（筑前町）に戻る。父親の三郎平が「敬止義塾」を開いていたのを手伝うためで、ここで茂丸はよからぬ計画を練った。まずは熊本の紫溟会の佐々友房に〝あること〟を打ち明けた。佐々は神風連の精神的支柱であった林櫻園の影響をうけて西南戦争で入獄したのち、同心学舎をおこし、それを済々黌という学校にしていた。その佐々に「自分の首と伊藤博文の首を抵当に」して軍資金をねだったのだ。

呆れた佐々が渋っていると、壁にかかっていた藤田東湖の「三度死を決して死せず」と書かれた軸を貰い受けたいと言い、その場で軸を引き裂くと、「お前も三度死にそこなったのか」と息まいた。そのままさっさと宿に引き上げた茂丸のところに、佐々から一六〇円が届いたのは翌日のことらしい。

こうして再び上京した茂丸は、仲間を募ってジャコバン党を僭称（せんしょう）しながら伊藤暗殺の機会を狙う。本気で殺したかったようだ。『俗戦国策』や『百魔』によると、明治十七年十一月七日に決意がかたまって、茂丸は伊藤邸に行き、まずは短刀を伊藤に与えて自分を切らせてそのうえでピストルで伊藤の頭を撃つというプランをたてたという。しかし伊藤は留守、そのまま一ヵ月がすぎたとき、朝鮮で甲申事変がおきた。

甲申事変は朝鮮内部の維新騒動で、清と結ぶ閔妃（ミンピ）政権を倒して親日派の政権をつくろうというクーデター計画である。一言でいえば親清派と親日派の対立だ。大院君と閔氏（ミン）の対立が絡んだ。その実情の詳細は猖獗（しょうけつ）をきわめる。

おおざっぱなシナリオは、金玉均（キム・オッキュン）や朴泳孝（パク・ヨンヒョ）らが日本の明治維新に匹敵するものをおこすべく、日本公使の竹添進一郎や井上馨を通じて福澤諭吉や後藤象二郎や井上角五郎（福澤諭吉の門下生）らと連絡をとりあい、クーデターの準備をしていったというものだが、そこに自由党の板垣退助と後藤象二郎がからまり、その工作費として駐日フランス公使のサンクイッチに交渉しているというような、さまざまな輻湊（ふくそう）したサブシナリオが挟まれている。フランスは清と交戦中だったので、朝鮮を清から切り離す作戦には乗ったわけである。

けれども甲申のクーデターは三日天下でおわった。袁世凱が軍事力を発揮して漢城をたちまち制圧した。金と朴は日本に亡命する。

これによって日本政府は、失敗におわった甲申事変への関与をごまかすしかなくなっていく。責任追及をかわすために渡韓した井上馨もだんまり作戦を通した。そうした事情のなか、「相手は清だ、清と一戦をまじえるしかない」という動きがだんだん活発になってきた。在野では福澤・尾崎行雄・犬養毅らが、政府側では井上馨らがこの動きを団扇(うちわ)であおいでいくのだが、これがのちの日清戦争の下図になっていった。とはいえ、こういう流れは一筋縄では説明がつかない。

当時の杉山茂丸もこうした東アジアの権謀術数渦巻く複雑きわまりない緊迫した情勢を、ほとんど正確には見てはいなかったろう。まだ二十代前半でもあった。だから勘で動いていた。たとえば甲申事変にいくばくかの時代の先端を感じるとすぐに渡韓しようとしたり、それが容易ではないことがわかると、やっぱり伊藤を殺そうというふうに戻ったりする。ただ奇妙な勘とものおじしない果敢な行動力があった。そもそも権謀術数は肌にあっていたわけだ。

明治十八年になると山岡鉄舟を訪ねて、伊藤暗殺を相談した。魂胆を隠さず、それを最もふさわしい痛快な人物に真正面から秘密をぶつけ、ばらしてしまうのだ。これがホラ丸のやりかただ。しかし相手は名だたる剣と禅の鉄舟である。茂丸の横っ面をぴしゃりと鉄扇で叩くと、思いとどまるように叱責した。それでも茂丸はあきらめない。鉄舟はあえて紹介状を書いて、そこに茂丸が暗殺の意図をもっていることを添えることにして、封をした。

こうして茂丸は鉄舟の封書を携え、やっと伊藤に会えることになった。このとき伊藤博文四三歳、茂丸二二歳。

伊藤は茂丸を悠々とあしらった。むろん勝負にならない。茂丸の若気の至りは鉄舟の手紙でわかった。のみならず伊藤は秘書の井上毅を通して茂丸の素性経歴を洗い出していた。茂丸はすごすごと帰るしかなかった。これがいわゆる伊藤博文暗殺未遂事件の一部始終であるが、どうもテロリストっぽくはない。壮士の駆け引きの演習のようにも、そのための心身の修行のようにも見える。

暗殺に失敗した茂丸はいったん身を隠すことになる。なにしろ伊藤はこの直後に初代の内閣総理大臣になる身、一応は暗殺未遂者は姿を消さなければいけない。行く先は北海道だった。福岡の変で処刑された武部小四郎の弟の武部彦麿が、同じ福岡出身の金子堅太郎のつてで北海道に渡っていたためで、それ以外の理由はない。おもしろそうな人物がいれば茂丸はどこにでも行ったのだ。

案の定、たいしてすることもなくすぐに東京に戻ると、今度は新橋芸者のアグリ、おしゅん、おふみらと交じり、芸者遊びをおぼえた。茂丸はのちに浄瑠璃・義太夫に玄人はだしの芸の遊びを発揮するのだが、そういう梅檀の芳香は、最初は珍山尼に、いままた芸者たちに仕込まれたのだろう。そしてこのとき、ついに宿命的な人物との出会いをはたすのである。玄洋社の首魁・頭山満だった。

茂丸を頭山満に会わせたのは、熊本紫溟会の八重野範三郎である。八重野は父の三郎平とも知り合いで、おまえも福岡の者ならこの男に会っておかなくてはいけないと、新橋の田中屋に逗留していた頭山を訪ねるように仕向けた。

そこには頭山に心酔する玄洋社社員の的野半介・月成元義・来島恒喜らが出入りしていて、甲申事変が不発におわったのちの再クーデター計画が語られていた。そのための拠点を釜山の「善隣館」として設立する話もすすんでいた。このころの日本は老いも若きも、右も左も、壮士も芸者も、著述者も芸人も、みんな国家の安否と行方を談じ、口角泡をとばしあったものだ。

茂丸は大きな転換をする。漠然たるテロリストたらんとすることをやめ、また新政府にタテつくのではなく（藩閥政治の延長にはあいかわらず腹が立っていたが）、むしろアジアを統一するという視野から新国家を形成するべきだという大望を抱いたのだ。

それならというので、頭山は茂丸にいくつかの指針を暗示した。そのひとつは福岡を開発することだった。頭山は九州に鉄道を敷き、海軍予備炭として封鎖されていた筑豊炭田を開発して、炭鉱運営を通して玄洋社の資金を潤沢にし、これをアジアや日本の建設費にあてようというシナリオを考えていた。

いったん得心したら一知半解でも動き出す。すぐに九州鉄道敷設計画のため、おそらくは頭山の指示だと思うけれど、安場保和を福岡県令にしようと決めた。安場は細川家の家臣の家に生まれて横井小楠の門下に入ると開明派として鳴らし、大久保利通に気にいられていたエリートの一人だが、岩倉欧米使節団に入っていながらも途中で嫌になって帰ってくるような日本主義者でもあった。筋がいい。

そこに目をつけた茂丸は佐々友房に紹介をうけ、説得に乗り出した。安場は山田顕義の許可があれば引き受けてもいいと言う。山田は吉田松陰の門下生で、かつて伊藤博文らと品川御殿山のイギリス公使館を焼き打ちしようとした過激派だが、その後は藩閥政治の中枢に入っていた。茂丸は臆することなく山田に面談を求め、山田が「安場が頭山のような破壊主義者と組むのは反対だ」としきりに言うのを説き伏せた。虚々実々の駆け引きだった。このあたりのこと、尾崎士郎の『風蕭々』（講談社「尾崎士郎全集」七）が巧みな小説にしている。

安場が福岡県令になると、九州鉄道の敷設は一気に進捗していった。明治十九年に

「民設」が認可され、明治二一年には九州鉄道株式会社が設立された。一年後、九州初めての「博多－千歳川」間に蒸気機関車が走った。この最初の蒸気機関車の光景を北九州人は忘れてはいけない。

玄洋社の変遷は容貌魁偉（ようぼうかいい）の変遷である。ことに容貌魁偉な言動を見せたのが杉山茂丸だった。玄洋社と茂丸の共有点をあらわしたのは、明治二十年八月の「福陵新報」の創刊だったろう。

これはどう見ても玄洋社の宣伝広報紙だ。社屋は玄洋社前身の向陽社を改造し、社長に頭山満、副社長に鹿野淳二、主筆に「時事新報」から引き抜いた川村惇（じゅん）、主幹に香月（かつき）恕経（じょけい）という陣容を擁した。この新聞が明治三一年に平岡浩太郎を社主とした「九州日報」となり、三代目の社主に茂丸が就任すると、福岡国権派の主力メディアとなった。のちに日中戦争・太平洋戦争期の新聞統制で「福岡日日新聞」と合併して、今日の「西日本新聞」に至っている。

茂丸は「福陵新報」の創刊にかかわっただけではなかった。大阪ではすでに藤田組で成功していた藤田伝三郎と「大阪毎日新聞」の発刊に介入した。「大阪日報」が資金難になったところを、藤田、久原庄三郎(久原房之助の父)、河原信可（のぶよし）(大阪商船社長)、田中市兵衛、茂丸らが動いたのだ。これで「朝日」が松方新聞に、「毎日」が藤田新聞になったわけである。初代の主筆は柴四朗で、のちにペンネーム東海散士として知られることになる。

こういうことにもあらわれているように、頭山や杉山が考えていたのは中央財閥に対抗して、いかに独自な資金組織を地方を基盤にしてつくっていくかということである。それが同時に国権思想や大アジア構想に結びついていた。それゆえ北九州に炭鉱事業を成功させることは宿願の課題だったのだ。そしてこれがすべての資金源なのだ。すでに筑前五郡の炭田を三井・古河・浅野が狙っていた。玄洋社はその闘いにことごとく勝利する。いまなら連戦連勝のＭ＆Ａにあたる。

夢野久作の『犬神博士』（角川文庫）には筑豊炭田の買収をめぐる抗争が語られている。そこには「中央資本と土着資本」「民権派と国権派」の抗争が描かれる。山門三池両郡の決起集団「壮年義団」を組織したのは茂丸だったのである。この結社はのちに清水寺の田北隆研の肝入りで「同袍義塾」となり、茶園の経営と実業演習に向かった（実業演習を担ったのは茂丸の片腕になっていく広崎栄太郎だった）。

だから北九州の資本主義黎明期の血は大いに荒れたのだ。玉の井酒造の矢野喜平治と清気酒造の金光豊吉も対立を剥き出しにした記録がのこっている。

のちの視点で見ると、玄洋社の筑豊炭田の権限入手プロセスは炭鉱坑区の「転がし」による資金調達こそが主眼だった。今日の「土地転がし」と変わりない。変わりないのだが、先に開発着手をしておく必要があった。実は玄洋社は北海道の夕張炭鉱も早々に入手し、のちに売却している。

玄洋社が筑豊炭田の坑区を転売していった背景で、日清戦争の準備が黒々とすすんでいた。明治二七年二月に朝鮮で東学党の乱がおこると、玄洋社の在野分子たちは内田良平らとくんで「天佑侠」を組織して東学党を支援するとともに、甲申事変の再来を予定した親日政権擁立を画策した。

天佑侠には福岡県山川村生まれ(いまの久留米市)の権藤成卿や、やはり久留米の武田範之がかかわった。これを「久留米派」というのだが、ここには権藤の父の権藤直、真木和泉、木村赤松から勤皇思想が発して、そこに品川弥二郎・高山彦九郎・平野国臣がかかわっていた。

久留米派は、頭山・平岡の「福岡派」、宮崎滔天・清藤幸七郎・佐々友房の「熊本派」にくらべて、〝血気にはやった知性派〟ともいうべき特色をもっている。釜山に活動の拠点をつくったのも(大崎正吉は釜山に法律事務所を開設)、のちに三浦梧楼と閔妃殺害事件を画策したのも武田だった。

天佑侠の資金はきっと山県有朋から出ていたのだろうと言われるのだが、それを自慢気に説明しているのがほかならぬ茂丸なので(『山県元帥』)、真相はわからない。とにもかくにもこのころからの茂丸の動きは、まさに「フィクサー、なんでもあり」を呈していったと思われる。

その「なんでもあり」だけれど、本人の弁によれば、陸軍大佐明石元二郎を通じて第一次ロシア革命にもかかわったし（『明石大将伝』）、大隈重信に爆弾を投じて右足を負傷させた来島恒喜の上京を手引きしたのも茂丸だった。金玉均や宋秉畯（ソンビョンジュン）が起案した日清開戦のシナリオを川上操六に打ち明けたのも、筑豊炭田の石炭を門司港（もじこう）から出荷できるようにしたのも茂丸だった。

藤原新也君の故郷である門司は、小倉藩の時代は浜辺が一面の塩田だった。これを安場保和が国道敷設とともに新たに築港した。茂丸はできたばかりの門司港から石炭を輸出してはどうかと思ったのだが、ただし船がない。そこで香港に飛んでイギリス商人のシーワンと交渉した。シーワンを茂丸に紹介したのは荒尾精（せい）の知り合いだった譚蘭亭で、その縁からシーワンが茂丸にイギリス船ベンラワー号を貸した。

この話はどうやら本当らしいが、ここに出てくる荒尾精とのつながりは茂丸の想像力をさらに雄飛させたようだ。

荒尾は陸士を出たあと中国を学び、参謀本部から清に派遣されていた。気宇壮大で、かつ冷静沈着な人物である。上海では岸田吟香（ぎんこう）の楽善堂に世話になっていた。楽善堂はおもてむきは薬局だが、実際には支那内地軍事探偵本部みたいなもので、荒尾がそのリーダーシップをとっていた。いわゆる「大陸工作」だ。

そこへロシアがシベリア鉄道を南下させるらしいという情報が入った。危機感をもった荒尾はここはむしろ清国との経済連携が必要だと感じて、帰国すると日清貿易研究所の創設を説いた。その荒尾が博多に来たのが明治二二年十二月で、茂丸が門司港から石炭を運ぶ計画に着手した時期と一致する。荒尾は東亜貿易の資金の一端を茂丸に期待したのでもあろう。

日清貿易研究所はのちに東亜同文書院に発展して、荒尾と根津一がこれを経営し、大東亜戦争の渦中で多くの人材を輩出した。このあたりのこと、ぼくは以前から関心が深かったので、『虹色のトロツキー』（潮出版社）、『ハルビン学院と満洲国』（新潮選書）、『亜細亜新幹線』（実業之日本社・講談社文庫）などの千夜千冊にも書いておいた。

日清戦争から日露戦争にかけて日本は未曾有の体験をする。戦争、植民地獲得、その経営、産業革命、その資本主義的発展、政党政治、一方での天皇絶対主義、連打される銀行設立、地域開発……。それらすべての裏工作……。この裏工作の多くに手を出したのが杉山茂丸だった。しかしその方針には、表向きを見るかぎり一貫したものがない。ともかく好き勝手なのだ。

たとえば政友会の立ち上げに際しては、茂丸は児玉源太郎と桂太郎と密談をして、次のようなシナリオを交わしたと自分で書いている。①ロシアと必ず戦争をする、②そのために国論を一致させる政党をつくる、③その政党に山県有朋が反対するだろうからその予測をしておく、④この政党の領袖（りょうしゅう）を伊藤博文にする、⑤政党が成立すれば山県を排除する、⑥この政党によって日露戦争に勝利すれば伊藤を長期にわたって顕彰する、⑦井上馨と松方正義にはこの戦争の会計を担ってもらう。こういう具合なのだ。おもしろいシナリオだが、好き勝手だ。

ところがあろうことか、シナリオ通りに政友会内閣としての第四次伊藤内閣ができあがった。山県は激怒したが、これは、以前の第三次伊藤内閣では茂丸が関与した外資導入策が拒絶されたために伊藤を政権から追い落とすほうにまわったのだから、ここで伊藤擁立にまわるのは茂丸の変節なのである。

一事が万事で、茂丸はつねに情勢を先取りした。その視点から日本興業銀行の創立にも京釜鉄道（ソウル・釜山間鉄道）の敷設にも、さらには日英同盟締結や南満州鉄道プロジェクトの裏舞台にもかかわった。けれども、伊藤から警視総監にならないかと水を向けられても、そういうハッキリした地位には動かない。うやむやが好きなのだ。とはいえ資金調達や人事配当ばかりしたわけでもない。星亨（ほしとおる）がおこした京浜銀行の後始末などもしてみせた。

日露戦争後の日本は、条約改正の交渉と社会主義の上陸と中国革命（支那革命運動）の波頭に洗われる。このうち支那革命には茂丸は思わぬところから巻きこまれる。茂丸を支那革命の共闘に向かわせたのは弟の龍造寺隆邦だった。のちに五百枝を名のった。

孫文は日露戦争終結のあとに再来日していた。明治三八年八月には麴町の富士見楼で歓迎会が開かれた。孫文は内田良平や黄興らと会合を重ね、章炳麟・蔡元培の光復会、黄興の華興会、孫文の興中会の三結社を糾合する「中国革命同盟会」の結成をはたした。ここには「孫文→陳白→菅原伝→宮崎彌蔵（滔天の兄）」という動きもあった。この動きに弟の五百枝が関心をもったのだ。しかし弟は病気に倒れた。

茂丸は弟の志をいかすかのごとく、支那革命の動きと日本が連動することを支援した。山県有朋が明治四四年の武昌蜂起に危機感を抱いて日本軍の出動を用意しはじめると、内田良平とともに陸軍幹部をまわって、山県の決断をくつがえすように説得した。ただ茂丸は、孫文と深い交流まで果たした頭山や滔天のようには思いを入れていない。あくまで中国との交易を守ることが日本の国益だと考えたのである。

こういう面は茂丸の外交感覚であって、イデオロギーに左右されないところでもあった。のちに葦津珍彦は「辛亥革命に対する日本人の共感」には三通りあったと述べた。思想に共鳴した滔天・萱野長知ら、外交利益から支援した茂丸・内田良平ら、孫文を人間的に包もうとした頭山らの、三つだ。当たっているのだろう。

支那革命とともに日本をゆるがせた東アジアの動向がもうひとつあった。日韓併合の準備とその確立だ。その経緯はここではふれないが（さらに台湾経営の動向もあるが）、これについても茂丸は一貫して「日韓合邦」を応援するという立場で通した。

茂丸が日韓併合のシナリオにかかわるのは、さきにものべた金玉均や宋秉畯との関係である。宋は日本に亡命したとき大倉喜八郎をはじめとする多くの人士と交流するのだが、日露戦争時に日本軍の通訳となったときに李容九（イ・ヨング）と「一進会」を結成してからは、積極的に日韓合邦を提唱するようになった。茂丸はその宋や李をよく観察していた。

もともと宋や李たちの日韓合邦構想は〝対等合併〟を前提にしていた。けれども実際にはそうならない。大日本帝国による植民地化が確立しただけだった。この結末にはかれらは怒る。バラ色の幻想をふりまいた茂丸に、一進会から自決を迫るという一幕もあった。日韓併合に疑問をもっていた伊藤博文は、それでも事態がそうなっていくと、黙って韓国統監府の統監を引き受けた。朝鮮人民には侵略者と映った。ハルビン駅頭で安重根（アン・ジュングン）に殺された。

ちなみに伊藤暗殺については、最近になって上垣外憲一（かみがいと）の『暗殺・伊藤博文』（ちくま新書）や大野芳（かおる）の『伊藤博文暗殺事件』（新潮社）などが、安重根をそのようにさしむけた背景には玄洋社、内田良平、明石元次郎、山座円次郎、そして杉山茂丸らがかかわっていたのではないかという推理を出している。これは当たっているのかどうか、さっぱりわからない。茂丸は日韓併合よりも東アジアの統合や黄色人種の連帯のほうに、途方もないピクチャーを描いていたようにも見える。そのピクチャーは樽井藤吉の『大東合邦論』に近く、その後の五族協和を謳った満州国に近かった。

では、ふたたび話を北九州に戻しておわりたい。さきほど門司港の話をしたが、博多湾の近代化をめぐっても茂丸が関与していた。博多湾を近代的な港湾にすることについては、早くから青木周蔵（井上馨門下の外交官）が提唱していた。

地元民の理解がなく事態はいっこうに捗らなかったのだが、明治四三年になって意外な突破口が開いた。筥崎宮の神職だった葦津耕次郎（葦津珍彦の父）が「遷都私議」という建議書を茂丸に見せたのだ。

これはまことに奇想天外な建議書で、日露戦争の戦勝祈願をしたことで勝利を得たことを記念して、天皇を筥崎宮に迎えようというものだった。のみならず筥崎あるいは博多を都にしようというのだ。こういうことが大好きな茂丸は、さっそく頭山満・寺尾亨・福本日南らを集めて、葦津にこの計画を披露させた。茂丸にはべつに山座円次郎らが福岡の実力者たちである谷彦一、河内卯兵衛（福岡市長）、渡辺与八郎らと博多湾の開発を計画していたことを知っていた。そこでこの二つをあわせて、①博多湾を築港し、②筑後川を大整備して、③関門海底トンネルの開削に着手することによって、④筥崎遷都や博多遷都もありうると考えた。

葦津の話には集まった連中の全員が賛成だった。こうして天皇遷座はともかくとしても、「博多湾築港株式会社」がスタートした。資本金二八〇万円、社長には茂丸が平戸の中村精七郎を着任させた。いま、筥崎八幡宮から海に向かって国道三号線を渡って海に出ると、そこに赤い鳥居が立っている。その向こうの埋立地が博多築港の起工式（大正六年）をした場所で、昭和七年に「杉山町」となった区域なのである。

関門トンネル計画のほうも動いた。大正六年に「関門海底鉄道株式会社」の創立準備の趣意書には茂丸が筆頭に記され、中村精七郎や葦津耕次郎らが名を連ねている。これはなかなか実現されなかった。業を煮やした茂丸が唐津・壱岐・対馬・釜山を結ぶ海底鉄道構想をぶちあげるにおよんで、これに鮎川義介（日産コンツェルン総帥）の満州移民計画が加わって、その度外れた構想に呆れた政府がやっと重い腰をあげたという具合だった。着工は、茂丸が亡くなった昭和十年七月直後のことである。

大正昭和時代の茂丸は、ひとつには旺盛でホラ交じりの執筆活動家として知られる。『其日庵叢書』『乞食勤王』『青年訓』『屑籠』『桂大将伝』『児玉大将伝』『明石大将伝』

『山県元帥』『浄瑠璃素人講釈』（これは武智鉄二や池波正太郎の愛読書だった）、そして『百魔』『俗戦国策』『義太夫論』等々。

最初の「其日庵」というのは茂丸の雅号・庵号（あんごう）である。ソノヒアンと読む（ときにキジッアン）。其の日、其の日でベストの妄想をかきたてているという意味のようで、いかにも茂丸らしい。雑誌も作った。「黒白（こくびゃく）」という。なかなかいいデザインだ。この名も茂丸らしい。

もうひとつはあいかわらずの画策で、そのなかには大隈重信にフィリピン買収計画をもちかけたこと、ラス・ビハリ・ボース（中村屋のボース）を自分の外車で運んだこと、イルクーツク以東に新ロシア国家を樹立しようという話、原敬の担ぎ出し、入間川梶之助とくんだ国技館再建計画、日露漁業乗っ取り事件を最後に救済したこと、雁ノ巣飛行場（福岡第一飛行場）の建設など、いくら資料を読んでも茂丸がどこからどこまで関与したのか、その前後の経緯がわからないものもいろいろ含まれている。しかし、そんな大ホラにもそろそろ人生の時限が残り少なくなっていた。

茂丸の人生最後の画策は、真崎甚三郎に「昭和の第二維新」に向けての結束を託したことだろうか。それが昭和十年のことで、数え年七二歳になっていた。その年の五月には「頭山満・杉山茂丸両翁金菊祝賀会」が催されたばかりだった。

いや、もっと最後の最後には松岡洋右に「君は満州に行きなさい」と指示していた。それが七月初旬のこと、そしてその一週後の七月十九日に重篤に陥り、夜十時過ぎに亡くなった。翌朝の「福岡日日新聞」は、「翁七二年の生涯は策士黒幕としての一生であったが、その策は近頃の策士に見るようなこそこそしたものではなく、着眼点の大きい大策士であった」と報じた。妙な褒め方だ。

東京の増上寺で葬儀委員長頭山満、副委員長広田弘毅による葬儀がおこなわれた。荒木貞夫、中野正剛、床次竹二郎、岡田啓介ら三四〇〇名が列席した。その後、福岡の一行寺であらためて通夜がもたれ、続いて玄洋社葬が催された。夢野久作は、このとき頭山が男涙を流しつづけていたのが見ていられなかったと綴っている。

八月四日、位牌を拝みにきた松岡洋右が久作に告げた話が、いかにもこの稀代の怪人の真骨頂を伝えている。

松岡はこんなことを茂丸に命じられたというのだ。とくと味わって読まれたい。「その時のお話の内容というのは、ほかでもありませぬ。私に満州へ行けという一点張りのお話でした。しかも、それは私を引き立ててやろうというような平凡なご好意からでなく、日本国のために必要な一つの犠牲として、私に挺身することをおすすめになったのです。まことに無慈悲、無虐このうえもない性急なご注文でありました」。

第一二九八夜　二〇〇九年五月十二日

参照千夜

五八三夜：夏目漱石『草枕』　八九六夜：頭山満『幕末三舟伝』　四〇〇夜：夢野久作『ドグラ・マグラ』　一一六七夜：西郷隆盛『西郷隆盛語録』　八八五夜：徳富蘇峰『維新への胎動』　一一六八夜：宮崎滔天『三十三年の夢』　一五二夜：猪野健治『やくざと日本人』　一四夜：ハーバート・ノーマン『クリオの顔』　六六三夜：ルソー『孤独な散歩者の夢想』　四一二夜：福澤諭吉『文明論之概略』　三八五夜：山岡鉄舟『剣禅話』　一一九六夜：松浦玲『横井小楠』　五五三夜：吉田松陰『吉田松陰遺文集』　九三夜：滝沢誠『権藤成卿』　一六〇夜：藤原新也『印度放浪』　四三〇夜：安彦良和『虹色のトロツキー』　八〇八夜：芳地隆之『ハルビン学院と満洲国』　七〇八夜：前間孝則『亜細亜新幹線』　五七五夜：緒方竹虎『人間中野正剛』

高山彦九郎・内田良平・武田範之・満川亀太郎
権藤成卿が用意した自治アジアの構想

滝沢誠

権藤成卿

紀伊國屋新書　一九七一　ぺりかん社　一九九六

農本主義者、アナキスト、あるいは漢学者、復古主義者、東洋的無政府主義者、またファシスト、制度学者、皇典学者、ニヒリスト。

これが五・一五事件の直後の権藤成卿に冠せられた特徴であるが、これではまったく実像がつかめないだろう。ごく初期に蠟山政道と丸山眞男が権藤の思想と行動に関心をもったほかは、ほとんど研究もない。いったい権藤成卿とは何者なのか。本書の著者も、そのような関心で権藤成卿の人物像にとりくんだ。

わかりやすい順に説明することにするが、権藤は明治元年に福岡県三井郡山川村に生まれている。いまの久留米市にあたる。祖父の権藤延陵は日田の広瀬淡窓、筑後の笠大匡とならんで筑後川辺の三秀才とよばれた医者だったらしい。祖父の延陵を教えたのは儒者の亀井南溟で、南溟の門下には、かの女傑で名高い向陽義塾の高場乱がいた。玄洋社の頭山満らを育てた女傑だ。

父の権藤直は真木和泉・木村赤松とともに、勤皇党の領袖である池尻葛覃に学んだ。直は品川弥二郎・高山彦九郎・平野国臣とも親しく、その周辺には志士的な情熱が渦巻いていた。これらの人物はすべて藤村の『夜明け前』(新潮文庫)に出てくる。みんな〝国学的御一新〟に画期を託していた。そこがこれから始まる数奇な縁の発端だ。なにしろ高山彦九郎は権藤家の久留米の親類の家で自決したのである。

これでだいたいの権藤家の雰囲気がわかるだろうが、もうすこし背景を案内しておく。成卿の兄弟姉妹も変わっていた。次弟の震二は「東京日々」「二六新報」などの新聞記者をへて日本電報通信社を設立し、宮崎来城とともに「黒龍会」の創設に関与した。末妹の誠子は平塚雷鳥たちと「赤瀾会」をおこした。のこりの兄弟姉妹も漢詩や和歌を得意としている。

権藤の思想と行動に影響を与えたのは、これらの久留米の風土と親族の血と、明治四年の明治政府転覆未遂事件(明四事件)にかかわった連中である。

明四事件は、のちの佐賀の乱や西南戦争の九州反乱の序曲にあたるもので、立案もなくたちまち鎮圧されてはいるものの、明治初期の事情のカギを握る動向として特筆される。そこに、松村雄之進、武田範之、元田作之進（のちの立教大学創設者）、漢詩人でもあった宮崎来城、渡辺五郎らの久留米勤皇党のメンバーあるいはシンパサイザーが陰に陽に動いていて、権藤の心に少なからぬ影響をもたらした。

青年権藤はこうした背景のなか、大阪に丁稚に出たり二松学舎に漢学を学んだりしながら、ふたたび久留米に戻って二四歳で結婚した。ちょうどそのころに久留米青年義会が父の直の煽動によって結成された。いわゆる「久留米派」だ。

久留米派は、頭山満・平岡浩太郎らの「福岡派」、宮崎滔天・清藤幸七郎らの「熊本派」にくらべると、知性派ともいうべき特色をもっていたが、それでも今日からみればきわめて血気に富んでいた。

こうしたなかで、権藤の心をたえず刺激したのは親友・武田範之の行動である。武田は朝鮮問題に強い関心をもって朝鮮にわたり、東学党にかかわって日韓協会の設立に動き、さらに日清戦争の直接の原因となる「東学党の乱」に介入して内田良平らと「天佑俠」を組織したりした。そのとき武田が三浦梧楼らとくんで閔妃事件をおこした。権藤はこうした武田に呼応して朝鮮を舞台とした漁業に手を出すのだが、すぐに失敗して、その後は長崎に入って武田らの活動を物心両面で支援する。

時代は朝鮮問題を火種に日清戦争へ、さらに三国干渉に対する臥薪嘗胆の時期をへて、日露開戦の気運がたかまってくる。開戦派の内田良平が「黒龍会」を結成すると、権藤は矢も盾もたまらず上京、内田の動きに合流する。内田や権藤が、李容九（一進会）・黄興（華興会）・宋教仁・孫文（興中会）とのアジア的革命のための連携を始めるのはここからである。

やがて日露戦争がおこってポーツマス条約が結ばれ、明治政府は韓国統監府を設置、伊藤博文が初代統監となった。このとき伊藤は内田良平と矢土錦山を統監府嘱託にして京城におもむいていた。このことを助言したのは玄洋社の杉山茂丸だった。ここには、やがて大アジア主義の萌芽となった日韓合邦運動があらわれていた。この運動計画は一進会の財団結成とともにしだいに濃いものになっていく。シナリオには、日韓合邦が成就した暁には一進会一〇〇万の会員を率いて満州移住を実現し、やがておこるであろう〝支那革命〟に乗じて満蒙独立をかちとろうということが書きこまれていた。

これはのちの昭和になって肥大する〝東亜連邦構想〟の第一歩にあたる。ロシアの極東進出を阻むシナリオが下敷きになっていた。また、ここには奇妙な「鳳の国」構想というものも描かれていた。「鳳の国」構想というのは大高麗国建設の夢ともいうべき破天荒なもので、古代の沿海州に勢力をはっていた扶余族の版図をふたたび蘇らせようというものである。そんな天一坊めいた計画もあったのだ。

当時はこの奇々怪々の構想に、黄興も孫文も、かれらを支援した宮崎滔天も松永安左衛門も、さらには康有為も梁啓超も、また犬養毅も柏原文太郎も賛同していた。みんな「鳳の国」に熱い視線を向けていた。ようするに当時のアジア主義者の大半がこの構想の裡にあったのである。こうした運動が進むなか、権藤は内田良平への資金援助を担当したらしい。

明治四三年、日韓併合が断行された。明治政府は韓国内におけるいっさいの政党を認めないという方針をとったため、一進会は解散させられた。日韓合邦運動は表面的には半ば成功したかに見え、半ば挫折したことになる。満州移住を計画していた多くの韓国人がこのときの挫折をきっかけに、その後ぞくぞくと日本に流れこみ、下積みの生活を強いられることになった。武田範之も失意のままに死んでいく。

福澤諭吉のいう「悪友としてのアジアとの交わりを断つ」という、いわゆる〝脱亜入欧〟の認識がはたして妥当だったかどうかはべつとして、内田や武田は「悪友としてのアジア」に付き合いすぎたのである。権藤はこのような情勢のもとで、独自に構想を切り替えていった。これが「自治学会」運動である。なんとも独創的だった。

麻布飯倉町の南葵文庫に変わったメンバーが集まっていた。中江兆民らとフランス留学し日本人としてマルクスと唯一会ったといわれる飯塚西湖、黒龍会の文筆担当者の小沢打魚、東洋社会党の設立者で『大東合邦論』の著者である樽井藤吉、自由党左派で加波山事件と大阪事件で勇名を馳せた大井憲太郎、自由党幹部で後藤象二郎の娘婿の大江卓、黒龍会の内田良平、のちに『皇民十訓抄』を描いた山口弾正らの顔ぶれだ。中心に権藤成卿がいた。大正三年のことである。

やがてこの権藤サークルは、大正七年に満川亀太郎を世話人として結成された「老荘会」の輪の中に入っていった。老荘会はすぐに満川・大川周明・北一輝らの「猶存社」となるのだが、権藤サークルはこれらを母体としながら、大正九年に「自治学会」に発展変化していった。

自治学会こそは権藤が主宰する権藤独自の結社であった。そこでは「社稷国家の自立」が叫ばれ、明治絶対国家主義が徹底して批判された。

社稷とは土の神の「社」と五穀の神の「稷」を併せた言葉で、古代中国の社稷型封建制に由来する共済共存の共同体の単位のことをいう。日本の歴史のなかの例では「郷」にあたるだろうか。「社稷は国民衣食住の大源であり、もって国民道徳の大源である」と、権藤の『皇民自治本義』にはうたわれている。

大正デモクラシーから昭和の軍閥が台頭しつつあるとき、権藤の中にはあまりにも儒教的で孟子的な日本主義が謳歌されていたのだ。その思想はとくに異端とは見えなかったが、奥には異様な眼が光っていた。権藤は大化改新のクーデター構想に思想的な確信をあたえた南淵請安に理想をもとめ、それを〝日本最古の書〟である『南淵書』として発表したほどだったのだ。これはトンデモ仮説としてたちまち学者たちの批判を浴び、ほとんど黙殺された。けれども、『南淵書』は北一輝の『日本改造法案大綱』とともに、昭和維新のひそかなバイブルとなったのである。なぜなのか。そこにクーデターの理念と根拠が綴られていたからだった。

権藤成卿の前半生には、過激な紆余曲折がある。しかしいろいろ覗いていくと、そこには一貫性があることにも気がつかされる。著者の滝沢誠はその一貫性を、権藤家の家学ともいうべき「制度学」に凝視する。そしてその制度学が権藤によってさらに拡張されるにいたったのは、権藤が戊戌の政変をおこした康有為の「新学」と「変法自強」に影響をうけたせいではないかと推理する。

このくだりが本書のいちばんの白眉だった。たしかに康有為と権藤成卿の関係で、さまざまなことが解けてくる。康有為は「大同」を理想とし、権藤はその「大同の世」をつくりたかったのである。

かくて権藤はますます独自の道を進んでいく。その特質が鮮明になっていくのは、大正十二年の関東大震災前後からだった。とくに大杉栄の虐殺について、内田良平が「大杉栄が殺されたのは国家のためによろこばしい」と言ったのが権藤にはカチンときた。

権藤には多分に無政府的なところがあり（社稷は自治主義である）、そのため大杉栄にはシンパシーを感じていた。

権藤は内田との交流を絶った。加えて、権藤には関東大震災や東北飢饉が天保の飢饉や安政の地震にも似た改革への予兆に見えた。権藤は自身の構想を少しずつ講演しはじめた。国士舘で国史を担当したのもそのひとつである。この講座からは武田熙の「甲子会」が発足している。

ちょうど同じころ、酒井忠正の後ろ盾で、東洋思想研究家の安岡正篤が「金鶏学院」を設立した。のちに昭和の政治を動かした安岡思想の人脈上の拠点となるものだった。開校は昭和二年、全寮制で二〇名ほどの学生がいた。権藤はここで制度学の講義をうけもった。

金鶏学院での権藤に共鳴した学生に野口静雄がいて、その野口が卒業後に就職した茨城県庁学務課時代に知りあった青年に藤井斉がいた。藤井は海軍兵学校から国家革新運動に強い関心をもっていた青年で、西田税の「天剣党」に関与して海軍内部の革命分子を結集させようとしていた。

昭和四年の春、権藤は麻布台から代々木上原の三軒がつらなった家に引っ越した。この引っ越しには当時の権藤が何をしようとしていたかが見えるものがある。

一軒には自分が住み、隣には金鶏学院から権藤を慕って集まった四元義隆（のちの右翼のフィクサー）らを下宿させ、さらにその隣に苛烈な日蓮主義者の井上日召らを自由に宿泊させたのだ。「一人一殺」をスローガンとする過激な井上を権藤に紹介したのは、「愛郷塾」をつくって農村自作革命をおこそうとしていた橘孝三郎だったようである。井上日召の本拠は茨城県の大洗であるが、そこにはのちに血盟団事件に参集する水戸近郊の農村青年が集まっていた。その青年の一部も代々木上原の権藤の家にさかんに投宿してきた。藤井斉はその井上日召と日本革命をめぐる理想で意気投合したのだが、上海事変に出征中に戦死してしまった。

昭和七年二月九日、井上日召の「一人一殺」を胸に秘めた小沼正が打ったピストルの銃弾が民政党の井上準之助を貫き、菱沼五郎の銃弾が三井の団琢磨を襲った。いわゆる「血盟団事件」の勃発である。

つづく五月十五日、海軍の古賀所清志によって第二弾の計画が実行にうつされた。犬養毅首相の射殺、牧野伸顕への襲撃、愛郷塾農民決死隊による変電所襲撃、川崎長光の西田税襲撃である。一斉一撃におこなわれた。五・一五事件である。

昭和維新が発動されたのだ。その行動ははなはだ幼稚なものであったが、不満の意志はついに白日のもとに曝されたのである。そして、そのいずれにも権藤成卿がいろいろな意味でかかわっていた。また、その権藤の立場をはじめ、これらの昭和維新の発動にかかわった者たちの思想と行動には、それぞれ微妙な差異がさされだっていた。たとえば北一輝、大川周明、西田税、安岡正篤らの思想と行動も、この昭和維新がすこぶる複雑な人脈の上に成り立っていたことを暗に語っていた。

五・一五事件ののち、権藤は目黒中根町に移り、そこで私塾「成章学苑」をひらき、農本自治主義を深めるための「制度研究会」を発足させた。権藤はこのときはやくも、もはやテロリズムだけで革命はおこらないことを悟ったようだった。

権藤の学苑には、平凡社をおこした下中弥三郎らがつくった「新日本国民同盟」が参画し、そこに犬田卯や武者小路実篤や橘孝三郎を加えた「日本村治派同盟」や「自治農民協議会」の活動が後押ししていた。権藤はあいかわらず、これらの自治学の思想的中心だったのである。

昭和九年、権藤は「制度学雑誌」を創刊、機関誌「制度の研究」を出した。しかし、自治も制度ももはや役に立たなかった。時代は化城の暗闘に向かって急進していた。翌々年は二・二六事件が勃発、時代は国体明徴運動へと大きく迷走していったのだ。

権藤はもはやこうした動向に背をむけ、社会の自治的進歩のみが構想され、実現されるべきだと言いつづけたようだ。また、高まる戦争の不安のなか、日中開戦の決定的不利を予告しつづけたようだ。が、誰も権藤の言葉などに耳を貸さなくなっていた。

以上が知られざる権藤成卿の生涯である。その思想は一に社稷(しゃしょく)自治の歴史を顧みて、その発展を現在に定着させることにある。
ちなみに、本書の著者は権藤の思想についていっさい論評していない。わずかに孟子の放伐(ほうばつ)論に傾倒していたことを説明するだけだった。それで十分なのである。その理由を、ぼくは「あとがき」にしるされた著者の仕事の遍歴から納得した。

第九三夜　二〇〇〇年七月十七日

参照千夜

五六四夜：丸山眞男『忠誠と反逆』　八九六夜：頭山満『幕末三舟伝』　一九六夜：島崎藤村『夜明け前』　一二〇六夜：平塚らいてう『元始、女性は太陽であった』　一二九八夜：杉山茂丸『俗戦国策』　一一六八夜：宮崎滔天『三十三年の夢』　四一二夜：福澤諭吉『文明論之概略』　四〇五夜：中江兆民『一年有半・続一年有半』　七八九夜：マルクス『経済学・哲学草稿』　九四二夜：北一輝『日本改造法案大綱』　一五六七夜：孟子『孟子』　七三六夜：大杉栄『大杉栄自叙伝』

第三章　大東亜・日本・大アジア

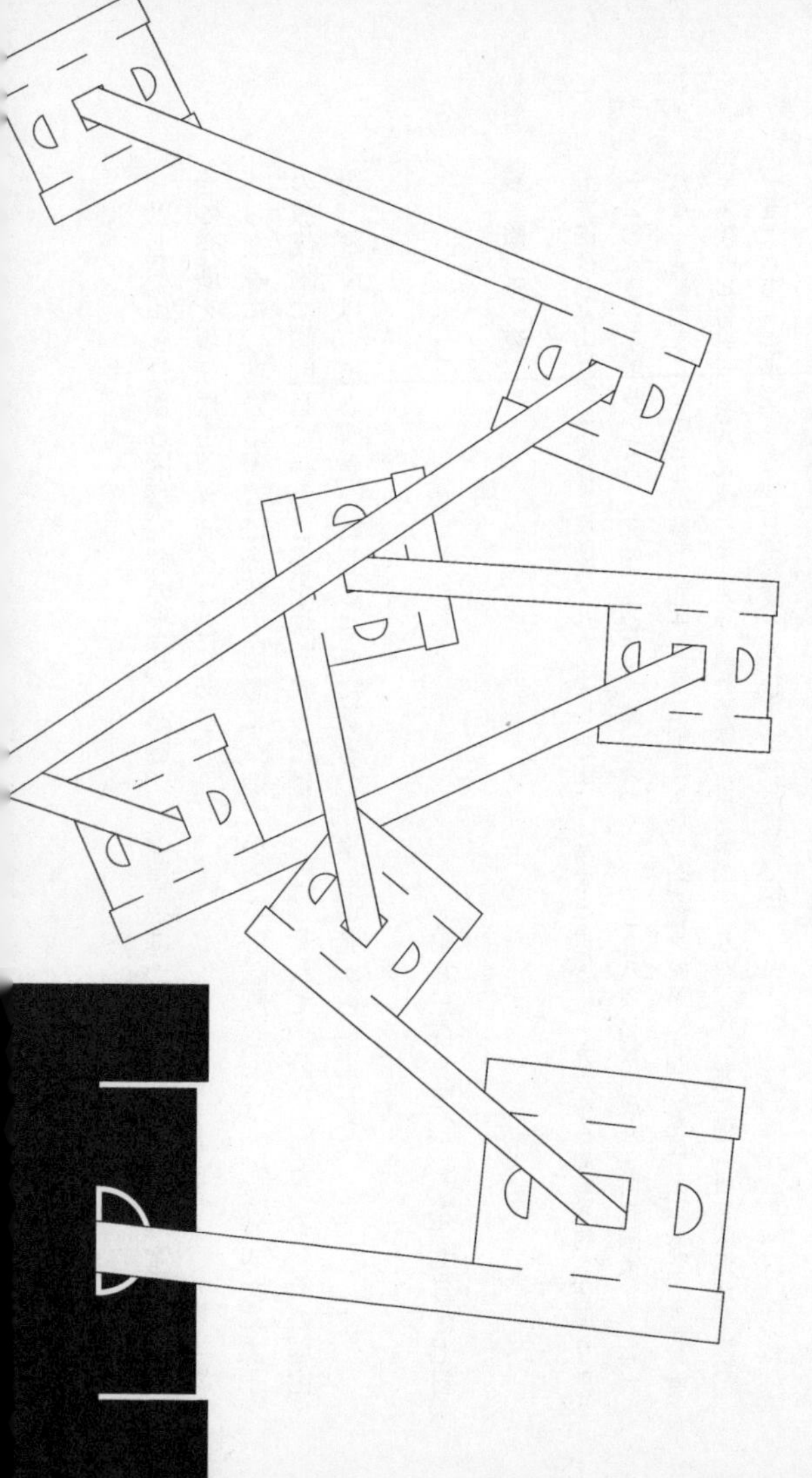

小熊英二『単一民族神話の起源』
長山靖生『偽史冒険世界』
寺内大吉『化城の昭和史』
芳地隆之『ハルビン学院と満洲国』
安彦良和『虹色のトロツキー』
前間孝則『亜細亜新幹線』
坪内隆彦『アジア英雄伝』

明治の日本人観は
実は多民族主義に傾いていた

小熊英二

単一民族神話の起源

新曜社　一九九五

日本が単一民族の国だというふうになったのは、古いことではない。古いどころか、日中戦争や太平洋戦争以前は日本はむしろ多民族国家として位置づけられていた。大日本帝国の時代には多民族国家論や混合民族論の標榜(ひょうぼう)と論証のほうがずっと多かった。日本が日本を単一民族国家と見るようになったのは、なんと戦後のことだったのだ。

このような、ある意味では意外におもわれそうな〝結論〟を指摘するために、著者が本書で試みたことは重厚で詳細をきわめた作業であった。まだ四十歳をこえたばかりの慶応大学の相関社会科学の教授である(東大農学部出身)。「日本人の自画像の系譜」が副題だ。

この大著のあと、著者はさらに、台湾・朝鮮などの植民地における日本人意識を検証した『〈日本人〉の境界』、戦後ナショナリズム議論を追った『〈民主〉と〈愛国〉』（ともに新曜社）を問うた。いずれも大著だが、目を洗われるところが少なくない。

考えてみれば、明治政府が明治二八（一八九五）年に台湾を、その十五年後に朝鮮を併合したときに、すでに日本の総人口の三割におよぶ非日系人が〝臣民〟として大日本帝国の傘下に入れこまれていたのである。その後の日中戦争や太平洋戦争の渦中で「進め一億、火の玉で」と煽（あお）った一億とは、台湾や朝鮮を（ときには満州をも）含めた帝国人口のことであって、内地の人口のことではなかった。つまり帝国は多民族国家だったのである。そこで疑問が生ずる。では、日本人はいつどこで「均質な民族像」をもつようになったのか。本書はその疑問に挑んだ。

日本が単一民族の国だという〝神話〟が戦後につくられたのだとすれば、それ以前はどうだったのかというと、明治期には、日本は多民族国家の議論にあけくれていたのである。

日本人が日本民族について考察をはじめたのは新井白石あたりを嚆矢（こうし）とするが、これを人類学として本格的な議論にのせたのは坪井正五郎・鳥居龍蔵・小金井良精（よしきよ）らが明治中期に設立した人類学研究会「じんるいがくのとも」（のちに東京人類学会）の活動以降だった。坪井は混合民族説を主唱した。ただ、これがすんなりは通らない。とくに不平等条約の撤廃を志す動きのなかで巻きおこった外国人の居留をめぐる内地雑居論争をきっかけに、人種問題と定住問題が絡んで吹き出して、さまざまな見解のかたちをとった。田口卯吉(うきち)は、外国人の流入は古代の朝鮮・中国からの渡来人以来のことだから日本はもともと単一民族国家ではないと見て、内地雑居を許可することを訴え、今後はアメリカのような移民国家になるべきだろうと主張した。これに反対した井上哲次郎はその反対の根拠として日本人は劣等人種なのだから、このさいは日本民族が一致団結すべきだと説いた。

結局、内地雑居は不平等条約の改正とともに明治三二年(一八九九)より認められることになったのだが、論争はべつのかたちでさらに大きくなっていった。朝鮮併合問題の現実化と教育勅語がその火をつけたのである。

明治の政治家や言論思想家たちは、ひとつの大きな難問をかかえていた。そもそも明治体制は立憲君主制と有司専制を前提にして生まれたものである。大日本帝国の臣民は天皇を祖先とする一大家族である。それを有司専制システム(官僚)が守って内閣がコントロールしていくというものだ。

しかし、そうであるのならこの先、朝鮮や台湾の異民族が帝国に編入されるようになったとき、いったいどうやって国体の論理を維持できるのか。征韓論が紛糾した背景にも、そこはいったい日本の土地なのか外国の社会なのか、日本人としての居住領域をどこまで広げられるのかという議論があった。

江戸時代の幕藩体制にとっては、身分や地域をこえて日本人が一大家族であるなどという思想はとんでもないことだった。徳川家からすれば、将軍も武士も農民も藩民も同じ祖先だなどという見方は許可できるはずはない。そこには士農工商も幕藩体制も参勤交代も必要だった。

しかし黒船の来航によって、開国の日が近いことを知らされた。たちまち国論は開国か攘夷（じょうい）かで二分したのだが、この問題は保留され、幕府そのものの解体が先行課題となった。そこへ国学派や水戸学派による国体論が登場して、「葵（あおい）」の幕藩体制に代わる「菊」の論理を提出し、それが尊王攘夷思想を支えて岩倉具視（ともみ）の手に落ちて、討幕にいたったわけである。

そこまではいい。が、幕藩体制は解体したものの、そうして成就した明治維新政府にとっては、諸外国との協調を拒否する〝菊〟だけの国学思想などではとうてい列強に伍する国力をつくれない。そこで「明六社」の面々をはじめとした開明派の論客が登場して、新たな文明国家論ともいうべき試みに挑むのだが、そこにはさらに開化にふさわしい海外含みの新国体論とでもいうべきものが必要となっていた。

こうして加藤弘之・穂積八束（やつか）・井上哲次郎らが国体論の西欧的粉飾に向かっていった

のである。とくに井上は木村鷹太郎らと組んで大日本協会を結成して「日本主義」を創刊し、ここに高山樗牛らも加わって「天下無双ノ国体」を標榜するにおよんだ。

けれどもここには、「葵」や「菊」に相当するほどの明瞭なものがない。そのため、これらの議論に国民学習を謳った教育勅語（明治二三年）にひそむ国体論的表現を重ねることにした。教育勅語は井上毅が起草して元田永孚が手を入れた。その教育勅語の思想に、たとえば永井亨の『日本国体論』、筧克彦の『神ながらの道』、物集高見の『国体新論』、上杉慎吉の『国家新論』『国体論』などが上乗せされていったのである。

この論調はやがて、加藤玄智が唱えた「日本人の同化力」の強調へ、国粋主義的社会学者として知られる建部遯吾による「十億日本人論」へ、さらにはのちの田中智学、鹿子木員信、里見岸雄、石原莞爾、亘理章三郎らへと、ゆれながらつながっていった。

ここに交差してきたのが久米邦武の『日本古代史』、竹越与三郎の『二千五百年史』、大矢透の「日本語と朝鮮語との類似」、金沢庄三郎の『日韓両国語同系論』に代表される、いわゆる日鮮同祖論である。

日本人と朝鮮人はもともと同じ民族で、それがのちに分かれたのだから、良くいえば一緒に、悪くいえば勝手に〝祖国〟を同じうしていけば、それでいいじゃないかというものだ。これには山路愛山・徳富蘇峰・大隈重信が同調した。

さて問題は、このような論調はいったい日本人を単一民族と見ているのか、混合民族と見ているのかということだ。これらが国粋主義的なナショナリズムであることはその通りなのだが、著者の検証によると、その論点はいずれも混合民族論に依拠するものばかりであった。そこには単一民族説はなかった。それは「同化政策」という言葉ひとつにもよくあらわれている。すなわちこの時期、思想的な根拠は何であれ、日本は多民族国家をめざしていたというべきなのである。著者は言及していないけれど、ここには岡倉天心の「アジアは一つ」や、孫文による中国革命への共鳴がもたらした内田良平・宮崎滔天らの動きも関与していた。

日本民族をどう見るかという議論は別の方面からも立ち上がっていた。

第一には喜田貞吉（きださだきち）の混合民族論がある。喜田は被差別問題に果敢に発言を開始した勇気ある学者だが、天皇観と被差別部落論を結びつけ、差別する多数者と分離する少数者のいずれをも批判して、結局は『韓国の併合と国史』などでは、「併合は復古であって、これまで辛酸をなめていた分家の兄弟が暖かい本家に戻ったようなものなのだ」というような議論に終始した。

第二は、柳田国男の一国民俗学の登場だ。明治三三（一九〇〇）年に農務省に入った柳田は、その初期の研究調査の基本を「山人」においた。そのため各地にのこる民話や昔話を採集して、日本列島にどのような民俗の古層があるかを調べた。この山人とは、ありていにいえば当時の混合民族の定説になりつつあったアイヌをはじめとした先住民族のことだった。柳田の意図がどこにあったにせよ、当時の日本人主義に与えた影響が看過できないところになっていく。

ところがその後、柳田は山人論を捨て南島論や稲作論に向かい、山人に代わる稲作を中心とした「常民」を主語とするようになった。しかしそこでもまた、常民と稲作と天皇家のつながりが強く指摘されたために、柳田民俗学はふたたび日本人の民族観に天皇家の投影をもたらすことになった。この常民を天皇から切り離すには宮本常一まで待たなければならない。

第三には、アナキストであった高群逸枝（たかむれいつえ）が女性解放の視野から研究した女性史研究や古代研究が、しだいに混合民族論による民族同化思想となっていったことである。喜田のばあいもそのようなところがあったのだが、著者はここには「マイノリティの擁護のため生み出されたものが、結果として侵略の論理となるという悲劇があらわれている」と指摘する。

だいぶん省いて伝えたが、このような喜田・柳田・高群にみられる論調は、時代を取り除いては検証しにくいもので、それを徹底して近代日本の現代化の過程によみがえらせた著者の労力は、脱帽に足る。

このほか本書の後半では、ドイツ生まれの「優生学」が日本にもたらした混血をめぐる議論、永井潜を中心とする日本民族衛生学会の優良民族論と健康論の合体、古畑種基らの血液型議論、朝鮮総督府の設置の直後から強調された「皇民化政策」の動向、白鳥庫吉や津田左右吉の記紀神話論、和辻哲郎の風土論、さらには騎馬民族渡来説の流布などをとりあげ、いずれも日本ナショナリズムの高揚に寄与しながらも、そこには単一民族国家論がはなはだ稀薄であったことを立証している。

では、いったいどこから「日本＝単一民族国家」が妖怪のように徘徊してしまったのかということは、本書では触れられない。その論議は次の『〈日本人〉の境界』『〈民主〉と〈愛国〉』の大著につながっていく。きっと延々とつながっていくだろう。

本書によって、われわれはこのような議論の端緒についたばかりなのだということを、いやというほど知らされた。たとえば森喜朗元首相の「日本は神の国だ」という発言のルーツを検証することは、簡単なことではなかったのである。

しかも問題は、本書の最後にも書いてあることだが、「アメリカなどの人種思想家が支配や隔離政策を正当化したさいには、被差別者を、自分たちとは別種であると証明しようとした」のに対して、「大日本帝国の人類学はその逆に、被支配民族は自分たちと同種同文の兄弟だと主張していった」ということを、さてどのように受けとめたらいいのかということにも兆していた。また黄禍論の逆作用も兆していた。
そのひとつのヒントではないけれど、本書の「あとがき」には次の言葉づかいがあった。「私は、本書でとりあげた多くの人びとの議論のなかに、限界はあったとしても、それなりに真剣な試行錯誤がふくまれていたと思っている。それに対し、見下したような立場から、一方的に非難する気にはなれなかった。もちろんだからといって、彼らがもたらした結果が免罪されてよいわけではないし、戦争責任の反省という意味では、もっと強く批判するべきなのかもしれない。しかし、他人を裁くことが自己の反省であるとは、私には思えなかった」。

第七七四夜　二〇〇三年五月十五日

参照千夜

一六二夜：新井白石『折りたく柴の記』　一六八九夜：高山樗牛『瀧口入道』　八八五夜：徳富蘇峰『維新への胎動』　七五夜：岡倉天心『茶の本』　一一六八夜：宮崎滔天『三十三年の夢』　一一四四夜：柳田国男『海上の道』　一二三九夜：宮本常一『忘れられた日本人』　八三五夜：和辻哲郎『古寺巡礼』　六八六夜：平川祐弘『和魂洋才の系譜』　一四二三夜：ハインツ・ゴルヴィツァー『黄禍論とは何か』

日本人と朝鮮人を同祖同種同文にしたくなった理由

長山靖生

偽史冒険世界

筑摩書房 一九九六 ちくま文庫 二〇〇一

昔、キ、ム、タ、カとよばれた男がいた。キムタクではない。キムタカ。信じがたい人物である。木村鷹太郎という。愛媛県宇和島に生まれ、明治二一（一八八八）年に上京して明治学院に入って島崎藤村・戸川秋骨らと同級生となり、英語弁論大会で一等になったものの、言動にすこぶる異様なものがあってヘボン校長から退校処分をくらった。ついで東京帝国大学歴史科に入り、哲学科に移って西田幾多郎と同級になった。ここまでは信じがたいというものは何もない。

キムタカは大学を出ると、『排仏教―道徳国家及東亜問題上』を著して、仏教には現実社会を変革する意欲がないと痛烈に非難し、返す刀で『キリスト教公認可否問題』で天皇を戴く日本にはキリスト教は不要であるとぶちあげた。これでちょっとおかしくなってきた。

陸軍士官学校の英語教授の職をえたが、あまりに同僚との意見があわず喧嘩が絶えないためにすぐ辞めている。そのかわり、英語力をいかしてバイロンを翻訳し、英語からの重訳ではあったが、日本初の『プラトーン全集』個人完訳にとりくんだりもした。こういう〝偉業〟に平気でとりくむところは評判がよく、岩野泡鳴と文芸批評にあたったり、与謝野鉄幹・晶子の媒酌人になったりもした。時の哲学界を代表していた井上哲次郎もそういう木村を支援する。

ところがキムタカは、明治四四年に発表した『世界的研究に基づける日本太古史』という大著で、ついにとんでもないことを言い出した。

イザナギとゼウスを、オオクニヌシとダビデを、タケミカヅチとモーセをくらべ、高天原をアルメニアに、出雲大社をメコン川流域に比定し、神武天皇の東征はアフリカ西海岸からの発信だったとしたばかりか、大半の世界文明は日本が起源であるという破天荒な妄想を一挙に披露したのである。

気宇壮大というなら、これほど派手に時空間をまたいだ話はない。比較文明観というなら、これほど文明史を無視した話はない。キムタカ、咆哮しまくったのだ。

そればかりか、みずから「日本民族研究叢書」(日本民族協会)と銘打ったシリーズで、ここに紹介するのも憚りたいほどの、『神武帝の来目歌は緬甸歌』『日本民族東漸史』『トマスモア「ユウトピア国」は我が日本津軽』『天孫降臨史の世界的研究』などと題しては、あたりかまわず日本＝世界同根説をまきちらした。そこにはホメーロスの『オデュッセイアー』は『平家物語』や『太平記』を下敷きにしたものだなどという、時代も何もあったものではない噴飯仮説がわんさとまじっていた。

本書の著者の長山靖生はキムタカの大胆無謀な暴挙に呆れながらも、こうしたカルト的な歴史観にとりあえずは〝空想史学〟といううまい呼称をつけている。キムタカ自身は自分の歴史観をどう見ていたかというと、大まじめに「新史学」と主張していた。

さて、話はここからなのだが、キムタカのような〝空想史学〟はキムタカだけではなかったのだ。本書は傑作といってよいほどに興味深い本であるが、冒頭から最終ページまで、こうしたキムタカまがいの捏造理論に精魂を傾けたカルト学者たちの系譜がみごとに浮き彫りにされている。

その全貌はぜひとも本書にあたって確かめられるとよいが、そこに紹介されている破天荒なキムタカたちの群像に腰を抜かさないようにしてほしい。

たとえばよく知られている例に、「ジンギスカンは義経のことだった」という説を唱えた小谷部全一郎がいる。衣川に散った義経の遺体が発見されていないというところから、そのころモンゴルの草原を疾駆しはじめたチンギス・ハーンことテムジンを義経のその後の姿と見たバカバカしい説だが、その著書『成吉思汗ハ源義経也』（富山房）には杉浦重剛が重厚な漢文の序を寄せていて、あまりにこの説が世間の話題になったため金田一京助・三宅雪嶺・鳥居龍蔵らが躍起になって反論したのに、ブームが収まらなかったほどなのである。

その小谷部全一郎は貧困に生まれながら自力で放浪して北海道に辿りつき、アイヌのコタンに身を寄せ、さらにアメリカに渡ってイェール大学を卒業、十年におよぶアメリカ滞在をへて明治三一年に帰国してからは横浜紅葉坂教会で牧師をつとめたのちに北海道洞爺湖近くに移住し、日本で初めてのアイヌ人のための実業学校を設立した人物でもあった。また、昭和に入っては『日本及日本国民之起源』（八幡書店）を書いて、のちに有名になった「日本人＝ユダヤ人同祖説」を唱えた張本人でもあった。

これがすべて小谷部全一郎ひとりの〝業績〟なのである。むろん〝共謀者〟もたくさんいた。「日本人＝ユダヤ人同祖説」では、酒井勝軍の『猶太民族の大陰謀』（内外書房）が、日本人こそはイスラエルの失われた十支族のひとつにほかならないという奇怪な説を打ち出して、日猶同祖論にいっそうの拍車をかけた。拍車をかけただけではなく、「日猶（日本とユダヤ）が同祖ならば、正しいシオニズムとは日本回帰運動である」という突飛なイデオロギーをふりまいた。

ちなみに酒井勝軍は竹内巨麿が公開した「竹内文書」の信奉者でもあって、神武以前の上代王朝（不合朝）が実在していたことも主張した。

本書に登場する〝空想史学〟は、世界に伍する日本を強調しようとして、勇み足などというよりも過剰な妄想に踏み出していったものばかりである。

この「列強に伍する日本」というグローバル・イデオロギーは、もとはといえば明治国家そのものが抱えたヴィジョンでもあり、また悲願でもあった。それが日清・日露の勝利の美酒と三国干渉などの悔しさとが混じっていくうちに、しだいに国民思想に流れこみ、そこに〝空想史学〟の兵たちが、それなら歴史をさかのぼって日本の正当性を訴えてみましょう、国民の渇望に応えてみましょうと考えたわけである。

しかし、そこに喜劇も悲劇も待っていた。史実の捏造という暴挙に歯止めがかからなくもなっていった。

たんなる個人の妄想なら、それでもよかった。そんな小説や漫画やアニメはごまんと世の中にある。しかしこの暴走は〝フィクション〟であることより〝ノンフィクション〟であることを望みすぎたため、本書の著者が指摘するように、どこかで八紘一宇の思想や関東軍のアジア政策に絡み、本書にはふれられてはいないが、ドイツやロシアから巻きおこった「黄禍論」に対する憤懣やるかたない反論の暴走機関車となっていったのだ。キムタカたちは、その後の日本に陸続とあらわれつづけていたと言わざるをえない。

いや、今日なおキムタカ現象の跡は絶たれてはいない。いま世間で議論されている歴史教科書問題から憲法問題まで、首都圏移転問題から北方領土問題まで、われわれはこれらをいったいフィクションにしているのかノンフィクションにしているのか、あらためて考えたほうがよさそうなのである。

本書は「偽史」を扱ってはいるが、一方では「歴史」そのものを扱っている。偽史と正史とは紙一重なのである。正史を拓くには偽史にも勝る矛盾と葛藤を呑みこんでいかなければならない。

第五一一夜　二〇〇二年四月四日

参照千夜

一九六夜：島崎藤村『夜明け前』　一〇八六夜：西田幾多郎『西田幾多郎哲学論集』　九九九夜：ホメーロス『オデュッセイアー』　一四二三夜：ハインツ・ゴルヴィツァー『黄禍論とは何か』

田中智学の日蓮主義から
石原莞爾の満州事変へ

寺内大吉

化城の昭和史

毎日新聞社　一九八八　中公文庫　全二巻　一九九六

昭和六（一九三一）年九月十八日、関東軍は奉天（現在の瀋陽）郊外の柳条湖の南満州鉄道の鉄路を爆破した。関東軍は、この爆破は張学良の東北軍による破壊工作だと発表すると、ただちに軍事行動に移り、翌日までに奉天・長春・営口を占領した。特務機関長の土肥原賢二大佐が奉天の臨時市長となり、部下だった甘粕正彦はハルビン出兵の口実づくりのため、奉天市内各所に爆弾を投げこんだ。

満州事変の発端である。暗黒の昭和史はもはや後戻りできなくなった。このシナリオを裏で書いたのは関東軍参謀の石原莞爾で、実行者は板垣征四郎だった。

石原莞爾は山形県鶴岡の警察官の子で、陸軍幼年学校で軍人にあこがれて育ち、のちに外交官となった東政図にアジア主義を叩きこまれるとともに熱烈な日蓮主義者となった。田中智学の国柱会に接近するなかで、その日蓮主義は過激になっていく。

田中智学は文久の日本橋の生まれで、十歳のときに日蓮宗門に出家して、しだいに当時の宗門の教義に疑問をもった。明治三四年に『宗門之維新』を書いて侵略的宗門という過激なコンセプトを提示して、一種の宗教的軍事主義と皇道ファシズムを説いた。日本は世界に先駆けて「法華経」を受容して、これを国際社会に広めるべきだというのである。日本国体学も説いて、高山樗牛や姉崎正治が支持した。大正十一年の『日本国体の研究』に「八紘一宇」を解説した。

まだ十代だった宮沢賢治は田中智学の国柱会に惹かれ、友人の保阪嘉内に息はずませながらこんな辞を書いている。「日蓮主義者。この語をあなたは好むまい。私も曾ては勿体なくも烈しく嫌ひました。但しそれは本当の日蓮主義者を見なかった為です。東京鶯谷国柱会館及『日蓮聖人の教義』『妙宗式目講義録』等は必ずあなたを感泣させるに相違ありません」。

その田中智学の三男に里見岸雄がいた。里見の『日蓮主義の新研究』はジャーナリズムにもてはやされ、石原莞爾はその里見をベルリン時代に迎えて深い仲になっていた。里見はのちに立命館大学法学部教授となり、「国体学科」を創設している。

翌昭和七年一月、上海事変がおこる。一見、複雑な事件だが、上海に日本山妙法寺の末寺にあたる妙発寺があり、そこの僧侶たちが托鉢に出て共同租界からそれた馬玉山路あたりで、タオル工場・三友実業公司の従業員に襲われたことが導火線となった。

実は仕組まれていた。三友実業が強力な抗日組織の拠点であったこと、この事件に激高した日本人青年同志会がタオル工場を襲ったこと、中国の官憲が出動して日本人を射殺したことなどは計算ずくだった。さらに海軍まで出動して事態が拡大していったのだが、それもヨミ筋に入っていた。日本人青年同志会による襲撃を指導したのは重藤千春という大尉で、日蓮主義者だった。

このシナリオは最初は板垣征四郎が書いて、上海の日本公使館武官補佐の田中隆吉が実行にあたった。粛親王（清朝王族）の第十四王女で川島浪速の養女となった「男装の麗人」川島芳子らが暗躍した。のちに、その田中を五・一五事件の青年将校の一人、山岸宏海軍中尉がアジトを襲って問責した。山岸も日蓮主義者だった。

上海事変から一ヵ月後、血盟団事件がおこる。前大蔵大臣の井上準之助が襲われた。犯人は磯崎新吉の弟、小沼正とわかったが、背景は見えない。つづいて三月、団琢磨がピストルで撃たれた。犯人は菱沼五郎と名のった。

やがてこれらのテロの背後に「一人一殺」を宣誓する血盟団なる秘密組織があることが浮上した。首謀者は井上日召である。やはり激烈な日蓮主義者だった。

日召は東洋協会専門学校を中退して明治四三（一九一〇）年に満州に渡り、満鉄の社員となりつつ参謀本部の諜報活動にかかわっていた。帰国後は国家革新運動をおこして大正十四（一九二五）年に護国聖社を結成した。血盟団は昭和七（一九三二）年に組織したばかりで、そこで小沼や菱沼らに「一人一殺」を叩きこんだ。日召はこれらのテロによって破壊が建設を生むと確信し、これを「順逆不二の法門」とよんだ。団員たちは「法華経」を唱えてテロに向かった。

一方、このころ日夜に「法華経」二十八品を読誦していた北一輝は、そのたびにおとずれる霊夢を「神仏言集」に書きつけていた。松本健一はそれを〝霊告日記〟と名付けている。昭和四年から昭和十一年の二月二八日までつづく。二・二六事件の二日後、憲兵が北を逮捕する日までである。〝霊告日記〟の帳面には「南無妙法蓮華経」の大書が、左右には明治大帝と西郷南洲の肖像が掲げられていた。

その北のところへ参謀本部ロシア班にいた橋本欣五郎が訪れて、満州の蜂起に対応して国内でクーデターをおこすべき計画をうちあける。北はこれには賛成せず、弟子にあたる西田税を推した。西田には彼が書いたともくされる「順逆不二之法門」というパンフレットがある。

北にうちあけられたクーデターは、橋本が独自に組織した桜会による三月事件、十月事件として知られている。この未遂に終わったクーデター計画は形を変えて二・二六事件になった。

このように昭和の血腥い決定的舞台からは、数々の日蓮主義者の動向が濃厚に見えてくる。このことは昭和史を学ぶ者にはよく知られていることなのだが、登場人物が宗門とのかかわりを深くもつために、たとえば「日蓮主義と昭和ファシズム」とか「法華経と北一輝と石原莞爾」といった視点を貫こうとする論文や書物はほとんど綴られてこなかった。本書はそのタブーを破ったものである。

著者の寺内大吉が浄土宗の僧侶であって、かつ作家でもあることがこのタブーを破らせたのであろう。本書でもわずかにフィクショナルなキャラクターを二、三入れて〝小説〟の体裁をとっている。しかし調べがつくかぎりにおいて、ほぼ縦横無尽に日蓮主義者と軍事思想の関係動向を追いかけた。副題もずばり「二・二六事件への道と日蓮主義者」と銘打たれた。

本書は昭和ファシズムがなぜ日蓮主義思想と結びつくかという謎をとくために、田中智学、里見岸雄、井上日召、北一輝、石原莞爾といった大物以外にも多くの人物を登場させているのだが、なかにはあまり知られていない人物が何人か出てくる。

日蓮主義は右ばかりに流行したわけではなく、左にも共鳴者をふやしたのだが、その一人に妹尾義郎がいた。本多日生との関係がある。日生は井上円了やハルトマンの影響を受けた日蓮宗妙満寺派の改革者で、顕本法華宗や天晴会を組織した。

妹尾義郎は広島で「桃太郎」などの銘酒をつくる酒屋の子に生まれた。そうとうに学業に秀でていたようだ。ただ体が悪く、一高に入るも胸の疾患で途中退学をし、故郷で回復をまって今度は上海の東亜同文書院を受験した。トップで合格した直後、また発熱してこれらの道をすべて断念している。かくて一転、仏教者として生きようと決意して千ヵ寺の廻国修行に旅立った。途中、出会ったのが岡山賀陽町の日蓮宗妙本寺の釈日研で、ここで日蓮の一種のボランティア精神ともいうべき活動の魂を受け継いだ。

そこへ田中智学の「国柱新聞」の過激な話題が入ってきて、にわかに国柱会への熱を募らせた。大阪の中平清次郎の紹介で智学を訪れるのだが、門前であしらわれる。この時期、国柱会の門を叩いた青年はそうとうに多かったが、「一人一殺」の秘密を要求するためか、門前払いも少なくなかったらしい。宮沢賢治もその一人、妹尾義郎もその一人である。

やむなく妹尾は統一閣の本多日生のもとを訪れ、ここで大日本日蓮主義青年団をおこして、機関誌「若人」を編集しはじめた。それが大正八年のことである。そのころの日生は統一的日蓮主義運動を推進しつつあった。

大正も末期に近づくと、日本の状況はそうとうに混乱する。大胆な改革や革命を叫ぶ者も多く、一方で満川亀太郎、北一輝、大川周明らの「猶存社」や「行地社」、上杉慎吉の「国本社」などが右寄りの名乗りをあげ、他方で堺利彦や大杉栄の無政府主義、安部磯雄の社会民衆党、麻生久の日本労農党などが勃興しつつあった。しかし、多くの宗教者は左と右の政治蜂起に挟撃されるような立場にあったのである。

改革の意志をもった妹尾もどちらに進むか迷っていた。結局、昭和二年に岡山で立正革新党を旗揚げして、まず政治の宗教化を謳い、ついで新興仏教青年同盟いわゆる「新興仏青」をおこした。

ここから先、妹尾の宗教思想はしだいに左傾化をするのだが、そのような妹尾に文句をつけたい日蓮主義者たちがいた。それが現代における不受不施派を標榜する「死なう団」である。西園寺公望、山室軍平、田中智学、そして妹尾義郎を抹殺リストにあげていた。

妹尾義郎と「死なう団」。

この関係は、まさに明治大正のアジア主義と昭和の興亜主義との裏側をつなぐ奇怪な糸である。「死なう団」は昭和八年夏に集団で「死のう、死のう、死のう」と叫びながら行進していったところを逮捕されたので、ジャーナリズムからはこう呼ばれているが、正式名称は日蓮会殉教青年党で、その母体は江川桜堂が創始した宗教結社である。本多日生の影響下にあった。三三歳で病死した江川のあとを追うように殉死者が続いた。妹尾が暗殺リストに入っているのは、妹尾が日生のもとにいながらここから離れて日生批判の言動をふりまいているという理由からである。

本書はその奇怪な糸をぞんぶんに手繰り寄せ、昭和の仏教にひそむ今日では考えもおよばない壮絶な苦悩を描きだしている。ここではこれ以上の紹介は遠慮しておくが、おそらくその苦悩を描けたことが本書の価値であろう。

ちなみに妹尾には全七巻におよぶ日記があって、家永三郎がこんなことを書いている。「日本の歴史上、前後に比類のない恐怖・暗黒の時期である昭和十年代を誠実に生きぬいた一知識人の、その時点に書きとめられたなまなましい記録の筆を通して、想像を絶する当時の内的・外的状況の諸様相を私たちに垣間見せる貴重な史料でもあるのであって、ひとり妹尾個人の精神生活の軌跡をたどるに役立つにとどまらない、高い価値をもつ文献である」。

それにしても日蓮をめぐる社会思想というものにはただならないものがある。昭和日蓮主義ともいうべき思想にかかわった本書に登場する人物たちの、その後の活動にも看過できないものがある。

たとえば里見岸雄は国体科学連盟を創立して美濃部達吉の天皇機関説を攻撃、さらに日本国体学会をおこして立命館大学に国体学科を創設した。戦後も憲法改正を主張して昭和三一年に「立正教団」を創設した。また、井上日召も血盟団事件で無期懲役となったのだが、その後に出獄して三木卓・四元義隆・菱沼五郎らと「ひもろぎ塾」を設立、戦後は農村地域をまわって講演活動をつづけ、昭和二九年には「護国団」を結成した。

おそらくはこれからも、現代の北一輝、平成の石原莞爾、二一世紀の妹尾義郎の輩出を妨ぐことは、きっと不可能であるとおもわれる。

ところで今夜の千夜千冊をアップロードしたあと、大谷栄一の『近代日本の日蓮主義運動』（法藏館）という大著が刊行されていることに気がついた。すぐに書店に走って取り寄せてもらった。一読、たいへんユニークで大いに考えさせられるものになっていた。田中智学と本多日生に発した「二つのN」をめぐって詳しいのである。「二つのN」とはNippon（日本）とNichiren（日蓮）のことをいう。直後に会った中村雄二郎さんにその話をしたら、「ああ、あれね。盲点をつかれたねえ」と感心していた。

［追記］その後も大谷栄一は『近代仏教という視座―戦争・アジア・社会主義』（ぺりかん社）、『日蓮主義とはなんだったのか』（講談社）など、一貫して日本の近代思想やアジア主義にひそむ日蓮主義のソート・ケミストリーを研究しつづけている。近代思想と日蓮主義の関係を知るためにも、今日の創価学会の活動の奥を知るためにも、もっと話題になるべきだ。もう一冊、佐藤哲朗の『大アジア思想活劇』（サンガ）という本も紹介しておく。

副題が「仏教が結んだ、もうひとつの近代史」で、とくにダルマパーラを通してアジアと日本をつなぐ共創思想を追っている。

第三七八夜　二〇〇一年九月十三日

参照千夜

一六八九夜：高山樗牛『瀧口入道』　九〇〇夜：宮沢賢治『銀河鉄道の夜』　三〇四夜：生島治郎『乱の王女』　九四二夜：北一輝『日本改造法案大綱』　一〇九二夜：松本健一『日本の失敗』　一一六七夜：西郷隆盛『西郷隆盛語録』　一七〇九夜：黒岩比佐子『パンとペン』　七三六夜：大杉栄『大杉栄自叙伝』　七九二夜：中村雄二郎『共通感覚論』

東亜同文会の傘は上海にもハルビンにも及んだ

芳地隆之

ハルビン学院と満洲国

新潮選書　一九九九

岡本喜八の《独立愚連隊》と増村保造の《兵隊やくざ》。こういう映画は日本列島や日本人の家庭を舞台にしては生まれなかった。大陸の地の日本人に眼を注ぐことで生まれた。似たような視点で著者はハルビン学院に焦点をおいてあの時代の満洲を書いた。あの時代というのは、ソ連がウラジオストックから満州を狙い、満州事変がおこり、日本が満州に擬似帝国を作動させ、愛新覚羅溥儀（あいしんかくらふぎ）がラストエンペラーとして動き出した、あの時代のことだ。しかしあの時代には、それなりの前史と細部もあった。本書はそこを描いた。

著者はフンボルト大学に留学しているときにちょうどベルリンの壁の崩壊を間近に目撃し、『ぼくたちは「革命」のなかにいた』（朝日新聞社）や『壁は必要だった』（新潮社）を書いて、独得の視点を披露していたロシア東欧経済研究所（現在はロシアＮＩＳ経済研究所）の研究員である。そのうちいろいろなところで顔を出すだろう。歴史のツボを描くのにあたって衒いがなく、それでいてジャーナリスティックでもない。

本書が扱っている時代と舞台は、第四三〇夜の『虹色のトロツキー』（安彦良和）、第三七八夜の『化城の昭和史』（寺内大吉）、第七〇八夜の『亜細亜新幹線』（前間孝則）などと重なっている。だいたい昭和の満州を書けば、みんな重なってくる。

ただ、ここではハルビン学院を舞台にそこに織りなす石原莞爾・甘粕正彦・板垣征四郎・溥儀、さらには学生たちを描出しながら、今日の日本になおひそむ「潜在的なグローバリズムの胎動」を問うことが主眼になっていて、とくに擬似帝国満州の陰謀と激動を描くことは狙ってはいない。それでも本書がおもしろかったのは、ハルビンという世界史上でもめずらしい満蒙多民族人工都市が抱えるバロックな表情と王道楽土の幻影の歴史がみごとに交錯していることが記述できていたからである。

ハルビン（哈爾浜）は黒竜江に注ぐ松花江の河畔に位置する大都市である（注：二〇一五年で人口五九〇万人）。一八九八年にロシアが満州を横断する東清鉄道を開設すると、交通の要衝として発展した。清朝も対外交易拠点とし、日本は満州国の建国にあわせてハルビン特別市をつくった。

日本にとってはハルビンはどんな町だったのか。ハルビン学院在学中に中村秀輔が作った「ハルビン小唄」という歌がある。

楡(にれ)のハルビン緑の都　国際列車が今日も出る
花の東京とパリーの空へ　虹のかけ橋　中どころ

ハルビンはパリと東京を結ぶ中間点だとみなされたのである。いやモスクワと東京を結ぶ中間点でもあった。少なくとも日本人にとってはハルビンこそ最も近いヨーロッパ都市であり、ロシア都市だった。しかし、そこにはフェイクの真骨頂が渦巻いた。民族の交差が逆巻いていた。明治四二(一九〇九)年、伊藤博文が安重根(アン・ジュングン)の銃弾で撃ち抜かれたのは、ここハルビンの駅頭である。

そのハルビンに大正九(一九二〇)年にロシア語専門学校ができた。後藤新平の肝入りで、最初は日露協会学校という名称だったが(初代校長・井田孝平)、満州国が成立してからは満州国立大学ハルビン学院となった。「ハルビン小唄」の中村はその七期生である。

ハルビン学院はソ連から見ればロシア語堪能(たんのう)者を輩出するスパイ養成学校であり、日本軍部や日本政府の守旧派から見れば親ソ派の温床と見えた。満鉄の初代総裁をつとめた後藤は、世間からは〝大風呂敷〟とよばれ、ときにはアカだと見られたこともある不可解だが単純な人物であるが、日本がロシア革命以降のソ連の研究を本気でやるべきだという確信だけはもっていた。後藤は、たった五十万程度のボルシェビキが一億四〇〇〇万人のスラブをぶんまわせた理由が知りたかったのだ。

そもそもロシアにはネッセリローデの次のような言葉がずっと生きている、「対アジア政策はロシアの内政なのである」。

ウラジオストックは東洋征服の象徴であり、シベリア鉄道がどこまでアジアに突き刺さるかが、長らくロシアの命題になっていた。とくにシベリア鉄道をウラジオストックに延ばすにはアムール川に沿って線路を迂回させざるをえないため、ロシアは東シベリアのチタから満州を貫通してウラジオストックに直通するルートを確保する課題を頑固にもっていた。それが東清鉄道の敷設という計画で、そのチタとウラジオストックのちょうど真ん中にハルビンがあった。日本が満州を押さえるにはハルビンにおいてこそロシアと対決する必要があった。

もうひとつ後藤がハルビンでの拠点を急ぐ理由があった。日本軍がちょうどシベリア出兵をあきらめたばかりだったのだ。大正十一年のことだ。ハルビン学院はその二年後にできた。

本書で初めて知ったのだが、最近とみに有名になった杉原千畝はハルビン学院一期生だった。大正九（一九二〇）年の入学になっている。

ハルビンはそのころすでに中国人・ロシア人・満州人・蒙古人・日本人・ヨーロッパ人が入り乱れ、ロシア正教の寺院も立ち並ぶ五〇万人を擁する過密都市だったのだが、一万人以上のユダヤ人も住んでいて、シナゴーグもできていた。杉原はロシア正教に入信してセルゲイ・パブロヴィチという洗礼名をもち、ハルビン特務機関に勤務した。その杉原がやがてどのようにユダヤ人の救済に乗り出したかは、いまやよく知られた美談になっている。

ユダヤ人救済については、もう一人、『虹色のトロツキー』（潮出版社）にもよく出てきていた安江仙弘（のりひろ）が絡んでいた。ぼくはまだその歴史的意味を充分に咀嚼（そしゃく）してはいないのだが、一九三八年にハルビンで開かれた第一回極東ユダヤ人会議ではかなり重要な役割をもっていたとおぼしい。安江はその活動に参画し、「五族協和」にユダヤ人を加えて「六族協和」を謳（うた）おうとした。

こういう経緯がしだいに見えてくると、いったい満州とは何だったのか、少なくとも満州に託した「思い」とは何だったのか、さらにさらに複雑な気分になる。そのうち、その「思い」をぼくなりに解剖してみたいとも思う。

では、もう一言。本書とは離れるが、「彷書月刊（ほうしょげっかん）」というユニークな雑誌があって、その二〇〇〇年八月号に「満州の異色学校」という特集が組まれた。内村剛介がハルビン学院について書いているほか、『虹色のトロツキー』の舞台になった建国大学、民族協和を掲げた井上忠也院長による大同学院、満鉄がつくった満州教育専門学校（教専）、ハルビンに清水三三がつくったロシア人大学の北満学院などがとりあげられた。

いずれも今日ではまったく忘れられた満州学校群である。コロニアル・スクール群である。その目的は壮大で、かつ複雑きわまりない。しかしながらぼくが知るかぎり、このような満州学校群をまとめて研究したものは皆無なのではないかと思う。

もうひとつ気になるのはやはり東亜同文会と同文書院の動向だ。これについてはごく最近になって翟新という中国人の『東亜同文会と中国』（慶応義塾大学出版会）という一冊がまとめられたが、日本にとっての東亜同文会の意味もほとんど研究されていないといってよい。この方面にも光があたってほしい。

第八〇八夜　二〇〇三年七月二日

参照千夜

四三〇夜：安彦良和『虹色のトロツキー』　第三七八夜：寺内大吉『化城の昭和史』　七〇八夜：前間孝則『亜細亜新幹線』

昭和十三年の満州に
とんでもない連中が集っていた

安彦良和

虹色のトロツキー

潮出版社　全八巻　一九九二〜一九九七　中公文庫　全八巻　二〇〇〇

どうやってこの傑作の興奮を案内しようかと思っている。細部はずいぶん忘れているだろうから、ともかくは思いつくままのところを順に書いていく。マンガである。劇画である。それも八冊の長編だ。吸い寄せられるように一気に読んだ。

作者の安彦良和(やすひこ)は『ナムジ』(徳間書店→中公文庫)で古代史と神話史の融合を試みて、その才能が話題になった。機動戦士ガンダムのキャラクターデザインも担当した。その才能が昭和史に挑んだと想像してみてほしい。

昭和史といっても最も矛盾に満ちた季節を扱っていて、満州事変、上海事変、二・二六事件、国際連盟脱退などが連続的に勃発した直後からノモンハン交戦までの一、二年に絞られる。日本が最も過剰に沸騰した時期、日本がついに舵を切りそこなった時期である。そこに、とんでもない人物たちの、とんでもない物語が展開する。絵もいいしプロットもうまいのだが、なにより構想にひそむ思想が異色だった。そのことは『虹色のトロツキー』という大胆なタイトルからも感じられるだろう。だから劇画だからといってタカはくくれない。

いったい虹色のトロツキーとは何者なのか。

舞台は満州、それに蒙古と日本。時は昭和十三（一九三八）年。満州国の首都・新京（長春）の建国大学に関東軍参謀の辻政信がスピードをあげた自動車で乗りつけ、ウムボルトという特別研修生を編入させなさいと副総長に迫るところから話が始まる。ウムボルトがどういう青年かはわからない。日本人の父とモンゴル人の母をもっているという以外、彼自身も自分についての過去の記憶がどこかで途切れている。

建国大学は満州国国務院直属の特異な大学である。この国策大学は満蒙独立計画のシナリオを上司の板垣征四郎とつくりだした石原莞爾（かんじ）が構想した。大学創設委員長に東條英機をかつぎ、総長に満州国総理の張景恵（ちょうけいけい）をおいた。これらがフィギュアヘッドであることは石原と東條が有名な犬猿の仲だったことでもわかる。石原はこの大学をアジアと日本を再生させる青雲の志士たちの孵化工場（インキュベーター）としたかった。辻政信はその石原の無鉄砲な足である。

建学の理念は石原の持論の「アジアにおける五族協和」にもとづく。だからこの大学には五族（漢・満・蒙・朝・日）の青年が集められていた。教授陣にも鮑明鈐・蘇益信らの中国開明派、朝鮮独立運動家の崔南善らが招かれた。合気道部の顧問には、かの伝説の植芝盛平もいた。出口王仁三郎が満州に連れてきた。

物語は、板垣征四郎が陸軍大臣に就任し、東條は陸軍次官として東京に戻ることになり、東條が満州での石原の動向を監視することを甘粕正彦に託すあたりから陰然と動きだす。

ある日、石原は新京大馬路の一郭にウムボルトを呼んで、ウムボルトの父親が深見圭介という名の男で、その深見がレオン・トロツキーと親しかったが、死んでしまったということを告げる。ウムボルトは父のことを知りたいとは思うものの、誰もそれ以上の本当のことを教えてくれない。石原はトロツキーを建国大学に招きたいと言う。その話を盗み聞きして甘粕に伝達する村岡小次郎がいた。井上日召の血盟団に属するテロリストである。ウムボルトは、石原がトロツキーを利用して日本と中国をソ連との戦争に巻きこむ計画をもっているのではないかと疑った。石原は、事実、内心では日中戦争をなんとか阻止して、敵をソ連に向けたい肚だった。

劇画ではふれられていないが、石原が中国との戦争を避けてソ連との戦争を選んだのは、ドイツ滞在時代に参謀総長シュリーフェンの二つの敵との同時戦闘を避けるという戦略、いわゆる「シュリーフェン・プラン」にもとづいたからだった。

やがてウムボルトの背後の歴史がおぼろげに浮上してくる。ロシア革命がおこって外蒙古が悪化する情勢となり、ウムボルトの父の深見はそこで満鉄調査部の工作員として動いていたということがわかる。

満州で張作霖が爆死したとき、新疆では主席が殺される。スターリンの陰謀らしい。深見はこれに対抗して殺された。このときトロツキーが動いたという噂がある。すでにトロツキーはスターリンによって暗殺指令の対象になっていた。関東軍はこのトロツキーがソ連から中国寄りに傾いているとみて、なんとかトロツキーを自陣に引っ張りこもうとしているらしかった。スターリンの野望が満州侵略にあるとみてのことである。そこにミリューコフという人物がかかわっている。二重スパイらしい。

こうして舞台はハルビンに、牡丹江に移る。辻政信とハルビンを訪れたウムボルトはミリューコフを探すうちに拉致され、ハバロフスクへ送られる。その途次、ウムボルトはモンゴルの抵抗軍闘士とおぼしいジャムツこと孫逸文らに奪われる。ウムボルトはしだいに日本人をも憎み、活動も満州外縁で蒙古軍、抗聯第八軍の謝文東将軍、その他の反ソ戦線と交じることが目立つようになる。つまりは馬賊の群と交じっていった。このあたり馬賊や匪賊の暗躍がページを次々に疾駆するとともに、麗花という美少女との恋も深まっていく。

そこへ川島芳子が手をのばす。牡丹江ヤマトホテル。蒙古独立運動の指導者バブチャップの息子カンジュルジャップと結婚をした〝東洋のマタハリ〟である。

作者はこうした人脈交流の組み合わせ方が、めっぽううまい。満蒙運動と日本軍の思惑とソ連の戦略とのあいだで、ウムボルトが歴史の波濤に翻弄されるように巻きこまれていくのを、巧みに描く。当然のことだが、適当に濡れ場も入れる。

舞台の速い転換もいい。そのつどの舞台に応じた人物の強調も忘れていない。たとえば日本に戻っている石原莞爾のところへ尾崎秀実を訪問させて、石原に対ソ謀略をやめさせようと提案させたりもする。尾崎はコミンテルンのスパイとしてのちに処刑されることになるのだが、このときの石原の描き方は時代を読み切っている人物として威風堂々になっている。石原と辻の描き方をまちがわなかったのが、この作品に太い幹線を走らせる成功要因になったのだろう。

話のほうはしだいに複雑怪奇をきわめるのだが、大連特務機関長の安江仙弘がウンボルトに面会にくるあたりから、急転直下、日本の逃れられない宿命に似て、しだいに暗くなっていく。この「暗さ」も作者の特質だ。

安江はトロツキー誘導計画を阻止するつもりの男で、かつ満州に五族協和をもたらすにはユダヤ人への支援を見せなければならないと思っている。安江がハルビンのユダヤ民会会長、満州亡命中の元白軍リーダーのセミョーノフ、川島浪速（川島芳子の養父）、尾崎秀実、関東軍の片倉衷（ぼくは松本清張と一緒にこの人に会いに行ったことがある）、さらには辻政信や甘粕正彦らを一堂に招いて画策する場面など、当然半ばはフィクションだが、まことにありそうな場面になっている。

安江はウムボルトを囮にして、あえてトロツキーをめぐる幻想的な包囲網を突破したいと考える（安江仙弘大佐については第六巻の巻末に、安江の子息にあたる安江弘夫が大連時代の父親の思い出について原稿を寄せている）。

その後、やっとウムボルトにわかってきたことは、かつて安江はウムボルトの父の深見と蒙古でソ連軍と戦った仲間だったということだった。そのころ日本は出口王仁三郎や植芝盛平らをつかって、蒙古の懐柔に乗り出していたのだが、ことごとく失敗していた。その硬直状況を突破しようとしたのが深見だった。関東軍はあくまで満州を奪おうという計画だったが、深見はもっと大胆なことを画策した。なんとトロツキーに臨時極東政府をつくらせて、ソ連を二つに割ってしまおうとしたというのだ。

このときちょうどトロツキーが失脚し、アルマ・アタに移される。深見は妻子を連れてトロツキーに接触しようとする。このときのアルマ・アタでの記憶が少年ウムボルトに残っていた。この少年期の断片的な場面の記憶こそ、『虹色のトロツキー』全巻を貫くフラッシュポイントになっている。ただ、そのとき父がいったい誰の命令によって殺されたのか、ウムボルトにはまだわからない。

ウムボルトは魔都上海に来る。そこで偽者のトロツキーに会う。スターリンがつくりあげた偽者らしい。どうやら深見が接触したトロツキーも本物ではなかったのかもしれない。

このようなハコビは、トロツキーによるロシア革命が実はユダヤ人組織による革命だったというスターリン的な解釈をうまくつかっていて、読ませる。安江が満州にユダヤ人国家のようなもの、すなわち満州版「イスラエル」建国を導入しようとしているというのも、当時破竹の勢いのヒトラーのユダヤ人掃討計画と対応していて、これまではあまり取り沙汰されてこなかった満州裏面史を巧みに描いた。それはともかく、事態はますます悪化する。昭和十四年五月には外蒙軍がついにノモンハンに進攻し、日本軍との交戦状態に入った。ソ連軍が後を押していた。

辻政信がすぐに山海関に飛んだ。ウムボルトも興安部隊の一員として花谷正少佐の指令でノモンハンに飛んだ。しかし、たいして強力ではないはずのソ連BT戦車の前に、関東軍は敗退する。

作者はなぜか、このノモンハン攻防をかなり詳細に描いている。たしかにこの戦闘は戦争史における歩兵時代の終焉を示していた。それだけでなく、司馬遼太郎がその一人だが、ノモンハン事件を綴ることは昭和史の叙述の最も深い一点を突くことにもなるので、多くの作家や歴史家が避けたがるのだ。ともかくも危機を脱するため、ウムボルトはウルジン将軍に救援を頼む伝令となる。日本刀をぶらさげて。

そうしたなか、ウムボルトは父を殺したのが田中隆吉であることを知る。上海事変を企てた、あの田中隆吉である。しかし時すでに遅すぎた。ウムボルトにもまたノモンハンの草原の一隅に倒れる宿命が待っていた。

だいたいはこんな話である。ウムボルトは死ぬ。もう少し話を聞きたかったというキライはあるが、それでも存分に楽しませてもらった。それにしてもよくぞ満州の舞台にトロツキーの「幻」をもってきた。結局、トロツキーは関東軍を惑わす幻想にすぎなかったのであるが、それを安彦はいみじくも「虹色」とあらわしたのだ。

ウクライナ生まれのトロツキーと、これを追い落としたグルジア生まれの靴屋スターリン。そのスターリンが満州を狙い、アムール川を越えようとする。ウムボルトの父の深見圭介はその動向を食い止めるため、カザフスタンとの国境近くの新疆でトロツキーと接触しようとしていた。その事実に着目したのが石原莞爾の建国大学の構想だったというのが、このアジアの辺境の出来事の物語の発端である。深見は満鉄調査部という設定なので、はたして満鉄がロシア分断作戦を敢行しようとしたのかどうかというのがミソになるところだが、これはぼくが知るかぎりは明白な事実ではない。

ただ、これまであまり注目されなかったノモンハンのハルハ河の悲壮な戦闘を通して、その奥にウムボルトという架空の日蒙混血児を登場させたところ、日中戦争ではなく日ソ戦争というものの危険を描いたところが、この作品のダントツの成果になった。

第四三〇夜　二〇〇一年十一月二九日

参照千夜

一三〇夜：レフ・トロツキー『裏切られた革命』　三〇四夜：生島治郎『乱の王女』　二八九夜：松本清張『砂の器』　九一四夜：司馬遼太郎『この国のかたち』

東京発北京経由ベルリン行
五族協和のアジア特急列車を走らせたい

前間孝則

亜細亜新幹線

実業之日本社　一九九四　講談社文庫　一九九八

中島みゆきが高らかにシングアウトする「地上の星」のヒットとともに、ＮＨＫの『プロジェクトＸ』が大当たりしているらしい。二、三度しか見たことがないので（セブンイレブン・南極越冬隊・ＹＳ‐11機など）、この番組がニッポンのおじさんたちの涙腺をどれほどウルウルさせているのかよくわかっていないのだが、戦後の日本再生にあたって、そこに今日ではおよびもつかないかもしれない熱意と工夫と貧しさと意志が漲っていたことは、想像するに難くない。

本書は戦後日本のプロジェクトではなく、戦前に幻となって消えた巨大プロジェクト「亜細亜新幹線」に向けての計画と着手への道程を追ったノンフィクションである。文庫本でも五〇〇ページを超える力作で、たいそうよく書けている。著者は石川島播磨で二十年にわたってジェットエンジンの開発設計にかかわり、その後はライターに転身、中島知久平のB29を上回る爆撃機設計を扱った『富嶽』(講談社文庫)や、数々の昭和の技術名人技能達人を扱った『マン・マシンの昭和伝説』(講談社文庫)などで各賞も受賞し、それこそプロジェクトXふうのノンフィクションを書いてきた。

亜細亜新幹線とは「東京発北京直行便」の超特急のことである。東京を発して東海道をへて下関から日本海海底トンネルを驀進し、そのまま北京にまで弾丸列車を貫通させようとした計画だ。もっというのなら、「東京発北京経由ベルリン行」あるいは「東京発北京・バンコック経由シンガポール行」という壮大なアジア新幹線構想だ。いったい誰がそんなことを着想し、誰がそんなことに着手できたのか。

日本の鉄道は明治の陸蒸気をスタートに、汽笛一声新橋を発車した。スティーヴンソンのロケット号から半世紀の遅れである。

この遅れを取り戻すべく、明治政府は一挙に鉄道網を拡張しはじめるのだが、財政難のため民間にも開発を委託した。私鉄主要幹線十七社が誕生し、日本の鉄道網は順調に延びた。かくて明治三九年、鉄道国有法をつくって私鉄十七社を含む国有鉄道構想が確立し、鉄道院が設立された。初代総裁には後藤新平が就いた。

このとき鉄道作業局工作課長に抜擢された男がいた。すでに〝車両の神様〟として名を上げつつあった関西鉄道の島安次郎だ。島によって日本の官鉄は未曾有の躍進を遂げていく。本書はこの島安次郎と息子の島秀雄が主人公になっている。

日本の鉄道には長きにわたる悲願があった。

狭軌から広軌への大転換である。明治の鉄道レールはイギリス人ネルソン・レーとスペイン人プレストン・ホワイトの進言によって山間部に適用力がある狭軌が採用されていた。イギリス型のスタートだった。ところがこれでは輸送力に著しい限界が生じた。明治政府で鉄道の重要性を力説したのは伊藤博文とともに大隈重信だったのだが、その大隈が「狭軌にしたのは我輩の一世一代の失策だった」と述懐したように、日本の鉄道が狭軌となったことはのちのちまで甚大な国家的損失をつくった。

そこで後藤新平がドイツ型の広軌構想をぶちあげるのだが、財政難もあって原敬が鉄道院総裁になると広軌計画は中止され、また後藤が返り咲くと広軌着手が再開し、また挫折し……というふうで、結局は大正八年に床次竹二郎総裁のとき、広軌計画は完全に反故にされてしまったのだった。

島はすでに蒸気機関車の国産化とともに、早々に広軌の導入を提案していたのだが、これでがっかりした。島は満鉄に入り、七代目満鉄総裁の早川千吉郎に重用されることになる。

こうして日本の鉄道技術は時代と主役と舞台が替わっていったのである。昭和四年に石原莞爾は「関東軍満蒙領有計画」を発表、舞台を満蒙に向けた。石原は同じ年に『戦争史大観』のもととなった講話を行い「今後の戦争は飛行機による殲滅戦争だ」と予告した。しかし、飛行機工場を満蒙に準備するにも、物資の大半は鉄道で輸送しなければならない。

昭和六年、柳条湖爆破を契機に満州事変が勃発すると、にわかに広大な満州の大平原が広がった。石原莞爾の「王道楽土」と「五族協和」を鳴り響かせるには、むしろ強力な輸送機関を作る必要があった。

ここに登場したのが昭和九年十一月に運転開始をした特急「あじあ号」だったのである。大連－新京間を最高時速一二〇キロで疾駆した。

当時の日本国内の最速が特急「燕」の九五キロだから、これは日本の鉄道史を画期する。牽引はパシナ型の流線形の蒸気機関車で、満鉄車両設計部の市原善積の開発によっていた。しかも広軌であった。

島は満鉄に未来を感じた。特急「あじあ号」は昭和十年にさらに新京を越えて松花江からハルビンまで乗り入れた。

しかし時代はさらに激変する。昭和十一年の二・二六事件以降、内閣は広田・林・近衛となって、昭和十二年の盧溝橋事件をきっかけに日中戦争の端緒が開いた。そうなると、問題は大陸への動脈だった。とくに日本軍は南下政策を主軸にしていたので、大陸における独自の輸送路の確保は焦眉(しょうび)の課題になっていた。なにしろ日本の大陸政策は昭和三年の満州某重大事件(張作霖爆死事件)以来、つねに鉄道を起爆力として回転し、迷走していったのだった。

ここから新たなプロジェクトXが始まるのである。主人公は島とその息子の島秀雄だった。島秀雄の名は鉄男たち(鉄道ファン)なら知らない者はいない。日本の蒸気機関車の名機中の名機D51(デゴイチ)の設計者である。

満州事変の時期の旅客輸送量は片道だけで約三十万人あったとされる。それが昭和十二年の盧溝橋事件の時点で約五二万人、さらに日中全面戦争に突入した昭和十四年では九十万人に膨れ上がっていた。

こういうとき近衛内閣に招かれて鉄道大臣になった中島知久平が、「日本の鉄道も揚子江の岸あたりを目標にした鉄道計画をたてるべきだ」という大風呂敷を広げた。中島については第二八三夜の『日本の飛行機王』にとりあげた。つづいて昭和十三年に、鉄道省ベルリン事務総長だった湯本昇が「中央アジア横断鉄道建設論」という異様な構想をぶち上げた。湯本はシベリア鉄道に対するに、これをドイツと組んで「防共鉄道」とする構想だったのだ。

これらの大風呂敷はおおかたの失笑を買ったにもかかわらず、鉄道技術陣からは〝ある目標〟の実現のために熱狂的に迎え入れられた。国内の狭軌を広軌に変えるチャンスがこれでやっと実現できると見られたのだ。朝鮮半島も広軌である。日本列島から朝鮮をへて中国に及ぶには国内鉄道の広軌化を実行しなければならない。

ここからの変転変遷と多様な人材の活躍の興味深い経緯を本書は詳説しているのだけれど、それを紹介する余裕はない。ごくおおざっぱにいうと、戦火の事態がノモンハン事件などをへてしだいに異常な状況に突入し、その渦中で国力をあげた鉄道幹線調査会が設けられたというふうになっていく。その特別委員会委員長に島安次郎が選ばれたのである。東海道・山陽線を抜本的にパワーアップするための対策を決定するというもので、原則は在来線の狭軌をいかすものの、可能な箇所は広軌を併用しておくという方針だった。

これはつまり新幹線計画なのである。東京－下関を九時間で貫通する弾丸列車を実現しようという計画なのだ（東京－大阪間は四時間半を計画）。そのためには日本坂トンネル、新丹那トンネル、関門トンネルなどを突貫工事する必要があった。これで鉄道技術派の腹が決まった、「トンネルや鉄橋を広軌で作り、在来線用には狭軌を併設しておけばよい」。

この新幹線計画には巨大予算が投下され、三つの巨大トンネルもほぼ完成するところまで進んだ。戦後の東海道新幹線「こだま」はこの軌道をこそ走ったのだ。

昭和十五年九月二五日、鉄道幹線調査会はついに「新幹線」計画の着工を決議した。もしこれが実現されれば、東京を午前六時二十分に出発した特急列車は九時間後に下関に到着、五十分待ち合わせの連絡船で七時間半後の深夜十一時四十分に釜山港へ、また五十分待ち合わせて朝鮮鉄道に乗り換えて京城へ。ここまでちょうど丸一日がたつ。京城から列車は黄海に沿って北上、満州との国境の安東に着く。ここで税関検査で三十分つぶし、ここからは満鉄に乗り入れる。

やがて奉天に夕方六時に到着、ここで列車は分割され、北に向かう車両は〝満州国〟の首都新京に午後九時四十分に着く。奉天から南下する列車は高新線に乗り入れ、渤海に出て遼東湾沿いに山海関に入る。ここからが中国である。税関検査でまた三十分がかかって、このあとは華北交通線に突入、いよいよ三日目の午前七時三十分に北京に到着する。こういう「ダイヤ」になるはずだった。当時の日本の大陸政策の骨格が浮き彫られていよう。

この「ダイヤ」を夢見て、さっそく巨大トンネル工事の調査と開発が進み、さらに朝鮮海峡に海底トンネルを開削する計画にも着手した。これは下関－釜山間の関釜海路が輸送力上も航行上もパンク寸前にあったためで、もしもここを海底列車がノンストップで快走することになれば、一挙に輸送力も軍事力も桁違いの効果を発揮するのが目に見えていたからだ。

かくして「亜細亜新幹線」の構想が急激に浮上し、島親子の壮絶な苦闘が始まったのである。しかし事態の展開はもっと劇的で苛烈で、もっと強引で苛酷だった。すでにアメリカから六ヵ月後の日米通商航海条約の破棄を一方的に通告されていた日本は、ついに昭和十六年十二月に真珠湾攻撃に踏み切り、東の大陸では日中戦争が泥沼化し、西の空では太平洋戦争が同時に連爆することになった。

太平洋戦争のためには飛行機を急増する。大陸には縦貫弾丸列車を敷設する。日本はこの途方もない両方の課題に無謀にも挑戦することを迫られた。いまさらながら驚くことは、この無謀な二つの巨大プロジェクトは少なくとも三分の一までが圧倒的なスピードで完遂されつつあったということである。

大陸縦貫弾丸列車のほうは昭和十七年三月には東亜交通学会が設立され、「東亜交通の一体化」「新東亜建設と日満支一体交通」といったスローガンが次々に打ち出され、ついには「大東亜縦貫鉄道計画」の図面が引かれるにまで至っていた。亜細亜新幹線はもはや夢ではなく、絶対のニーズとなってしまったのだ。

しかしこうなると、男たちの夢は異なるものに転じていかざるをえなくなっていく。

夢は使命へ、使命は責任へ、責任は勝敗へ、勝敗は苦痛へと転化していったのである。

亜細亜新幹線のその後がどうなったかについての結論は、二つある。ひとつは日本が敗戦濃厚となるにつれて中断されたということである。つまり、すべては断念されたのだ。もうひとつは、このときの計画がそのまま昭和三十年代の東海道新幹線にそっくり再生されたということである。しかし、「ひかり」や「のぞみ」に乗るわれわれは、これが亜細亜新幹線の変身した姿だとは思っていない。

第七〇八夜　二〇〇三年二月六日

参照千夜

二八三夜：渡部一英『日本の飛行機王・中島知久平』

金玉均、ボニファシオ、孫文、リカルテ、李容九、ガンジー、オッタマ、宋教仁
ボース、クルバンガリー、ピブーンソンクラーム、スカルノ、マハティール

坪内隆彦

アジア英雄伝

日本人なら知っておきたい25人の志士たち

展転社　二〇〇八

アジアが欧米の支配下におかれはじめたのは約五〇〇年前からである。アジア進出に先んじたのはポルトガルとスペインで、両国はイベリア半島におけるイスラム勢力に対する国土回復「レコンキスタ」を達成すると、大航海時代の先頭を切って海外進出をはたしていった。ヨーロッパ大陸からインド洋へ、東南アジア諸島へ、東シナ海とアジア大陸へ、南アジアからポリネシアへ、アメリカ大陸へ。

ポルトガルは一四九八年のヴァスコ・ダ・ガマのカリカット到着を皮切りに、インド総督アフォンソ・デ・アルブケルケが一五一一年にマラッカを征服して以降、東南アジア沿岸部に拠点を築いていった。スペインは一五二一年にマゼランの艦隊がフィリピン

に到達して、一五七一年にはマニラを含むフィリピン諸島を征服した。やがてこれらすべてが植民地化されていく。日本も蚕食(さんしょく)される危機を迎えていたのだが、大きく襲うには航海地理上では遠く、信長や秀吉も警戒を強めて早めにキリシタン禁制にとりくみ、植民地化を免れた。鎖国(海禁)に踏み切ったのも大きい。

ポルトガル・スペインについでオランダが東インド会社をつくって、アジア進出をはたした。一六一九年にバタヴィア(現ジャカルタ)に要塞(ようさい)を築き、その後はインドネシア全域を植民地とした。

同じく東インド会社を仕立てたイギリスは十七世紀に入ってアジア進出を敢行し、まずインドに点々と植民地を確保したのち、一八二四年にマレー半島を領有すると、続いて中国にアヘン戦争を仕掛け、一八八六年にはビルマを英領インドに併合した。

フランスはインド支配をめぐってしばらくイギリスと戦ったのち(プラッシーの戦い)、ベンガル湾から南シナ海のほうへ進出すると、メコンデルタ地域を支配し、そこをインドシナと名付けた。インドとシナの間域だからだ。ついで一八七三年にベトナムのハノイを占領すると、八四年にはグエン王朝を支配下においた。

アメリカは一八九八年に米西戦争でスペインを破ったのが大きく、スペイン統治下のフィリピンを領有した。ロシアはどうしたか。南下政策とともに北アジアに迫り、清の弱体化につけこんで満州のアムール川以北と沿海州を領有した。

アジアは次々に蹂躙（じゅうりん）されたのである。自国民族による近代化は遅れた。なかで日本が鎖国後の明治維新をもって近代化の先頭に立つことになり、そこに近代アジアの「解放」をめざす狼煙（のろし）が上げられた。孫文が共鳴し、インドのビハリ・ボースやフィリピンのアギナルドやボニファシオが呼応し、反英・反仏・反米の民族主義的な闘争ともなって、そこに日本のアジア進出（侵攻）が加わっていった。

このことを「興亜」の活動の波及だと捉（とら）える日本の一陣がいた。興亜主義者たちである。興亜主義は「大東亜主義」とも「大アジア主義」とも称された。王道楽土（皇道楽土）を旗印とした大東亜共栄圏を理想とするもので、それをもって欧米列強の脅威と蚕食からの独立と解放を獲（か）ちとろうとした。危険な理想といえばやや危険な理想であったが、この時期にしか席巻（せっけん）できない思想でもあった。

日本で興和の狼煙を最初に上げたのは、明治十年（一八七七）設立の興亜会（当初は振亜社）と一八七九年福岡に設立された玄洋社（当初は向陽社）である。興亜会は大久保利通・曾根俊虎が起草して長岡護美（もりよし）・渡辺洪基（こうき）・金子弥兵衛らが結成した反欧米・反薩長型のアジア解放促進を謳う結社で、玄洋社は平岡浩太郎・杉山茂丸・頭山満・箱田六輔・福本誠らが結成した、やはり大アジア主義を標榜（ひょうぼう）する結社になっていった。

この「興亜の波」はその後、荒尾精の漢口楽善堂、井上円了・島地黙雷・三宅雪嶺・志賀重昂らの政教社、康有為・梁啓超・孫文らの支援と「支那保全」をめざした東亜同文会、内田良平の黒龍会、大川周明・満川亀太郎・高畠素之・北一輝らの猶存社（前身は老壮会）などなどにつらなっていった。

こうした興亜思想が何を標榜しようとしたか、その骨法は初期には樽井藤吉の『大東合邦論』（一八九三）や内田良平の『日韓合邦秘史』（初稿一九〇三）に、その後は大正十年（一九二一）の満川亀太郎の『奪われたるアジア』（書肆心水）、あるいはその翌年の大川周明『復興亜細亜の諸問題』（中公文庫）などに集約されている。

本書にとりあげられたアジアの二五人は、こうした「興亜」に呼応してアジア各地で人生の活動と思想を捧げたとみなされている。いずれも日本に亡命するか、日本が設立した機関になんらかかかわった。全員が「興亜」の理想を掲げていたかどうかは疑問がのこるけれど、それでもこれだけの近代アジアの志士の略歴が列伝ふうに並ぶのはめずらしい。

著者は日本経済新聞出身のジャーナリスト兼ライターの坪内隆彦である。「月刊日本」連載の『アジアの英雄たち』をもとに充実させた。タイトルに『アジア英雄伝』とあるように、あからさまな大アジア主義称揚の視点で綴られている。冒頭に頭山興助の「推薦の辞』が飾られているのだが、この人は頭山満のお孫さんだし、あとがきには田中正明の『アジア独立への道』（展転社）からの影響を記している。田中は松井石根（陸軍大将・東京裁判で死刑）の私設秘書から近現代アジア史の著述に向かい、『パール判事の日本無罪論』（小学館文庫）、『東京裁判とは何か』（日本工業新聞社）などを書いた。

そういう一冊ではあるのだが、当時の大アジア主義にかかわった人物を点検するには浩瀚かつ便利な一冊になっている。人選が妥当かどうかは保留したい。たとえば五〇人を選べばもっと細かい立体起伏を描くことになったろう。

では、案内する。一人ひとりを詳しくは紹介できないのでかなりはしょることになるが、本書が近現代アジアの各国の志士たちの独立運動の苦闘を、どう跡付けたいのかを拾ってもらえればいい。生年順にしておいた。あやしい人物もいるが、歴史には「あやしい」と思われること自体の歴史的功績もあって、その編集と解読も、一般化しやすい「正常」についての編集や解読以上に重要なのである。

◆金玉均◆（朝鮮　一八五一〜一八九四）

十五歳のとき、アメリカのシャーマン号による平壌攻撃とフランス艦隊による江華島攻撃に出会った。そのころの貴族階級の両班はこうした対外危機に対応することなく門閥政治にあけくれ、国父の大院君は攘夷に徹していた。金玉均は実学派の朴桂寿の門に学び、二十歳のころは開化派の劉大致や呉慶錫に感化され、また駐日公使の書記官だった黄遵憲が書いた『朝鮮方策』に影響されていた。この本は「親中国・結日本・連美国」を提唱していて、ロシアを警戒していた。

一八八二年(明治十五)、副島種臣が興亜会に朝鮮視察団の魚允中を招き、金はその魚に促されて同志の徐光範とともに来日することになった。福澤諭吉が連日もてなし、井上馨・大隈重信・後藤象二郎・内田良平らと親しくなった。やがて母国朝鮮の改革の必要を思って、クーデターによる政権奪取をめざし、一八八四年十二月「両班政治の打倒、大院君の復帰、事大外交の撤廃、中国への朝貢の廃止」などをスローガンに宮邸に攻め入ろうとしたのだが、閔妃一派が清国軍に保護と支援を求めたため失敗した。参加した四三人の同志で生きのびたのは金ら九名だけだった。

日本に亡命した金は小笠原に潜伏し、そこで玄洋社の来島恒喜・的野半介に守られながら捲土重来を期すものの、その後は北海道・栃木・東京などを転々とした。二松学舎で三島中洲や岡本黄石に学んだ。なかで慶応義塾で福澤に学んだ二一歳の須永元は金に私淑するほどとなり、潜伏する日々の世話を買って出た。とくに故郷の栃木県の佐野では長く匿っている。

しかし、なんとか祖国の改革を実現したい金は、まわりが止めるのも聞かず、上海にわたって李鴻章と交渉しようとして、中国に密航した。けれども上海の東和洋行に寝泊まりしていたところを、金の動向をさぐっていた袁世凱の差し金で暗殺された。来島恒喜はのちに大隈重信の暗殺に臨んで自害した。

佐野の妙顕寺には金玉均が揮毫した扁額「開本山」が掲げられている。金の世話をした須永元が佐野の人で、その檀那寺の縁で揮毫したのであろう。

［参考］古筠記念会編『金玉均伝』上下（慶応出版社）、朝鮮民主主義人民共和国社会科学院歴史研究所編『金玉均の研究』（日本朝鮮研究所）、『朝鮮開化派選集』（平凡社東洋文庫）、姜健栄『開化派リーダーたちの日本亡命』（朱鳥社）、月脚達彦『福沢諭吉の朝鮮』（講談社選書メチエ）、呉善花『韓国併合への道』（文春新書）、角田房子『閔妃暗殺』（新潮文庫）、室井康成『事大主義』（中公新書）

◆康有為◆（中国　一八五八〜一九二七）

康有為については、もっと深く知られたほうがいい。朱九江の礼山草堂に学んで万木草堂をおこし、大同三世説を唱えて経世済民の理想社会を展望し、日本の変法（明治維新）に倣って、西太后の専制の渦中で変法自彊運動を主導した。政治思想的には孔子に依拠して公羊学を深めたが、その人格は清廉潔白で俗化を隔て、道教の五勝道を実践するようなところがあった。

本格的政治活動は一八八八年、清の光緒帝に変法を上奏したことにはじまる。かつての洋務運動の限界を指摘した。採用されて「戊戌の変法」の中心になるのだが、西太后のクーデター（戊戌の政変）によって失脚、光緒帝も幽閉されたため日本に亡命した。日本では平岡浩太郎や宮崎滔天が田野橘次（たのきつじ）や柏原文太郎に康有為の世話を任せ、井上雅二が同文会をつくって活動拠点を提供した。「同文」とは国や民族をこえて同じ言葉によって世界を考えようとすることをいう。

こうした動向に羅孝高・梁啓超らの康有為の優秀な弟子が交じりあい、一八九八年に設立された東亜会が康有為の活動を全面支援することになった。陸羯南（くがかつなん）・三宅雪嶺・福本日南・犬養毅・平山周らが力を貸し、徐勤や唐才常が仲介をはたした。徐勤は孫文が提唱した中西（ちゅうせい）学校が横浜大同学校と改称されたときに校長に就任し、唐才常は南学会をおこしている。この同文会と東亜会が合流して「東亜同文会」になったのである。かくて康有為の大同思想は日本のアジア主義の中でしだいに苛烈の度を増していった。

［参考］坂出祥伸『康有為』（集英社）、翟新『東亜同文会と中国』（慶応義塾大学出版会）、東亜同文会編『対支回顧録』上下（原書房）

◆アンドレス・ボニファシオ◆（フィリピン　一八六三〜一八九七）

フィリピンの国名は、この諸島を一五四三年に制服支配したビリャロボスが、当時のスペイン皇太子フェリペ（のちの国王フェリペ二世）に因んで名付けた「イスラス・フェリピナス諸島」（フェリペの島々）にもとづいている。フィリピン近代史はこのスペイン植民地時代に、アメリカが領有者に切り替った大変化とともに始まっている。

十九世紀半ばのフィリピンの民衆のあいだには千年王国思想による民衆運動が芽生えていた。一八三〇年代にはサン・ホセ信徒団が組織されて、七〇年代にはスペインの圧政を逃れるコロルム（Colorum）という地下活動がくりひろげられていた。また「パションン」（Pasyon）とよばれる奇蹟劇も流行していた。八〇年代、海外の大学留学体験をもつ新たな知識階級「イルストゥラード」（ilustrado）が登場し、ホセ・リサールやデル・ピラールらは民族の自覚や独立を呼びかけるプロパガンダ運動を始めた。

マニラのスラム街トンドに生まれたボニファシオは、そのうちのリサール主宰のフィリピン民族同盟に加わるのだが、リサールが流刑されたので、別して「カティプーナン」（祖国のための結社）を立ち上げた。多くのタガログ人が加わった。この結社はカトリシズムやコロルムやパションに裏打ちされていた。しばらく秘密の活動を続けていたのだが、官憲に動向が察知されて弾圧が始まると、一八九六年八月、蜂起に踏み切ったが、拙速と準備不足で失敗した。

ここからカティプーナン内部で指導者争いが生じ、エミリオ・アギナルドとボニファシオが対立して、事態は風雲急を告げる。

アギナルドは武器を日本から調達しようと試み、日本に派遣されたマリアノ・ポンセが孫文の仲介で宮崎滔天・平山周と交渉、川上操六と中村弥六が動いて、大倉喜八郎が三井物産から老朽船の布引丸を購入し武器弾薬を積み込んで出港するにまで至ったのだが、折からの台風で上海沖で難破した。

対立していた両派は、合同会議によってカティプーナンに代わる臨時革命政府を樹立した。大統領アギナルド、副大統領マリアノ・トゥリアス、総司令官アルテミオ・リカルテが選出され、ボニファシオは内務大臣にとどまった。怒りを堪えきれなくなったボニファシオはカティプーナンの復活を訴えるのだが、逮捕され処刑された。その直後の一八九八年四月、アメリカがスペインと交戦状態に入った。米西戦争である。アメリカはフィリピンを領有し、多数のタガログ人が虐殺された（約六〇万人が殺された）。

アメリカは「独立や分離を主張した者」を処罰するという扇動法、不法行為を摘発する山賊行為法、住民を強制移動させる集中移住法などを連発したため、フィリピン独立は一気に遠のいた。それでもサンミゲルやギリイエルらが新カティプーナンの設立をめざしたのだが、いずれも罠に堕ちるように消えた。

アメリカはカティプーナン精神を途絶えさせたいのである。そこでホセ・リサール（一八九六年に銃殺）を国民的英雄に祭り上げるという巧妙な画策に出た。いっとき日本に亡命していたリカルテらはこの陰謀に対して、日本からの援助を待ち望んでいた。

〔参考〕レナト・コンスタンティーノ『フィリピン民衆の歴史』（井村文化事業社）、池端雪浦『フィリピン革命とカトリシズム』（勁草書房）、永野善子『歴史と英雄』（御茶の水書房）

◆アナガーリカ・ダルマパーラ◆（セイロン　一八六四～一九三三）

セイロン（のちのスリランカ）は十六世紀初頭にポルトガルによって、十七世紀半ばにはオランダによってそれぞれ海岸部を植民地化され、一八一五年には全島がイギリスの植民地になっていた。多数を占めるシンハラ人のエリートは仏教徒であっても、子供が生まれると教会に連れていって登記させられ、聖書にちなんだ名前をつけられた。

ダルマパーラは十歳のとき、コロンボの南のパーナドゥラ村で仏教とキリスト教の公開討論を聞き、コタヘーナ寺院の住職グナーナンダの発言にいたく感動して、以降コタヘーナ寺院に通う。グナーナンダは当時勃興しつつあったブラヴァツキー夫人とオルコット大佐の神智学に共鳴していた神秘主義の色が濃い仏教僧で、ダルマパーラも一八八〇年にオルコットがセイロンを訪れたとき心を奪われた。ブラヴァツキーは「神秘主義を研究する必要はない、パーリ語で世界を考えるべきだ」と言ったが、ダルマパーラはオルコットの通訳を引き受け、シンハラ語の週刊誌「サンダレーサ」と英文誌「ブディスト・プレス」の創刊と編集に向かった。

この動きに日本で神智学に関心を寄せていた杞憂会の平井金三とセイロンにいた野口復堂（善四郎）が呼応した。オルコットの招聘を企画し、ここにダルマパーラの来日が実現した。仏教界では西本願寺派の高楠順次郎や真言宗の釈興然が応じた。これはアジア主義の動向のなかではやや特異なもので、浄土真宗と真言宗が神智学と結びついたのである。

晩年のダルマパーラは瞑想の実践に向かい、大菩提会の設立に尽くしたのだが、セイロンにおけるダンマディーパ（セイロンを仏法の島とみる）とシーハディーパ（シンハラ人の島とみる）の対立に憂慮した。この対立はいまなおスリランカの民族宗教問題としてくすぶりつづけ、しばしば武力的衝突がおこっている。

［参考］ビクシュ・サンガラクシタ『ダルマパーラの生涯』（樹昌院）、渋谷利雄「スリランカの仏教復興運動と日本」（『南アジアの民族運動と日本』アジア経済研究所）、佐藤哲朗『大アジア思想活劇』（サンガ）

◆孫文◆（中国　一八六六〜一九二五）

孫文には有名な「大アジア主義」という講演があるものの、興亜思想の持ち主だったかどうかはいまなお議論されている。広東省香山県の貧農の子に生まれ、兄のいるハワイでイオラニ中学へ、一八八二年にはオアフ大学に進み、翌年には郷里で医学校に入って医師になった。

そのころすでに清朝の体たらくに業を煮やしていたのであろう、一八九四年にハワイで「興中会」を設立して清朝打倒をめざした。けれども資金は集まらず、武器調達もままならない。このとき支援を引き受けたのが梅屋庄吉である。梅屋はのちに日活の前身M・パテー商会をつくった日本最初の映画王である。孫文の革命資金のために総額一兆円（二兆円とも）をつぎこんだ。

孫文は決起主義者であった。しかし日清戦争後の一八九五年の広州蜂起は失敗、米英をまわって日本に亡命して、陳少白の紹介で宮崎滔天や内田良平と知り合い、滔天の兄の彌蔵の理想に共鳴した。一九〇〇年の恵州蜂起も失敗した。康有為の弟子の唐才常が漢口で挙兵したのに応じたものだったが、弾薬が不足した。このとき突撃隊長を引き受けた山田良政は戦死した。

横浜・アメリカ・ヨーロッパをまわった孫文は一九〇五年に日本に戻った。滔天が、華興会を率いていた黄興を紹介し、飯田町の富士見楼で黄興・宋教仁らが中心になった孫文歓迎会が開かれ、内田の提唱で中国革命同盟会が結成された。章炳麟・蔡元培らの光復会も合流し、機関誌「民報」を創刊した。その一年後、初めて三民主義（民族・民権・民主）を公言した。一九一一年、湖北省の武昌での蜂起が成功した。各地で蜂起が連続し、ついに決起主義が稔った。

山県有朋は中国に共和国が出現するのを警戒していた。だから干渉したがった。内田は山県に「むしろ支那革命（辛亥革命）を成就させ、一方で満蒙への波及を防止して日本が満蒙を独立させるのがいい」と進言し、犬養・頭山・小川平吉・古島一雄・滔天と有隣会をおこして、山県陸軍の反革命的工作を牽制したのである。頭山は頭山で善隣同志会を組織して革命支持を表明した。

こうして一九一二年一月、孫文の辛亥革命は成就、孫文を臨時大総統とする中華民国が南京に誕生した。

孫文は国民党を組織すると、宋教仁を総理とした。ここで宣統帝の退位にともなって清朝のトップの座についた袁世凱が巻き返しをはかった。権力の拡張をしくむとともに国民党の弾圧に乗り出し、宋教仁を暗殺した。袁世凱は議会解散に踏み切り、帝政復活を画策してみずから中華帝国大皇帝を称した。孫文は袁と妥協したのがよくなかったと批判された。

各地に地方軍人が力を得て、軍閥割拠の様相を呈した。孫文はなんとか奪還をはかり、一九一七年には広州で広東軍政府をつくるのだが、うまくいかない。陳炯明とも対立、広州を追われ、また日本に亡命した。このとき同じ客家の血をひく宋慶齢と結婚した。橋渡しには梅屋庄吉がかかわったという。

世界はロシア革命と第一次世界大戦後の余波の中にいた。一九一九年一月、ヴェルサイユ条約で山東省の権益がドイツから日本に委譲されたことをめぐって、中国では民衆による抗日運動が始まった。五・四運動である。そして、これ以降、中国では共産主義やマルクス主義への共感が強くなり、陳独秀や毛沢東の「連ソ容共」「労農扶助」のイデオロギーが熱くなっていった。

孫文もこの趨勢に加担し、一九二三年にはソビエト代表のアドリフ・ヨッフェと会談をし、中国統一運動へのソ連の支援が確約されたと発表した（孫文・ヨッフェ共同宣言）。こうして翌年からは国共合作（国民党と共産党の連携）が始まった。

孫文は一九二四年に神戸高等女学校で「大アジア主義」の講演をした。王道を唱えることは仁義・道徳を主張することで、覇道を唱えるのは功利と強権を主張することであり、王道を進むことこそが大亜細亜主義の基礎であると述べ、日本人に対して「あなたがたは東洋の王道を選ぶのか、西洋の覇道に屈するのかはっきりしなさい」と加えた。中野正剛は、あれは西郷の思想そのものだったと述懐した。

その四ヵ月後、「革命いまだ成らず」の言葉をのこして、死んだ。その後の中国ははたして孫文が夢見たものだったかどうか、いまなお中国は黙したままである。

［参考］孫文『三民主義』（岩波文庫）、孫文『孫文革命文集』（岩波文庫）、陳舜臣『孫文』上下（中公文庫）、深町英夫『孫文』（岩波新書）、岡本隆司『袁世凱』（岩波新書）、横山宏章『孫文と陳独秀』（平凡社新書）、葦津珍彦『大アジア主義と頭山満』（日本教文社）、『内田良平自伝』（葦書房）、読売新聞西部本社編『梅屋庄吉と孫文』（海鳥社）

◆アルテミオ・リカルテ◆（フィリピン　一八六六〜一九四五）

フィリピンの不屈の闘士である。日本滞在も長く、横浜山下公園に「リカルテ将軍記念碑」がある。ルソン島最北端のバタックの生まれ。青年期に文学士を取得しサント・トーマス大学に入学、そのころホセ・リサールらの「イルストゥラード」が活躍していたが、かれらに倣ってスペイン留学をすることなく、民族主義教育に向かうべく小中学校の校長になり、ついでボニファシオのカティプーナンに参加した。

革命軍総司令官となり、アメリカが全土制圧をめざしていたときも特殊工作部隊でアメリカ軍中央施設に斬り込んだ。すぐさま逮捕され、九〇人の同志とともにグァム島に流刑された。アメリカに忠誠を誓えば祖国に戻れると言われたが、この懐柔策に屈せず、脱走した。カトリック僧となってマニラに潜入すると、バターン半島マリベレス山を独立のための砦（とりで）として捲土重来を期した。

アギナルドとの共闘をせず、単独で蜂起を企てるも密告で逮捕され、六年の監獄生活を強いられた。一片の紙も一冊の本も与えられなかったという。刑期をおえたリカルテにアメリカはまたまた忠誠誓書への署名を求めたが、これを拒否。即日、国外追放が決定され、香港の東北の榕樹島（ラマ島）に監禁された。無人島に近く、海賊が出入りするようなところだった。ところが見張りの兵士たちがしだいにリカルテに感心するようになり、海賊たちも親しみはじめ、その噂がアジア各地に伝わった。

インドの独立志士との連携を危惧（きぐ）した当局は身柄を上海に移し、未決監に投じたのだが、一九一五年、ここをまたしても脱出すると日本に逃れた。手引きをしたのは恋人のアゲタだった。四九歳になっていた。ビハリ・ボースや玄洋社の面々が支援するなか、瀬戸で土工に身をやつしたり、後藤新平の手配で駒場の民家に移って海外植民学校でスペイン語を教えたりして時を待った。一九二三年には横浜山下町に潜んで、「カリハン」

という小さなフィリピン・レストランを営んだ。こっそり同志たちが集まったが、本人は愛犬を連れて山下公園を散歩していた。太田兼四郎が世話をした。日本亡命は二十年にわたり、リカルテは日本文化や武士道に関心をもった。

一九三四年、アメリカ議会は十年後のフィリピン独立を承認、独立準備政府（フィリピン・コモンウェルス）が発足して、初代大統領にリカルテのかつての部下のケソンが就いた。ケソンは訪米の帰路、横浜に立ち寄ってリカルテに勲章を渡し、終身年金を申し入れ帰国を促したのだが、「星条旗がひるがえるフィリピンに戻るのはいやだ、祖国が完全に独立してから帰る」と答えた。一九四一年十二月、リカルテは太田兼四郎を副官として帰国、日本軍のマニラ入城とアメリカ軍による占領終焉を確認した。

リカルテはその後の日本軍の横暴なふるまいには失望していたが、孫のビスを日本に留学させている。

［参考］太田兼四郎『鬼哭』（フィリピン協会）、中山忠直『ボースとリカルテ』（海外植民学校校友会出版部）、寺見元恵『フィリピンの独立と日本』（彩流社）

◆李容九◆（朝鮮　一八六八～一九一二）

いまだ誤解の中にいる志士だ。韓国では日韓併合に加担した売国奴のレッテルを貼られたままで、その志操は復権されていない。李容九は日韓の対等合邦をしたいと考えていたはずなのだが……。

両班（ヤンバン）のなかでも最高位の門閥に生まれながら、東学党の二世教主の崔時亨（チェ・シヒョン）に師事、二三歳のときにはその万教帰一の宗教思想に傾倒した。閔妃（ミンピ）一派の専横に反発し、金玉均暗殺ののちの一八九四年四月、東学党が全琫準（チョン・ボンジュン）を指揮官として決起したときも、参謀格で参加していた。この東学党の乱に呼応したのが、釜山にいた大崎正吉の事務所を拠点にしていた武田範之（はんし）・吉倉汪聖（おうせい）、「二六新報」主筆の鈴木天眼（てんがん）、玄洋社の内田良平・大原義剛（よしたけ）らで、糾合して「天佑俠」を名のった。決起は失敗、全琫準は捕らえられて死刑、内田は追われ、李容九はその後の日本軍との戦闘に敗れて地下に潜った。

一八九八年、東学党への一斉検挙で崔時亨は処刑、李も逮捕ののち百日拘留された。出獄後は三世の孫秉熙（ソン・ビョンヒ）が東学党を天道教に改めたのでこれを支えようとしたが、教主が反日姿勢を強めたため、新たに進歩会をおこし、日本に亡命していた尹始炳（ユン・シビョン）の維新会と合流して「一進会」を設立した。一九〇一年に来日、樽井藤吉の『大東合邦論』に出会って日韓の対等合邦に共感した。

この動きを察知した権藤成卿は合邦後の社稷（しゃしょく）のための研究にとりくんで『自治民範』にまとめ、久留米勤皇党の流れをくむ武田範之は万教帰一を『大乗起信論』に読み、越後顕聖寺の玄道和尚について得度したのち、朝鮮半島に入って李容九が組み立てようとしていた侍天教（じてんきょう）の教義にヒントをもたらした。しかし、話はそこまでである。桂太郎内閣も山県有朋内閣も対等合邦などまったく考えていなかった。日本は日韓併合を促進させていった。

遺児がいた。名を李碩奎という。日本では大東（おおひがし）国男と名をつけられ、一進会が京城につくった光武学校の日本語教師をしていた吉田鉄心住職のもとに預けられた。その後、大磯に移り戸塚小学校に通い、立教大学をへて黒龍会の細井肇によって興亜学塾に入った。中山優・下中弥三郎らが講師をし、ビハリ・ボース、クォン・デ、クルバンガリーなどが顧問をしていた。この塾は敬天塾に発展し、渋川善助が李碩奎に共栄アジアの理念を強く植え付けた。遺児は父の名誉のための著書『李容九の生涯』を書いた。

[参考] 大東国男（李碩奎）『李容九の生涯』（時事通信社）、西尾陽太郎『李容九小伝』（葦書房）、呉知泳『東学史：朝鮮民衆運動の記録』（平凡社）、橋本健午『父は祖国を売ったか』（日本経済評論社）、樽井藤吉『大東合邦論』（大東塾出版部）、川上善兵衛『武田範之伝』（日本経済評論社）

◆マハトマ・ガンジー◆（インド　一八六九～一九四八）

詳しくは第二六六夜の『ガンジー自伝』（中公文庫）、および第一三九三夜の『ガンディーの経済学』（作品社）を読んでもらいたい。

本書ではジョン・ラスキンの経済芸術思想への共鳴、マダム・ブラヴァツキーの神智学への共鳴が紹介されているとともに、大川周明が『復興亜細亜の諸問題』でガンジー思想に強い関心を示していること、大川の猶存社にも参加していた鹿子木員信がインド独立運動にかかわったことなどが強調されている。一九四二年に「ハリジャン」紙に掲載されたガンジーの日本人に寄せた言葉がある。こういうものだ、「あなたがたは崇高な高みから帝国主義の野望まで堕ちてしまわれたのです。あなたがたはその野心の実現に失敗し、アジア解体の張本人になりはてるかもしれません」。

［参考］ガンディー『真の独立への道』（岩波文庫）、ガンディー『わたしの非暴力』（みすず書房）、『ガーンディー自叙伝』（平凡社東洋文庫）、『ガンジー自伝』（中公文庫）、ガンディー『私にとっての宗教』（新評論）、ガンディー『不可触民解放の悲願』（明石書店）、ガンディー＆タゴール『万物帰一の教育』（明治図書出版）、ガンディー『獄中からの手紙』（岩波文庫）、エリク・エリクソン『ガンディーの真理』（みすず書房）、ロベール・ドリエージュ『ガンジーの実像』（文庫クセジュ）、ヴェド・メータ『ガンディーと使徒たち』（新評論）

◆オーロビンド・ゴーシュ◆（インド　一八七二〜一九五〇）

西洋の高度な教養と深いインド哲学をあわせもつ近代インドを代表する哲人だ。ぼくはこの名を最初は鈴木大拙の本から、ついで中村元と稲垣足穂から聞かされた。のちに大川周明もぞっこんだったと知った。その「スーパーマインド」論や「インテグラル・ヨーガ」は二十世紀の「霊性」を示した。

五歳でアイルランドの尼僧が経営するロレット学園に入り、七歳でイギリスでラテン語研究のドゥルウェット牧師の家に滞在し、十二歳でセントポール校に入学、ギリシア語・ドイツ語・イギリス文学・フランス文学に親しんだ。シェリーの詩（とくに「イスラームの反乱」）が好きだったようだ。セントポール時代には「蓮華と短剣」という秘密政治集会に出入りした。十七歳でケンブリッジ大学キングスカレッジで教養の数々に浸り、一八九三年にインドに戻った。ただちに国民会議派の妥協的政策を批判し、「インド・プラカッシ」の編集にとりくんだ。同じような主張を「ケーサリー」を編集していたバール・ガンガーダル・ティラクも展開していた。

インド総督にカーゾンが就任すると、イギリスのインド支配がいっそう強まった。抵抗する者がふえてきたが、最も急進的なのがオーロビンドだった。「イギリスからの独立」を最初に表明し、タゴールの甥のスレンドラナートらと革命組織「アヌシラン・サミティ」を結成した。スレンドラナートは岡倉天心の影響も受けていた。

一九〇五年、総督カーゾンはベンガル分割案を布告した。反英意識が高いベンガル州を西のヒンドゥ圏と東のイスラム圏に分割することで、両者の勢いを削ぐ狙いだったが、オーロビンドはベンガルに移って国粋党をつくり、英語日刊紙を活用してプロパガンダを展開した。そこにやっと国民会議が「スワデーシ」（国産奨励）と「スワラージ」（自治奨励）を決議してイギリス商品のボイコットに乗り出した。ガンジーが指導力を見せはじめていた。

後期のオーロビンドは政治活動から離れ、グジャラートの州都バロダの書記やバロダ大学の学長となり、インド文化や東洋文明の解明に集中し、サンスクリットの修得からインド古典の解析に向かっていった。ラーマクリシュナとその弟子ヴィヴェカーナンダの影響が大きかった。ヴィヴェカーナンダの弟子がニヴェディータで、彼女は天心の『東洋の理想』の序文を書いている。

晩年はヨーガに傾注して、哲学雑誌「アーリヤ」を刊行しながら、ヴェーダ、バカヴァッド・ギーター、ヨーガを論じ、『神の生命』をまとめた。そこには「存在・知識・歓喜」を統合した「サッチッダーナンダ」を本性とする霊感思想が確立していた。その伝道はポール・リシャールとその妻ミラが引き取った。大川周明は来日したリシャール夫妻と昵懇になり、リシャールが『告日本国』を書くときのヒントを提供した。その後「マザー」と呼ばれたミラは、オーロビンドの思想と実践をアシュラム（道場）によって広めていった。

[参考] オーロビンド・ゴーシュ『神の生命』（文化書房博文社）、オーロビンド『スピリチュアル・エボリューション』（アルテ）、北川清仁「シュリ・オーロビンドの思想」（『印度哲学仏教学』13号）、斎藤昭俊『近代インドの宗教運動』（吉川弘文館）、森みどり『近代ヒンドゥー教の思想と運動』（天理大学おやさと研究所）、大川周明『復興亜細亜の諸問題』（中公文庫）

◆ムハンマド・イクバール◆（パキスタン　一八七七～一九三八）

独立以前のインドのウルドゥー語とペルシア語の詩人であり、ムスリムの哲人でも政治家でもあった。インドに住むムスリムがインドとは別の独立国家を建設することを謳い、このことがのちのパキスタンの誕生につながった。この提案はしばしば「アッラーマ・イクバール」と呼ばれる。

家族はパンジャーブ地方のヒンドゥ教バラモンであったが、イスラムに改宗した。地元のスコッチ・ミッション大学で語学・歴史・詩歌・宗教を修め、ラホールの大学に進んで英文学・アラビア語・美術史を修め、一九〇七年にはケンブリッジのトリニティ・カレッジとリンカーン・カレッジで文学士や法学士を取得すると、ついでは弁護士ともなって、実に多彩な才能を発揮した。最も得意としたのはウルドゥー語やペルシア語による詩作で、そこには十三世紀のルーミーのスーフィズムが称えられるとともに、ゲーテ、ニーチェ、ベルクソンのイスラーム化さえ仕組んでみせていた。

こういうところから、日本では西田幾多郎と比較されることがあるのだが、西田よりずっと詩魂に富んでいるし、政治思想にも長じていた。イクバールには「法としての独立国家」の信念があった。

［参考］ムハンマド・イクバール『ムーサーの一撃』（大同生命）、イクバール『ジブリールの翼』（大同生命）、イクバール詩集『隊商の旅立ちを告げる銅鑼の音』（花神社）、アリー・シャリーアティー『イスラーム再構築の思想』（大村書店）

◆ウー・オッタマ◆（ビルマ　一八七八〜一九三九）

かつてオッタマ僧正といえばガンジーと並び称された一徹の人である。十六歳で得度して、三度にわたって逮捕されながらも、つねにイギリスの支配からの独立を志し、反権力を貫いた。

ビルマ（現ミャンマー）の近代はイギリスに蹂躙された歴史である。一八二四年にコンバウン朝ビルマはイギリスに対してベンガル地方の割譲を要求したのだが、イギリスはこれを無視してビルマ攻撃を開始、ベンガルをあきらめさせるとともに南部のアラカンとテナセリウムを占領した（第一次英緬戦争）。一八五二年はふたたび侵攻して下ビルマを併合（第二次英緬戦争）、さらに一八八五年に上ビルマをイギリス領にした（第三次英緬戦争）。これで王朝は滅亡、英領インドの一州となったビルマは多民族社会・多宗教社会を強いられ、イギリスは分割統治がしやすくなった。

オッタマはアラカンの里で生まれ、五歳で金塔寺のラザラマ・サヤダウの仏弟子となり、十五歳のときはコルカタでインド哲学とパーリ語を学んだ。一八九八年、オックスフォード大学に入って初めてビルマ史を知った。衝撃だった。本願寺の門主となる大谷光瑞（こうずい）との出会いも大きい。祖国ビルマの運命とアジアの復興が同時代の宿命をかかえていることを交わしあった。ただ、日本が日英同盟を結んだことは解せない。

ところがその日本がロシアに勝った。不思議な思いにかられたオッタマは一九〇七年に日本を訪れ、大谷の支援をうけて龍谷（りゅうこく）大学に寄宿して、日本がどういう国かを研究しはじめた。仏教学の禿氏祐祥、アジア史の若林半とも親交を深め、大学で英語やパーリ語を教えるようになった。語学的才能がそうとうにあったようだ。関西弁も流暢になり、頭山満はその人格に惚れた。帰国後の一九一四年、『日本国伝記』を刊行した。

ビルマではラングーン大学の学生が中心になって立ち上げた青年仏教徒運動（YMBA）が広まりつつあった。オッタマはその急進派たちに接触すると、激しい反英闘争に乗り出した。急進派はYMBAの中心となり、組織名をビルマ人団体総評議会（GCBA）とし、さらに活動を展開していった。ビルマ総督は拘禁・国外追放・流刑などの弾圧をくりかえし、オッタマも一年にわたる禁錮刑になるのだが、そこで民衆が「オッタマ奪回」を叫びはじめたのである。これにはイギリス当局が驚いた。

一九二二年、出獄したオッタマはイギリスによる議員選挙をボイコットするように呼びかけた。ボイコット派は主導権を握るのだが、スワラージ党・独立党・人民党なども輩出、イギリスはこれらを巧みに扇動して分裂抗争をさせるように仕向けた。けれどもオッタマの反撃は続行された。当局はついにオッタマを逮捕して僧衣を剝奪し、三年の徒刑に処した。

ところで、在日中のオッタマを大きく支援した日本人がいた。のちに松坂屋社長になる伊藤次郎左衛門祐民だ。名古屋で「いとう呉服店」を営んでいた。オッタマが名古屋の鶴舞公園でひらかれた関西府県連合共進会を見にきたおり、帰りに呉服店に立ち寄って美しい着物に見とれていた。そこで祐民が声をかけ、二人は意気投合、オッタマがビルマの将来を担う若者たちに教育を受けさせたいと言ったことを引き受け、市内に「ビルマ園」を設けて、留学生を住まわせた。のちに「揚輝荘（ようきそう）」と呼ばれた。祐民は白金三光町にも「三光学舎」というビルマ次世代のための拠点をつくった。のちに二人はオッタマが追放されていたインドで再会し、タゴールらと親しく話をはずませた。

オッタマの死後、その遺志はタキン党の実弟シン・アリヤに受け継がれ、さらにビルマ独立をめざすアウン・サンに継承されていった（その長女がアウン・サン・スーチーで、二一世紀のミャンマーのリーダーになっている）。

［参考］穎田島一二郎『オッタマ僧正伝：ビルマ独立の父』（文松堂書店）、鈴木孝『ビルマという国』（国際ＰＨＰ研究所）、ハーヴェイ『ビルマ史』（原書房）、根本敬『ビルマ独立への道』（彩流社）、上坂冬子『揚輝荘、アジアに開いた窓』（講談社）、ＡＳＥＡＮセンター編『アジアに生きる大東亜戦争』（展転社）

◆クォン・デ◆（ベトナム　一八八一～一九五一）

ベトナムはフランスに支配されていた。一八七三年にハノイを、八三年にグエン朝（阮朝）の王都フエを占領すると、翌年にはベトナム全土を植民地化した。クォン・デはグエン朝の創始者・阮福映（グエン・フク・アイン）の直系の五代目である。王族に生まれながら、紆余（うよ）曲折のすえ祖国とアジアの解放をめざしたベトナム独立運動の父となった。途中、何度も日本の政策に失望した。

一九〇五年、日本が日露戦争に勝利するとアジア各地に有色人種の矜持が芽生えた。ベトナムにも日本を学ぶ風潮がおこり、クォン・デの盟友のファン・ボイ・チャウが日本に潜行した。チャウは勤王党に属しながら、さらに王族の参画が必要だと感じてクォン・デを党首にした維新会（のちに越南光復会）を結成していた。翌年、クォン・デもフランス当局の目を欺くため農夫や火夫に身をやつし、日本に着いた。二四歳だった。本郷森川町の寓居で頭山満・犬養毅・柏原文太郎・福島安正・根津一の庇護をうけた。

明治政府は日仏協商を結んで、フランスのベトナム支配を容認する政策に転じていた。フランスは日本に対してクォン・デらの身柄を引き渡すように求め、頭山らはそんな要求をのまないように進言するのだが、結局は国外追放するという妥協策に出た。一九〇八年五月二日、ゲアン県出身の青年チャン・ドンフーはこの仕打ちに抗議して、「日本に裏切られたベトナム人の幻滅がどんなものかを見せる」と、小石川東峰寺で首を吊って自害した。

翌年、クォン・デは日本から追放された。ベトナムに帰ることもできない。流転をくりかえしたのち、一九一六年に日本に戻り、渋谷の頭山邸に隠れながら、中村屋の相馬愛蔵が所持していた別荘に匿ってもらった。インドの志士ビハリ・ボースも同じように匿われたことは、よく知られている。

その後、興亜学院をつくっていた中村新八郎の宅に転じ、満川亀太郎や下中弥三郎（平凡社創業者）や松井石根（いわね）の援助をもらっていた。松井は如月会（きさらぎかい）の主宰者で、在日ベトナム人のための如月寮を梅ヶ丘駅前の病院全部を借りうけて提供した。約二〇人が如月寮で学習していたという。のちに陸軍大将となった松井は南京作戦に加わり、東京裁判で絞首刑とされた。

潜伏中のクォン・デを扶（たす）けていたもう一人に、猶存社（ゆうぞんしゃ）の何盛三（がもりぞう）がいた。エスペラントの普及に熱心だった何は、大東亜の理想はエスペラントで運べるのではないかと夢想していたふしがある。この考え方は大川周明にも感染した。

ところでベトナムにはカオダイ教という新宗教がある。大正末期の一九二六年にレ・バン・チュンが創唱したもので、五教（儒教・道教・仏教・キリスト教・イスラム教）を土台にしているというので「カオダイ＝高台」と名付けられた。クォン・デはレ・バン・チュンと親しく、ともに万教帰一の思想を交わしていたにちがいない。

［参考］小松清『ヴェトナム』（新潮社）、森達也『クォン・デ：もう一人のラストエンペラー』（角川文庫）、田中正明『アジア独立への道』（展転社）、高橋保編『東南アジアのナショナリズムと宗教』（アジア経済研究所）、立川京一『第二次世界大戦とフランス領インドシナ』（彩流社）

◆宋教仁◆（中国　一八八二〜一九一三）

北一輝が「彼こそは真の愛国者」と称えた宋教仁だが、わずか三二歳で袁世凱の放った刺客によって暗殺された。この時代、袁世凱の刺客によって散っていった志士は日中を通じて数多い。

湖南省の桃源県生まれ。十歳で父を失い、科挙をめざしていたが、気丈な母から「とるにたらない科挙などに志をもつな、もっと広大で深遠なるものを求めなさい」と諭され、十七歳のとき漳江書院に学び、多読・速読・深読に徹した。一九〇三年に武昌文普通学堂に入り、東京から帰ってきた黄興が近くの張之洞（ちょうしどう）の両湖書院で激越な排満革命の演説をぶつのを聴いて、民族革命の志をもった。

さっそく黄興・陳天華（ちんてんか）らと華興会を結成し、翌年には長沙（ちょうさ）での蜂起を試みるのだが、失敗した。東京に亡命したものの、反逆罪で指名手配されていたので本名を名のれなかった。日記をのこしているので足取りはつかめる。順天中学、法政大学速成科、早稲田大学留学生部予科に行っている。途中、『二十世紀之支那』を書いた。

一九〇五年、孫文がヨーロッパから日本に帰ってきた。宮崎滔天は孫文に黄興と宋教仁を紹介、ここに黄興の華興会、孫文の興中会、章炳麟・蔡元培の光復会が合流して、中国革命同盟会が結成された。いよいよなのだが、ここで宋は心身を病み、病院生活をおくる。道徳的修養がほしくなった。そこで出会ったのが王陽明の陽明学や井上円了の東洋哲学だった（井上円了は東洋大学の創始者）。

退院後、滔天のところに寄宿した。兄の民蔵が独自の社会改革の意志（土地の国有化など）をもっていることを知り、その著『人類の大権』を漢訳したくなった。フィリピンのマリアノ・ポンセの『南洋之風雲』も訳した。民蔵やポンセにくらべると孫文はやや能天気なところがあると感じた。少し距離をおくようになった。そのような宋に惚れこんだのが北一輝なのである。北も孫文の国際主義がなまぬるいと感じていた。その点、宋の愛国主義には一途（いちず）なところがあった。

一九〇七年、宋は支那浪人の古川清と馬賊工作のため満州に赴き、その土地の歴史に興味をもった。満州とは何なのか。どこまでが満州なのか。ちょうど日本の憲兵隊が間島（かんとう）を占領して、この地域が朝鮮領域であることを宣告したばかりだった。日本に戻って上野帝国図書館で朝鮮王室編纂（へんさん）の古文書を調べているうちに、間島が朝鮮の領土ではないことを知った。びっくりした宋に、平山周はそれは日本政府に教えたほうがいい、そうすれば日本はその資料を秘匿できて、清国政府が不利になる。そう教えた。ところが、宋は『間島問題』を書き、なんと清国に送付してしまったのである。

一九一一年、中国革命同盟会の武昌蜂起をトリガーに、一四州が次々に清朝からの独立を宣言した。宋は黄興こそ軍政府の中心になるべきだと思ったが、臨時大総統になったのは孫文だった。宋は孫文は袁世凱との取引をしているらしかった。内田良平が葛生能久（くずうよしひさ）を派遣して警告したけれども、遅かった。袁世凱は巻き返しをやってのけた。

孫文も国民党をつくって反撃を開始した。軍事力による対決の決断だった。宋は法制力で革命を成就すべきだと考えていた。そんなか、袁世凱は国民党切り崩しのキーパーソンに宋がいるとみて、刺客を放ち、北京行特別急行列車に乗るため改札口に急いでいたところを、狙撃させた。三二歳の挫折だった。

［参考］『宋教仁の日記』（同朋社出版）、松本英紀『宋教仁の研究』（晃洋書房）、片倉芳和『宋教仁研究』（清流出版）

◆ビハリ・ボース◆（インド　一八八六〜一九四五）

アジア主義の英雄伝には、二人のボースがいる。これは、頭山満と新宿中村屋の相馬愛蔵によって匿われ、相馬の娘の俊子と結婚して日本に帰化した「中村屋のボース」のほうだ。インド独立運動家のビハリ・ボース（ラース・ビハリー・ボース）である。一九一二年、新首都になったデリーに着任のためやってきた総督に爆弾を投げ付け、さらに一九一五年のラホールでの反乱未遂事件で追われ、日本に潜伏することになった。それからはずっと日本にいてインド独立運動にかかわった。日本のアジア主義や大アジア主義を語るに、最も象徴的な人物であろう。カレーライスの考案者でもある。

イギリス植民地下のインド・ベンガルで生まれ、政府の役人であった父が単身赴任していたので母の手で育った。シャンデンナガル（チャンダンナガル）とコルカタ（カルカッタ）の学校で学んだ。十五歳のとき一八五七年のインド大反乱について書いた『サラット・

チャンドラ』を読んで、イギリスに対する敵愾心をもった。一九〇六年に森林研究所の化学部門に勤務して爆弾製造をおぼえた。余暇にはできるだけインド各地をまわるようにした。

一九一一年、独立運動の指導者の一人モーティ・ローイと出会い、ローイの師のオーロビンド・ゴーシュの思想の洗礼をうけた。インドの伝統思想にめざめたのだ。デラドゥーンでベンガルとパンジャブの活動者たちが交わっているのを見て、その両地域の民族運動家の橋渡しをしようと決めた。革命のためのネットワーカーになり、そこに合流してきたガダル党員のヘーランバ・ラール・グプタと同志の仲になった。ガダル党とはアメリカ西海岸に留学したインド人や亡命インド人が結成した独立運動支援組織のことをいう。

ボースはローイとグプタとともに直接行動に出ることを決めた。一九一二年、デリーの総督として着任してきたハーディング卿が駅から飾りのついた象に乗り、新総督府に向かって進んでいたとき、ボースが爆弾を投げ付けた。負傷におわった。変装して逃走を続けたが、鞄をあずけていた同志のアボットが逮捕され、デリー事件の主犯であることがばれた。それでも逃げ切っていたのだが、一九一五年にラホールで反乱をおこそうとした計画が露呈して、未遂のまま四〇〇〇人が検挙されてしまった。ボースがインドにいることは不可能だった。変装してグプタとともに日本に逃げた。

まず孫文のところを訪れ、孫文が宮崎滔天を紹介し、滔天が頭山に引き合わせ、内田良平・大川周明・葛生能久・佃信夫(つくだのぶお)らと知り合った。なかで葛生と気があった。イギリスはボースとグプタの日本退去を要請してきた。政府もやむなく五日以内の退去を通達したが、二人は新聞界の有力者の黒岩周六や石川半山に不当性を訴えたため、新聞各紙が事件を報じて政府の対応を批判した。国民党の犬養毅、政友会の床次(とこなみ)竹二郎らは命令撤回を石井菊次郎外相に勧告したが、もはや撤回はむつかしい。

退去決定の前日、新宿中村屋を常連の中村弼(たすく)がぶらりと訪れた。中村進午(しんご)の兄で、かつて二六新報の編集長をしていた。話題がボース退去のことになったとき、相馬愛蔵が「かえって私のような者のところなら、どうにか匿えるんじゃないでしょうか」と言った。中村はすぐに佃信夫に伝え、佃が頭山に知らせ、ここに頭山と相馬が打ち合わせてボースを中村屋のアトリエに匿うことが決まった。グプタは大川周明宅からアメリカに逃げることにした。

その後、政府はインド人亡命者に対する退去命令を撤回した。これでボースは中村屋を出て麻布新龍土町に移った。いまの乃木坂あたりだ。移転記念の会合に愛蔵の妻黒光(こっこう)は娘の俊子を連れていった。ボースの外部との連絡役は葛生がやっていたのだが、そのほかの用事は俊子に頼むようになり、二人は結ばれた。頭山邸で結婚式がおこなわれた。一九二〇年八月、長男が生まれ、頭山が正秀と命名した。長女の哲子も生まれた。ボースは日本国籍をとる。けれども俊子は肺炎をこじらせて二八歳の若さで死んだ。

日本語が堪能になってきたボースは、満川亀太郎・渥美勝・中谷武世らと各地でアジア解放を訴えるようになった。そのとき必ず西洋の物質偏重文化を批判し、インドも日本も自身の「神性」を重んじて、文明の転換をめざすべきだと付け加えた。一九三五年には国際精神文化大学を設立した。

一九四一年十二月、日本が真珠湾を攻撃し、対米戦争が始まった。翌年、東條英機はインド独立支援を打ち出した。ボースは喜んだ。三月にボースの激励会が開かれた。その二ヵ月後、バンコクでインド独立連盟が設立され、ボースが総裁に就いた。しかしインドではボースは日本の傀儡だとみなされた。インド国民軍を創設したモハン・シン大尉は日本軍との対決姿勢を打ち出した。ボースは板挟みとなり疲労困憊する。一九四四年十月、頭山が亡くなった。ボースはそれを知ってますます衰え、翌一月二十日、脳溢血で不帰の人となった。

［参考］ビハリ・ボース口述『独立の闘争』（昭和書房）、ボース『革命のインド』（書肆心水）、相馬黒光『ラス・ビハリ・ボース覚書』（『アジア主義』所収・筑摩書房）、相馬黒光・安雄『アジアのめざめ』（東西文明社）、相沢源七『相馬黒光と中村屋サロン』（宝文堂）、中島岳志『中村屋のボース』（白水社）、ボース・中谷武世『革命亜細亜展望』（万里閣書房）

◆マヘンドラ・プラタップ◆（インド・アフガニスタン　一八八六〜一九七九）

インドの聖地ヴリンダーヴァンの藩主の子として生まれて、何不自由のない暮らしをし、夫婦で世界を漫遊もしていたのだが、一九〇八年秋、突如として地位と富に甘んじて生きることに疑問と寂寞（せきばく）を感じ、インド民族のために動いてみようと決断した。農民向け銀行を設立したり、新聞を発行したりしてみたのだが、二八歳のときに第一次世界大戦の勃発がインド独立のチャンスだと判断すると、妻子と別れてスイスに旅立ち、その後はなんと三二年にわたっての海外独行である。独特の一人民間外交だった。

ドイツでは皇帝ウィルヘルム二世にインド独立の構想を語り、ついでアフガニスタンに入った。アフガニスタンが参戦すればインドの反英運動が高まるとみたのである。国王ハビブラー汗は参戦を渋ったが、第三王子のアマヌラー汗は関心をもち、インド臨時政府をたててその大統領になった。しかし対英宣戦には応じなかった。

一九一八年、プラタップはロシアでトロツキーと、翌年はレーニンと会見、ロシア革命が何たるものかを実感した。大戦が終結するとアフガニスタンの独立が承認され、プラタップは王室顧問を引き受けた。インテリジェンスの感覚に長けていたのであろう。一九二二年、日本に飛んだ。さっそくビハリ・ボースと面会し、猶存社による歓迎会に出席し、復興亜細亜講演会にはボースとともに演壇に立った。日本の興亜陣営からは「アフガニスタンの高山彦九郎」と称された。

一九二九年、ベルリンで英文月刊誌「世界連邦」を創刊、プラタップはしだいに夢想をふくらませていった。中野正剛、全亜細亜会議の今里準太郎らとは強引な欧米主導を砕くためのアジア義勇軍を結成しようといった計画も練った。こういうプラタップに大本教の出口王仁三郎が興味をもった。二人は出会い、互いにアジアの神々の力を確信しあったという。

こうしたプラタップの途方もない動きに、日本の参謀本部が警戒するようになり、東京を離れるように仕向けた。やむなく小平に引っ越すのだが、そこでも四〇〇坪の土地を取得して世界連邦日本本部の看板を上げた。まったく退却できない男なのである。一九四六年、三十年ぶりにインドに帰国した。一九五二年にプラタップを訪ねた中村元は「時代を先駆けた人」としてその横顔を報告した。

［参考］マヘンドラ・プラタップ『愛の宗教・慈悲の言葉』（建設社）、A・M・ナイル『知られざるインド独立闘争』（風濤社）、中村元「時代を先駆けた人」（『太平洋共同体・その構想と現実』原書房）、中谷武世『昭和動乱期の回想』（泰流社）

◆マハンマド・クルバンガリー◆（トルコ・ロシア　一八九〇〜一九七二）

「トゥラニズム」（Turanism）という奇妙な民族用語がある。「ツラニズム」とも表記される。ペルシア語の中央アジアを意味するトゥラン（ツラン）を広くつかって、汎スラブ主義・汎イラン主義・汎トルコ主義などを奉じる民族主義的イデオロギーのことをいう。フィンランド言語学からの提案だった。宗教学のマックス・ミュラーなども同調していた。人類学で広く認められているのではないが、いっとき話題になった。

ウラル・アルタイ系の民族グループを総称する狙いがあったようだが、そのうちフィン人、ハンガリー人、タタール人、モンゴル人、朝鮮人、日本人も含む見方も出てきて、ユーラシア人全部を覆いそうになった。トゥラン学者のエンジア・ゴカルプはテュルク系（トルコ系）に限定する見方を示し、コーカソイドとモンゴロイドの混血民族のありかたに「芯（しん）」をもたらそうとした。プッチーニの『トゥーランドット』はカルロ・ゴッツィの原作をもとにしたオペラだが、どこかにツラニズムが流れる。

さて、第一次世界大戦で敗戦したオスマン帝国は解体し、ヴェルサイユ講和会議で領土の西をギリシアに、東をアルメニアに、南東部をクルド人に割譲し、首都イスタンブールを国際管理にすることになった。この仕打ちに対して一九二〇年にアンカラで招集された大国民会議は、ガリポリの戦いで活躍したムスタファ・ケマルを指導者として祖国回復運動を展開していった。トルコ革命である。

その成果は一九二三年のローザンヌ条約となり、エーゲ海島嶼（とうしょ）をギリシアに渡し、トルコ領内のキリスト教徒とギリシア領内のイスラム教徒を交換するという条件を獲得して、トルコ共和国の樹立にいたった。問題は南下政策をとりつづけるロシア（ソ連）による共産化の波をどうはねのけるかだった。

ウラル山地の東の寒村でイマーム（イスラム礼拝の指導者）の家に生まれたクルバンガリー

には、その生まれからしてタタール人の血とトゥラニズムが脈動していた。育った言語はバシキール語である。熱心なムスリムだった。一九一六年、二六歳でペトログラードのイスラム管長となった。ただそこで、当時の民族独立運動が民族解放や民族自決を訴えても、共産党支配が及ぶ解放や自決になりそうであることに気が付いた。むしろ反革命軍（白軍）に所属するほうが、きっと自分の生き方にはあっていると感じる。

反革命軍は革命軍（赤軍）の攻勢でしだいにシベリアのほうへ追いやられた。満州国境付近で、シベリア出兵でチタを占領していた日本軍と出会い、士官と意気投合した。一九二〇（大正九）年、日本を訪れた。帝政ロシア期の最後の大使クルペンスキーを表敬訪問したところ、日露協会の後藤新平や大隈重信を紹介され、かつて陸羯南の新聞「日本」の記者だった五百木良三、満鉄の嶋野三郎らと親しくなった。

当時の日本はイスラームへの関心が高まっていた。日露戦争時の陸軍ロシア語通訳者でもあった須田正継はバイカル湖付近でトルコ・タタール系ムスリムに接触した体験からイスラーム研究を本格化していたし、田中逸平はすでに聖地メッカを訪れていた。大川周明は『コーラン』（クルアーン）に興味をもっていた。文明史を背負っていそうなクルバンガリーに注目が集まり、興亜派は満州調査の力添えを期待した。

上野精養軒で大亜細亜協会の発会式がおこなわれたとき、ツラン会亜細亜本部が発足した。ハンガリーのバラトシ・バログ・ベネデクが白色人種の包囲網を突破するにはトゥラニズムによる総同盟が必要であると説いたためらしく、ここにクルバンガリーはツラン民族運動と大アジア主義をつなぐブリッジともくされたのである。しかし本人は日本にイスラーム組織を立ち上げることに熱心で、田中逸平らとともに東京回教団を旗揚げし、海外のムスリムに対しては雑誌「ヤニ・ヤポン・モフビリー」(新日本事情)を発刊したり、『コーラン』の翻訳に力を注いだ。翻訳完成のときは頭山満・井上哲次郎・大竹貫一、文部省の下村寿一宗教局長が参列した。

一九三六年には代々木にモスクを建てることになった。山下汽船の山下亀三郎が土地を提供し、森村財閥の森村市左衛門や三菱銀行頭取の瀬下(せじも)清らが寄付をした。翌年モスクは完成、その翌年には井上清純・林銑十郎(せんじゅうろう)・頭山・小笠原長生(ながなり)らの提唱で大日本回教協会も設立することになった。ただ、このようなプロセスでクルバンガリーの活動は、亡命タタール人とおぼしいアヤズ・イスハキから疑問が出て、活動が分裂気味になることもふえていた。イスハキはカザン系で、のちに回教圏研究所を設立する大久保幸次や有賀文八郎らが支持した。

かくしてクルバンガリーのその後はさまざまな妨害が入ることになり、モスク開堂式の一週間前の一九三八年五月、スパイ容疑で逮捕されてしまうのである。国外退去が命じられ、大連に移された。いまなおクルバンガリーについては謎が多く、適確なプロフィールが綴れない。「ツラニズム」についても、よくわからないことが多い。もっと何かを知りたい。

［参考］新井政美『トルコ近現代史』（みすず書房）、小村不二男『日本イスラーム史』（日本イスラーム友好連盟）、今岡十一郎『ツラン民族圏』（竜吟社）、野副重次『ツラン民族運動と日本の新使命』（日本公論社）、海野弘『陰謀と幻想の大アジア』（平凡社）、白柳秀湖『東洋民族論』（千倉書房）、須山卓『亜細亜民族の研究』（日本公論社）、佐々木良昭『これから50年、世界はトルコを中心に回る』（プレジデント社）

◆ベニグノ・ラモス◆（フィリピン　一八九三〜一九四五）

父はスペイン支配からの独立を志すカティプーナンの一員だった。子のラモスは中部ルソンのブラカン州で生まれ育ち、小学校の教師をへてマニラで上院事務局に勤務して、上院議長ケソンの遊説に同行するかたわら、タガログ語の詩を書いていた。一九三〇年、人生を大きく変える事件がおきた。あるアメリカ人女性教師が「フィリピン人はバナナを食う猿のようなものだ」と発言し、市内のいくつかの高校の生徒達が同盟休校をし、世論に火がついたのだ。

ケソンは沈静化にのりだしたのだが、ラモスにはそのアメリカに阿る姿勢が許せなかった。マニラのスラム街トンドで週刊新聞「サクダル」（告発）を発刊、民族主義を基調に論戦を広げていった。最高発行部数は七万五〇〇〇部に達した。一九三三年、ラモスはサクダリスタ党を結成、①人頭税を含む政府税の廃止、②行政改革の断行と高級役人の給与の削減、③大地主の土地を小作人に分配する、④全学校で英語に代えてタガログ語の教育をする、⑤フィリピンの完全独立の要求、の五項目を綱領とした。

アメリカとフィリピン政府はラモスを警戒した。一九三四年、ラモスはアルテミオ・リカルテを通してなにやら準備すると、家族とサクダリスタ党首チオンコを伴って日本に向かった。しかし横浜に入港したラモスは共産主義者として扱われ、日本の官憲に拘束された。リカルテと頭山が手を回して、このときの危機を解いた。大日本生産党の八幡博堂や愛国政治同盟の小池四郎も支援にのりだした。松本楼でのラモス歓迎会には津久井龍雄・宮崎龍介（滔天の長男）ら五〇名近くが集まった。外務省は小池との結び付きに神経を尖(とが)らせた。アメリカからの圧力があったと思われる。

ラモスは「フリー・フィリピーノズ」という新聞を日本で印刷して、マニラで配布した。アメリカからの絶対独立を叫びつづけたのだ。これで事態は悪化した。外務省はアメリカが計画していたケソン政権による自立路線に同調していたので、ラモスを認めていないという立場を表明した。そのためこれ以降、ラモスには共産主義者とか狂信者とか売国奴といった陥落作戦のためのレッテルが数多く付けられた。

一九三八年六月、今度はケソンが訪日してみずからラモスを宥(なだ)め制するというふうになった。横浜港停泊中の船内で二人は面談したのだが、どんな取り決めがされたかはまったくわからない。八月、ラモスはフィリピンに帰っていった。サクダリスタ党をガナップ党に改め、「日本がフィリピンを攻略する気だ」という排日的アピールをするようになった（ケソンとの密約か）。これで今度は日本軍がこれを制止に入った。ケソンはあわててラモスを反乱罪で十五年の禁錮刑とし、マニラのビリビッド監獄に押しこめ、四一年にはバターン半島のマリベレスの監獄に移した。

一九四二年、日本軍のフィリピン上陸がなされると、ラモスは結果的に解放され、ガナップ党は対日協力部隊として機能するようになった。このあたりがいまなお売国奴扱いされている理由なのだろう。ラモスと日本とアメリカをどう見るかということは、フィリピンを舞台に今日なお論議されている。

［参考］犬塚惟重「熱血男子ラモス」（『比島戦記』日比慰霊会）、後藤乾一『国際主義の系譜』（早稲田大学出版部）、大日本生産党編『明治・大正・昭和にわたる本流ナショナリズムの証言』（原書房）

◆チャンドラ・ボース◆（インド　一八九七〜一九四五）

生涯を「ネタジ」（ネタージ＝指導者）としてインド独立と反英に徹した。そのためなら誰とでも組むマキャベリストとも言われた。日本軍がビルマ侵攻からインドに迫っていったとき、インド側で日本と組んで共にイギリスと戦おうとしたせいである。ボースは国民会議左派で、長期にわたったイギリスの民地主義を撤廃するには日本の力を借りるほうが有効だと判断したのだった。そこでインド国民軍を組織、仮政府をつくって首班ともなった。インパール作戦では日本軍とともにイギリス軍と闘った。

マキャベリストなのだろうか。そうでもあろうが、アジア主義の動向では、それはまさに誰もが模索していたことだった。

スバス・チャンドラ・ボースは西ベンガルのコルカタ（カルカッタ）で、カースト最上層のバラモン一族の弁護士の六男として育った。中学校校長の影響で宗教活動と社会奉仕をつなげる仕事に関心をもち、大学ではスワミ・ヴィヴェカーナンダの教えに傾倒した。ヴィヴェカーナンダはラーマクリシュナの後継者で、シャンカラ系統の古代ヴェーダンタ哲学（不二一元論）を踏襲して、当時のヒンドゥ教改革運動の頂点にいた。社会活動にも積極的で、ネオ・ヒンドゥイズムともネオ・ヴェーダンタとも呼ばれ、総じては「ベンガル・ルネサンス」の中心人物になっていた。岡倉天心も会いに行っている。

ケンブリッジ大学で学んだボースは、インド高等文官の試験に合格した。そこに著名な弁護士チタ・ランジャン・ダスがベンガル分割統治に抗議して、ガンジーとともに不服従運動を提唱、全財産を運動資金に投じた。このダスの決断に心を揺さぶられたボースは、文官登用書類へのサインを拒否し、インド独立運動に身を捧げることにした。ダスもその熱意を買って国民会議派ベンガル支部の広報主任に抜擢した。

一九二一年冬、イギリス皇太子がインドを訪れた。国民会議の義勇隊はボイコットを展開、皇太子は歓待をうけることなく無人の町を視察した。義勇隊の隊長だったボース

上はインドの詩人タゴールを囲む中村屋の人々。左よりビハリ・ボース、長男正秀、相馬黒光、タゴール、相馬愛蔵、長女哲子（昭和初め）〈写真提供：(株) 中村屋〉。下はインド国民会議で対立していたガンジー（左端）と談笑するチャンドラ・ボース。右端はインドのビスマルクことパテール（1938年）〈写真：ゲッティイメージズ〉。

は即刻逮捕され六ヵ月の禁錮刑を申し渡された。一方、ダスはスワラージ党をおこし、コルカタ市長になり、獄中のボースを首席行政官に就かせた。この動きに警戒したイギリス当局はスワラージ運動を弾圧すると、ボースをビルマのマンダレー監獄に移した。劣悪な環境に耐えていたとき、ダスが急死した。ボースは激しい獄中闘争を始め、二週間のハンストを決行した。ボースは生涯一一回の投獄を経験するのだが、そのたび不屈の反撃にとりくんだ。

そんなボースは非暴力主義のガンジーとは異なる活動方針をとるようになっていく。ガンジーは会議派の分裂を避けるためにボースを議長に推すのだが、一九三九年の年次大会で対立は表面化した。ボースは議長を辞任、ドイツがパリを陥落した情勢を見て、ここはイギリスの力が弱まる時だろうからと、ベルリンに潜入、対イギリス作戦を練ろうとするのだが、ドイツのインドへの関心は薄かった。こうして日本との共闘に期待が向いていった。

一九四一年十月、大本営参謀本部はボースの動向と人脈をさぐるように、ドイツ駐在の武官補佐官の山本敏に調査を命じた。山本は大島浩大使とボースに会い、首実検をする。すばらしい人格と闘志の持ち主であることを知り、以降の相互協力を約束しあった。来日したボースは頭山をはじめ、多くの要人と交流し、ビハリ・ボースもチャンドラ・ボースに次世代の指導者（ネタジ）を期待した。

ちょうどその前後、大本営参謀の藤原岩市陸軍少佐はマレー半島での戦闘にイギリス軍によって駆り出されたインド兵の投降工作をするべく「F機関」（藤原機関）を用意していた。工作メンバーには、大川周明が所長をしていた東亜経済調査局付属研究所（大川塾）の出身者が加わった。

日本軍はマレー半島を南下中だった。そこにイギリス軍の一大隊が孤立しているという情報が入った。大隊は大隊長をのぞいてすべてインド兵だった。藤原は単身のりこむと二〇〇名の投降を決めさせた。その中の一人モハン・シン大尉は一九四一年十二月にインド国民軍を主導した。このあとF機関は陸軍大佐の岩畔豪雄（いわくろひでお）を機関長とする「岩畔機関」に、さらに二年後には山本敏大佐による「光機関」に発展し、規模を大きくしていった。

これで日本軍とボースの考えるインド軍とが大同できるはずだったのだが、事態はそう容易には進まなかった。東條英機が賛成しなかったことがネックのようだが、実際には共に戦うことになったインパール作戦が失敗したことが大きい。

一九四五年八月、サイゴンで日本の敗戦を知ったボースはそれでもインド独立運動の継続をソ連との交渉に求め、寺内寿一総司令官に飛行機の手配を要請した。参謀本部は拒否しろと言ってきたが、寺内は「最後の望みを聞いてやろう」と手配をした。飛行機はサイゴンを飛び立ち、ツーラン（ダナン）に着き、翌日は台北松山飛行場に到着、次に飛び立とうとして墜落炎上した。ボースの意欲は成就しなかったのである。二二年後の一九六八年、一九四三年十月にボースがインド仮政府を樹立して英米に宣戦布告したのを記念して、福岡の刀匠の磯野七平がボースに贈った軍刀が発見された。その箱には頭山が「破邪顕正」と認めていた。

［参考］『ネタジと日本人』（スバス・チャンドラ・ボース・アカデミー）、長崎暢子『インド独立』（朝日新聞社）、森本達雄『インド独立史』（中公新書）、坪内隆彦『岡倉天心の思想探訪』（勁草書房）、藤原岩市『留魂録』（振学出版）、山田勲『白い航跡』（文芸社）、『南・F機関関係者談話記録』（アジア経済研究所）

◆プレーク・ピブーンソンクラーム◆（タイ　一八九七〜一九六四）

タイはアジア諸国のなかで、日本とともに近世近代を通してなんとか自立国家を維持できた国である。けれども欧米の経済的支配は尋常ではなかった。タイの場合、それは石油にあらわれた。ロイヤルダッチ・シェル系のアジア石油とロックフェラー系のスタンダード石油がタイの石油利権を握っていた。これに石油統制法をもって闘いを挑んだのが、首相着任早々のプレーク・ピブーンソンクラームだった。タイ経済が英米支配に冒されていることを打開したかった。

ピブーンソンクラームは日本ではしばしばピブーンと略記されるが、これは本名（欽錫名）の一部だから、こんなふうに切り離せない。ただし長いのでここでは本書同様にピブーンとしたままにする。

陸軍士官学校や参謀学校の出身で、一九二四年から三年間のフランス留学でいろいろの空気を吸った。二七年にカルチェラタンの小路ソムラール街の店で、ピブーン、パノムヨン、パモンモントリーら七人の同志が結束を誓った。帰国後、人民党が誕生し、一九三二年に立憲革命のシナリオを書き、これを決行。一部親王が反対クーデターをおこしたが、王族・軍隊・警察要人の身柄を拘束して、ラーマ七世国王に立憲君主制の受諾を了承させ、翌日、第一回人民代表議会を招集した。国王とのパイプのため穏健派のマノーが初代首相になった。

タイには国王もいて、国体もある。そのうえでチャート（民族）が成り立ってきた。ピブーンはチャートを重視し、それが人民主権であることをつねに留意した。一九三九年六月二四日に民主体制を確立したことをもって「チャートの日」と定めた。このとき国名も「シャム」から「タイ」に変わった。同時に、ピブーンは「ラッタニヨム」（国家や国民信条の基準）を制定した。タイ人はタイ語を尊重し、タイ語の使用に誇りをもつと定めたのだ。実はピブーンは英米の経済支配とともに華僑（かきょう）による経済文化の専横も一掃したかったのである。

一九三九年九月、ヨーロッパで第二次世界大戦が始まると、タイはすぐさま中立を宣言した。翌年六月、英仏日それぞれと相互不可侵条約を締結、これでおさまるかと見えたのだが、わずか半月後、フランスがドイツに敗れ、九月に日独伊三国同盟が調印された。さあ、ここでどうするか。ピブーンはイギリスと日本を両天秤（てんびん）にかけるかどうか、迷っていた。イギリスの極東代表ダブ・クーパーがシンガポールに入った前後から、英米のタイ抱き込み政策が巧妙になってきた。

一九四一年、日本は対米英開戦に踏み切り、真珠湾攻撃と同時にビルマ・マレー攻略のためタイ領土内に進軍した。日本軍の通過を認めるかどうか、ピブーンは日本の反欧米主義に興奮しながらも少し迷って坪上貞二大使との交渉を受けた。三〇分間の猶予しかなかった。結局日本の圧力に屈した。こうしてタイは対日協力に舵（かじ）をとり、同盟条約を結んだ。四二年一月二五日、ピブーンは米英両国に宣戦布告する。親日路線はルアン・シンが仕切った。

ピブーンは日本と組みたかったのではない。だから戦時中も日本にあからさまな協力をしなかった。けれども戦争協力はした。そのため戦後もしばらく慎重なままでいたが、一九四七年の軍部クーデターを背景にふたたび政権に復帰、親米反共路線のタイづくりに徹した。一九五四年にはＳＥＡＴＯ（東南アジア条約機構）に加わった。ただ周辺がしだいに金権体質になって、政党も乱立、政情は安定しなくなった。一九五七年サリット将軍を中心にクーデターがおこり、ピブーンははじめアメリカに、のちに日本に亡命した。このときピブーンを導いたのは大東亜戦争期のタイ駐屯軍の司令官だった中村明人だった。ピブーンは一九六四年、相模原で亡くなった。

［参考］村嶋英治『ピブーン：独立タイ王国の立憲革命』（岩波書店・現代アジアの肖像9）、中村明人『ほとけの司令官』（日本週報社）、末廣昭『タイ：開発と民主主義』（岩波新書）

◆スカルノ＝ブン・カルノ◆（インドネシア　一九〇一〜一九七〇）

芝に萬年山青松寺という寺がある。いっとき近くに住んでいたぼくはそのあたりを二、三度散策し、住職と言葉を交わしたりした。山門を入ってしばらくすると大きな石碑がある。「市来龍夫(イチキタツオ)君と吉住留五郎君へ　独立は一民族のものならず　全人類のものなり　一九五八年二月十五日　東京にて　スカルノ」とある。国父、建国の父、ブン・カルノ（カルノ兄さん）と親しまれ、第三世界のリーダーとしても、また独裁者としてカリスマとして君臨したスカルノらしい碑だ。

市来と吉住はともに若くしてジャワに渡り、市来は一九三六年からジャカルタの日蘭商業新聞に勤務したあと陸軍の宣伝班としてジャワ派遣軍に加わり戦死した。吉住はやはり新聞記者として市来と知り合い、海軍武官府で民族主義運動工作に従事して戦病死した。

スカルノの日本贔屓(びいき)は一九四二年七月に今村均(ひとし)中将のことを知ってからのことであるらしい。今村率いるジャワ派遣軍第一六軍が敵前上陸し、二倍以上の兵力を擁するオランダ軍（蘭印連合軍）をわずか九日で降伏させた話は、当時四一歳だったスカルノを感動させたようだ。のちに「将軍イマムラは本物のサムライだった」と述べた。実際の今村は「日本とインドネシアの同祖同族、共存共栄、同一家族・同胞主義」を声高にしたため解任され、ラバウル作戦やガダルカナル撤退の指揮にまわされていた。

スカルノはきわめて独創的な政治家だった。東ジャワのスラバヤでムスリムの父とヒンドゥ教徒の母のもとに生まれ、最初から宗教と民族の多様性を身につけていた。バンドン工科大学を卒業して技術者になったが、二十歳のときにマルハエンという貧しい農民からインスピレーションを得て、のちに「マルハエニズム」と称した理想をもった。そこで一九二七年にはインドネシア国民同盟（のちに国民党）を結成、たちまち勢力を拡大してリーダーとして知られた。

当時の宗主国のオランダはそうしたスカルノの力を嫌い、二九年に逮捕、一年三ヵ月の獄中生活を強いた。出所すると国民党は崩れていたので、インドネシア党（パルティンド）に合流するのだが、たちまち頭角をあらわし党首となった。カリスマ性が高かったのだろう。オランダ政府はまたまた理由をつけて投獄し、一九三三年にはスマトラ島ベンクルに流刑させた。それが日本軍のオランダ領東インド侵攻まで続いたのである。

スカルノは着々と独立の準備をする。一九四五年八月の独立宣言には「パンチャシラ」（五つの柱）とよばれた憲法前文が提示された。そこには東洋精神にもとづく「ゴトン・

ロヨン」(gotong royong) すなわち相互扶助の文明観と、かのマルハエニズム(自国伝統技術の尊重)が生きていた。

一九五五年のバンドン会議(アジア・アフリカ会議)がスカルノの輝かしい国際デビューである。インドのネルー、中国の周恩来、エジプトのナセル、ガーナのエンクルマ、ビルマのウー・ヌーらが顔を揃えた。スカルノは第三世界のリーダーとなったのである。当時、ぼくの父はこの顔触れをとても自慢していた。ぼくも長らく政治家といえばこの顔触れが真っ先に浮かぶようになっていた(それにくらべるとドゴールやアイゼンハウワーやケネディは苦手だった)。

その後、スカルノは「指導された民主主義」を打ち出し、民族主義(nasional)、宗教(agama)、共産主義(komunis)を合体させた「ナサコム」を提案、政治団体の大同団結を訴えた。これらは反対派からは「左寄り」あるいは「過度の中国寄り」とみなされたが、いっこうに平気だった。マレーシアがイギリス主導の秩序形成に走りはじめたのも批判し、そのマレーシアが安保理の非常任理事国に選出されると、「これは植民地主義の第二の工作だ」と言って、一九六五年一月にさっさと国連を脱退してしまった。

そのあとも独創をきわめた。第二の国連開設を視野に新興国会議構想をぶち上げ、世界銀行とＩＭＦ(国際通貨基金)からの脱退も通告し、「文化におけるアメリカ主義を粉砕せよ」と叫んで、「ジャカルタ―北京―プノンペン―ハノイ―平壌」という反帝国主義的な枢軸の構築を提唱したのである。

イギリスもアメリカも黙っていられない。マクミラン、ケネディ、およびCIAはスカルノ潰し(つぶ)を画策した。本書が紹介しているポール・ラシュマーとジェームス・オリバーの『イギリスの秘密宣伝工作戦争』によると、イギリス外務省の宣伝工作員ノーマン・レダウェイがイギリス外務省・MI6・アメリカ国務省・CIAで結成された混成チームによって、あらゆる手段でスカルノ失脚を画策したという。折から中国は核実験を成功させ、毛沢東はスカルノにインドネシアの核保有を援助するとスピーチした数時間後の一九六五年九月三十日、スハルトを中心とした右派軍人のクーデターによって、スカルノは一挙にいっさいを失ってしまうのである。この「九月三十日事件」のことはいまだに肝腎なところが謎に包まれている。

かくしてスカルノは失意のまま生涯を了(お)える。艶福家(えんぷくか)ではあった。三人の大統領夫人と六人の夫人がいた。第三夫人がラトナ・サリ・デヴィで、日本で見初めた美しい根本七保子(なおこ)、つまりデヴィ夫人である。

〔参考〕スカルノ『わが革命の再発見』(理論社)、白石隆『スカルノとスハルト』(岩波書店)、後藤乾一・山崎巧『スカルノ：インドネシア「建国の父」と日本』(吉川弘文館)、土屋健治「スカルノ」(『英雄たちのアジア』JICC出版局)、板垣與一『アジアとの対話』(論創社)、永積昭『インドネシア民族意識の形成』(東京大学出版会)、土屋健治『インドネシア民族主義研究』(創文社)

◆モハマッド・ハッタ◆（インドネシア　一九〇二〜一九八〇）

西スマトラのブキティンギには世界最大の母系社会を形成するというミナンカバウ族がいる。ハッタはその出身だ。そのためか、初代副大統領としてスカルノと組んでインドネシアの戦後社会を支えたのだが、だから一九八五年に開港したジャカルタ郊外のタングランの国際空港はスカルノハッタ空港と名付けられたのだが、さまざまな点でスカルノには批判的だった。

幼児のころからコーランに親しみ、首都バタヴィア（現ジャカルタ）のオランダ語教育の中学に学び、商業高校をへてオランダ・ロッテルダム商科大学で実務を習得した。大学では先住民留学生の学生団体インドネシア協会に所属して、そこにいたタン・マラッカやスマウンらがコミュニズムに傾倒していたこともあって、しだいに政治運動に関心をもった。

一九二六年、ハッタはインドネシア協会の会長となり、パリの東方文化協会などと連携しつつ、アジア民族連合の構想をもつようになった。そんなときコミュニストたちがジャワで蜂起してしくじった。ハッタはスマウンとともに共産系の民族独立運動のイニシアティブを協会に委譲させることをしくむのだが、これはソ連のコミンテルンから批判された。

こんなふうにハッタの政治運動は多分に「赤寄り」だったのだが、そこにオランダからの締め付けや逮捕や拘留があったため、しだいに反帝ヨーロッパ的で民族主義的な政治活動に惹かれるようになり、そこでスカルノの台頭と出会うのである。日本との交流は一九三三年の来日の折、下中弥三郎の大亜細亜協会と交わり、その事務局長の中谷武世に兄事した。ビハリ・ボースとも会い、ボースの奨めもあって日本インドネシア協会も誕生した。ボースが議長、ハッタが会長、下中が副会長になった。

そんなハッタを日本では「蘭印のガンジー」と呼んでいた。しかし、日本とインドネシアの関係はなかなか微妙なままなのである。オランダが絡んでいるからだ。日本にとってのオランダは江戸時代このかたの友好国で、インドネシアはアジア解放を軍事的になしとげたい対象のひとつだった。ハッタはその狭間で大胆な活動ができなくなっていく。そこにタムリン事件がおこった。反蘭親日のタムリンが変死した。もはやハッタがあからさまな親日の立場をとることは危険になってきたのだ。実際にも本書にはハッタ暗殺の陰謀がいくつかあったことが示されている。

独立後のインドネシアはスカルノとの二人三脚になるのだが、最初にも述べたようにそこには溝や隙間があった。いま、ハッタを語る日本人はほとんどいない。

［参考］モハマッド・ハッタ『ハッタ回想録』（めこん）、アフマッド・スバルジョ『インドネシアの独立と革命』（龍渓書舎）、谷川栄彦『東南アジア民族解放運動史』（勁草書房）、深田祐介『黎明の世紀』（文藝春秋）

◆アウン・サン◆（ビルマ　一九一五～一九四七）

わずか三二歳の生涯ながら「ビルマ建国の父」と慕われたアウン・サンと日本との関係は、一方で異様に熱く、他方で何かが埋めがたく冷たい。そこに日本の大アジア主義の限界と矛盾が見える。オッタマ時代とは状況が異なっている。

アウン・サンは独立運動家の父のもと、八歳でナッマウの寺院学校に入り、十三歳でマグウェーの民族学校でビルマ史やビルマ文学に親しんだ。一九三二年、名門ラングーン大学に進むと、英文学・政治学・近代史を専攻し、ギリシア哲学とマルクスを愛読した。かなりの読書家だったようだ。その一方で学生運動にのめりこみ、一九三五年にビルマ統治法が制定されてビルマがインドから分離されると、全ビルマ学生同盟（ＡＢＦＳＵ）が結成され、民族主義運動のリーダー格になっていた。

一九三八年、のちに首相となるウー・ヌーとともにタキン党に入党した。ラングーン大学で英語科の翻訳助手をしていたタキン・バ・タウンらが結成した民族主義団体である。タキン党は油田労働者のストライキを支援、デモ行進をもって反英闘争を盛り上げて、ついにビルマ政庁を包囲した。ただちに当局は一斉逮捕にのりだし、アウン・サンも検挙された。

そのころ、日本はビルマに強い軍事的な関心をもっていた。中国の国民党のロジスティックス（物資輸送路）の「援蔣（えんしょう）ルート」に、一九三九年一月にビルマ・ルートが開通したのだが、日本はこれをなんとしても遮断したかったのである。

ビルマに入っていた海軍予備役の国分正三大尉、ラングーン在住の鈴木司医師、日本山妙法寺の僧侶永井行慈、上海興亜院の杉井満、満鉄調査局の水谷伊那雄たちは、それぞれでビルマの民族主義者との接触を急いでいた。そのなかで、陸軍将校の鈴木敬司がタキン党のティン・マウンに接触できた。さっそく来日させて詳しい情報をとっていくと、アウン・サンらが同志のラミ・ヤンとともにアモイに潜伏しているらしい。鈴木は二人をひそかに日本に誘導した。一九四〇年十一月のことである。

こうして秘密の大作戦が組み立てられていく。アウン・サンは人目を忍ぶ拠点を浜名湖・館山・東京某所というふうに移動させられた。大本営はビルマ工作機関として「南機関」を発足させ、鈴木が機関長になった。陸軍海軍の精鋭、中野学校の出身者、民間人が選出され、極秘チームづくりが始まった。一九四一年二月、杉井満とアウン・サンは、将来のビルマ独立運動の中核となるべき志士三〇人を日本に脱出させて訓練させよという秘密命令をうけた。ビルマに戻ったサンたちは三〇人を募り、密かに三ヵ月をかけて日本に入っていった。そこには独立後に権力を握るネ・ウィンなどがいた。のちに「ビルマ三十人志士」と謳われた志士誕生の瞬間だった。

志士たちは海南島の三亜にあった海軍基地の特別訓練所に入り、三班に分かれて苛酷な軍事訓練を受けた。極秘の開戦が間近に迫っていた。十月、志士たちは台湾の玉里に移った。十二月八日、米英に対する戦線が布告され、太平洋では真珠湾を攻撃し、アジアでは第一五軍がタイに進駐した。南機関がその下についた。アウン・サンと志士たちはビルマ独立義勇軍（BIA）をつくり、さらに参加者を募った。十二月二八日には義勇軍全員と義勇軍大将となった鈴木敬司は「血盟の儀式」をした。鈴木は「ボ・モージョ」（雷帝）と称され、全員が戦闘を誓った。

ところが、ここから歯車が狂っていくのである。義勇軍は後方支援ばかり、独立運動との連動がまったく語られない。モールメン地方自治のための臨時政府を樹立するという鈴木大将の約束も反故にされた。アウン・サンは日本軍を疑いはじめた。鈴木は参謀副長の那須義雄と談判し、「かれらの独立を認めなければ日本とビルマの戦争になる」と警告したが、大本営からはなしの飛礫（つぶて）だった。志士たちも動揺し、不穏な空気が出てきた。鈴木はアウン・サンに「反乱をおこすなら、まず俺を殺してからやれ」と諭し、南機関には「反乱がおきたらまずおまえたちが犠牲になれ。南機関が全員犠牲になれば軍の目もさめるだろう」と言いわたした。

この鈴木の言動は参謀本部にとっては厄介なものになった。一九四二年六月一八日、南機関は解散させられ、鈴木は近衛師団司令部に転属させられた。七月、BIAも解散、二八〇〇名が選抜されてビルマ防衛軍（BDA）として再編制された。誰も納得していなかった。

一九四三年八月、軍政が廃止されビルマの独立が宣言されたが、アウン・サンには本当の独立ではなかった。BDAはビルマ国民軍（BNA）となり、アウン・サンは国防大臣に就任したが、BNAが何をするのか日本軍はなんらの方針も示せなかった。アウン・サンはBNAが日本の傀儡ではないことを示す必要に迫られていた。

一九四四年八月、ビルマ共産党、人民革命党、BNAは秘密会議をひらいて抗日統一戦線の発足を確認した。統一組織は「パサパラ」（反ファシスト人民自由連盟）と称され、アウン・サンが議長に就いた。四五年三月、パサパラはラングーンで秘密幹部会をもって抗日一斉蜂起を決定した。このとき、三〇人志士の一人だったミンオンが日本を裏切るのは恩義に欠けると自害した。アウン・サンは苦渋の選択だったが、蜂起は敢行され、日本人軍事顧問ら二〇人が殺された。ただ南機関の者たちには逃亡が黙認された。

戦後、一九四七年一月、アウン・サンはついにイギリスのアトリー首相と一年以内の完全独立を定めた協定書を調印するまでにいたった。だが七月に、アウン・サンは政敵ウー・ソーらによって六人の閣僚とともに暗殺されたのである。ビルマが完全独立をしたのは一九四八年一月四日のことだった。長女のアウン・サン・スーチーが父の暗殺を知ったのは幼女のとき、それからスーチーが政敵や軍事政権と対峙（たいじ）するには数十年がかかった。

［参考］根本敬『アウン・サン：封印された独立ビルマの夢』（岩波書店）、伊知地良雄『ビルマの大東亜戦争』（元就出版社）、遠藤順子

『ビルマ独立に命をかけた男たち』(PHP研究所)、緑川巡『幻のビルマ独立軍始末記』(文藝書房)、野田毅『野田日記』(展転社)、アウン・サン・スーチー『ビルマからの手紙』(毎日新聞社)、『アウンサン・スーチー演説集』(みすず書房)

◆スハルト◆(インドネシア 一九二一〜二〇〇八)

スカルノは経済よりも民族と国家の主権を重視したが、そのぶん経済成長を引き寄せられなかった。スハルトはリアル・ポリティックスを重視し、外交と経済成長を優先させた。スカルノが「独立の父」ならばスハルトは「開発の父」だった。

中部ジャワのジョグジャカルタ近郊、バンドゥル県の小村に生まれ、八歳のときに姉夫婦に預けられて育った。一九三四年に小学校を卒業して中学校に入ったものの、学資が続かない。父の友人のもとに手伝いに出た。十八歳でやっと中学を出ても政府庶民銀行の行員見習いとなり、本格的な勉強も友達もできなかった。エリートの家系に生まれ育ったスカルノとは対照的に、スハルトは苦労も苦学もした。

一九四〇年、ようやく植民地軍に採用され、ゴンボンの兵学校で半年の訓練を受け、伍長として東ジャワの大隊に配属された。軍曹になると西ジャワに配属された。そこで事態が一変した。一九四一年十二月に対米英開戦を断行した日本が翌年二月にはジャワ沖海戦に勝利して、インドネシアの占領を始めたのである。スハルトは日本軍部のもとで軍人をめざすことになる。

四三年一月、日本軍はタンゲラン青年道場をつくると特殊要員の訓練に入った。陸軍中野学校出身の柳川宗成(むねしげ)中尉が指導にあたった。アジアを解放するためにインドネシアに来たが、独立は諸君がなしとげなければならない、けれどもまだ諸君には準備がないので日本軍が知っているかぎりのことを教える、会得して独立に役立ててほしいと言うと、「死ぬまでやる」を合言葉に、「正直であれ」「勇気をもて」「つねに前進せよ」をくりかえし訓話した。十月にはインドネシア人だけの軍隊設立をめざしてボゴールにジャワ防衛義勇軍(PETA)の幹部錬成隊が設けられた。スハルトはズルキフリ・ルビスとともに志願した。第四中隊に入った。

指導は土屋競大尉が担当した。あるとき午前中の訓練に怠慢だった兵士が銃をもって直立不動で立たされた。訓練後に炎天下に立つのは苛酷だった。土屋がその兵士の隣りに行って立った。何も言わず一時間、土屋は立ち、午後の訓練の合図でその場を去った。これを凝視していたルビスもスハルトも感激したという。のちにスハルトが大統領となり、一九六八年三月に来日したとき、どうしても土屋さんに会いたいと言って、再会したという。同行していた夫人に「この方が私の先生だよ」と言った。二〇〇一年に公開された藤由紀夫監督の『ムルデカ17805』にこの土屋の姿が描かれた。

日本敗戦直後、義勇軍は解散したが、その出身者はオランダとの独立戦争で主要な役割をはたしたメンバーだった。一九四九年、ジョグジャカルタ奪回の指示を受けたスハルトは部隊を指揮して、わずか六時間で目的を達した。有名な「暁の攻撃」だ。このあとのスハルトは軍人の道をとんとん拍子に昇進し、独立後の軍政システムの構築の中核になっていった。

［参考］吉村文成『スハルト「帝国」の崩壊』（めこん）、白石隆『スカルノとスハルト』（岩波書店）、土屋健治『インドネシア　思想の系譜』（勁草書房）、阿羅健一『ジャカルタ夜明け前』（勁草書房）、柳川宗成『陸軍諜報員柳川中尉』（サンケイ新聞出版局）

◆マハティール・ビン・モハマド◆（マレーシア　一九二五〜）

マハティールのアジア感度はそうとうに高い。七〇年代の日本の成長構造のしくみをよく見抜いていたし、そのころの著書『マレー・ジレンマ』（井村文化事業社）に書いてあるのだが、マラヤ＝マレー創成期の苦悩の要因から目をそらさなかった。なによりイギリスやアメリカのアジア戦略の謀略性が東南アジアにとって「危険な助言」をもたらすことを警戒していた。だから逆に、あれほど斬新な「ルック・イースト」政策に徹していたにもかかわらず、結局はアメリカのじりじりした締め付けによって自在性を失っていった。中国の急速な資本主義転換と一帯一路主義も誤算であった。

本書の著者は早くからマハティールに注目してじっくりインタヴューをし、その成果を含めて『アジア復権の希望マハティール』（亜紀書房）をまとめ、その後も「月刊マレーシア」に「明日のアジア望見」を連載しているマハティール研究者でもある。ぼくが付け加えることはないが、概略を案内しておく。

タイ国境沿いのケダ州アロースターに生まれた。当時のケダ州はイギリス支配下ではあったが植民地ではなかった。スルタンによる保護領だった。だからイギリスはその解体を推進しようとしていた。マハティールは何かが気に入らない。与党のUMNO（統一マレー人国民組織）のリーダーたちが青年期にイギリス留学を好んだのに対して、マハティールはずっと国内で学び、医学部に進み開業医になることを選んだ。十代のとき、日本軍がマレー駐在のイギリス軍を一撃で一掃したので、日本軍統治下のマレーで青春を迎えたのである。

一九六四年に下院議員に当選すると、政治家としての手腕を発揮、閣僚、副首相をへて一九八一年七月に第四代の首相になった。すぐさま打ち出したのが有名な「ルック・イースト」政策である。ヨーロッパ主導の文明に翳りが見えていること、とはいえアメリカの軍事力と新自由主義とポップカルチャーではアジアはままならないこと、また先頭を走りながらも失速しつつある日本を庇ってでもアジアを盛り上げていかないとまずいだろうこと、こうしたことが政策に反映したのだった。

この政策にはイスラームの経済文化も反映した。一九八三年に無利子を原則としたイスラム銀行を設立、スクークというイスラム式の債券を流通させた。スクーク発行総額は世界の七割を占めた。貿易取引に金貨ディナールをもってきて米ドル依存からの脱出を図ったのも大胆な提唱だった。こうした構想にはイスラム経済派のシェイク・アブドルカディールやイスラム交易研究のライス・バディロらの理論家たちが関与した。

　こうした工夫もあって、マレーシアは一九九七年七月のタイ・バーツの通貨危機の波及をくいとめられた。ＩＭＦや世銀（世界銀行）の甘言にも乗らない独自の体質改善が稔（みの）りつつあったのだ。こうして二〇〇二年にクアラルンプールで開催された国際イスラム資本市場会議ではディナール構想によるアジェンダが発表され、世界の注目を浴びることになった。

　マハティールは敗戦から立ち直った日本に目をつけ、その高度成長の秘密から学んだものが大きかったようである。政権初期の外相だったガザリ・シャフィーも日本の社会経済文化に目を配り、ルック・イースト政策やＥＡＥＧ（東アジア経済グループ）構想の実践を引き受けた。ＥＡＥＧはその後ＥＡＥＣ（東アジア経済協議体）に発展したが、アメリカはこれを極度に警戒した。ロバート・スカラピーノは「白人立ち入り禁止の看板を掲げたようなものだ」と皮肉り、ブッシュ政権のベーカー国務長官は「太平洋に線を引く危険なシナリオで、日米分断につながる」と非難した。

　しかしマハティールは屈しなかった。それどころかアメリカの提唱するＴＰＰ（環太平洋戦略的経済連携協定）にもＮＡＦＴＡ（北米自由貿易協定）にもそっぽを向いた。その一方で三男のムクリズを一九八一年に上智大学の経営管理工学科に送り込んだりもした。

上は、J・F・ケネディとスカルノ（1961年）。ケネディは「反帝国主義」を先導するスカルノの失脚を画策した。下は国際テロ対策協力について会談するマハティールとジョージ・ブッシュ（2002年）。その後の米英によるイラク軍事行動について、マハティールはブッシュとブレアを「戦犯」と呼び厳しく糾弾した〈写真：ゲッティイメージズ〉。

しかしその後、マハティールは日本がアメリカの顔色を窺いすぎるのに業を煮やして失望した旨のコメントを洩らすようになった。「いま日本から学べるのは日本の失敗だけになった」と言った。その通りであろう。二〇〇三年に長期に及んだ政権から降りたが、二〇一八年の選挙で復活、首相の座に返り咲いた。マレーシアのその後の低迷を見ていられなくなったのである。

［参考］マハティール『マレー・ジレンマ』（井村文化事業社↓勁草書房）、マハティール『日本再生・アジア新生』（たちばな出版）、マハティール『アジアから日本への伝言』（毎日新聞社）、マハティール『立ち上がれ日本人』（新潮新書）、マハティール＆石原慎太郎『「NO」と言えるアジア』（光文社カッパハード）、マハティール『マハティールの履歴書：ルック・イースト政策から30年』（日本経済新聞出版社）、坪内隆彦『アジア復権の希望　マハティール』（亜紀書房）、萩原宜之『ラーマンとマハティール』（現代アジアの肖像14・岩波書店）、林田裕章『マハティールのジレンマ』（中央公論新社）、鳥居高編『マハティール政権下のマレーシア』（アジア経済研究所）、萩原宜之『マレーシア政治論：複合社会の政治力学』（弘文堂）

◆ラジャー・ダト・ノンチック◆（マレーシア　一九二六〜）

ここにノンチックが選ばれたのは「南方特別留学生」がもたらした意味を述べておくためだったろうと思う。この制度は一九四三年に日本の南方総軍司令部が発令した「南方圏教育に関する方針」にもとづいたもので、東南アジアから留学生を集めて学習させて一人前の興亜思想の持ち主に育て、来たる各国独立のためのミドルリーダーになるようにしようというもの、ありていにいえば大東亜共栄圏を支える人材づくりをする制度だった。

フィリピン、マレー、タイその他の東南アジアから一一〇人が集まり、門司港に送りこまれると、東京で一年ほど日本語の習得をしたのち各地の大学や機関に送られて総合的学習に入り、その才能に応じてさらに次の研修に向かうというふうになっていた。セランゴール州のスルタンの家系に生まれたノンチックは、なぜか早くから日本の軍人訓練に学びたかったようで、この南方特別留学生にも早々に応募した。ノンチックは座間の陸軍士官学校まで進み、ここでのちに「マラヤ三人組」と謳われた友人たちと仕上げにかかったらしい。

ノンチックらはその後のインドネシアによるマレー攻撃を回避するために動いたり、ASEAN誕生をコーマン、ラザク、マリクの裏側で支えつづけたりした。一九八一年以降は、日本企業との合弁会社十数社を立ち上げて、日本とマレーシアの橋梁を築いていった。

［参考］山影進『ASEAN：シンボルからシステムへ』（東京大学出版会）、土生良樹『日本人よありがとう』（日本教育新聞社出版局）

第一七二八夜　二〇一九年十二月二二日

参照千夜

一二九八夜：杉山茂丸『俗戦国策』　八九六夜：頭山満『幕末三舟』　四八九夜：志賀重昂『日本風景論』　九四二夜：北一輝『日本改造法案大綱』　四一二夜：福澤諭吉『文明論之概略』　一一六八夜：宮崎滔天『三十三年の夢』　一七二二夜：半藤一利『山県有朋』　八六九夜：安藤正士ほか『文化大革命と現代中国』　五七五夜：緒方竹虎『人間中野正剛』　一一六七夜：西郷隆盛『西郷隆盛語録』　九三夜：滝沢誠『権藤成卿』　二六六夜：ガンジー『ガンジー自伝』　一三九三夜：アジット・K・ダースグプタ『ガンディーの経済学』　一〇四五夜：ジョン・ラスキン『近代画家論』　八七九夜：稲垣足穂『一千一秒物語』　七五夜：岡倉天心『茶の本』　一五一二夜：『バカヴァッド・ギーター』　九七〇夜：ゲーテ『ヴィルヘルム・マイスター』　一〇二三夜：ニーチェ『ツァラトストラかく語りき』　一二一二夜：ベルクソン『時間と自由』　九九六夜：王陽明『伝習録』　七八九夜：マルクス『経済学・哲学草稿』　一〇八六夜：西田幾多郎『西田幾多郎哲学論集』　一三〇夜：トロツキー『裏切られた革命』　一〇四夜：レーニン『哲学ノート』

第四章　リオリエント

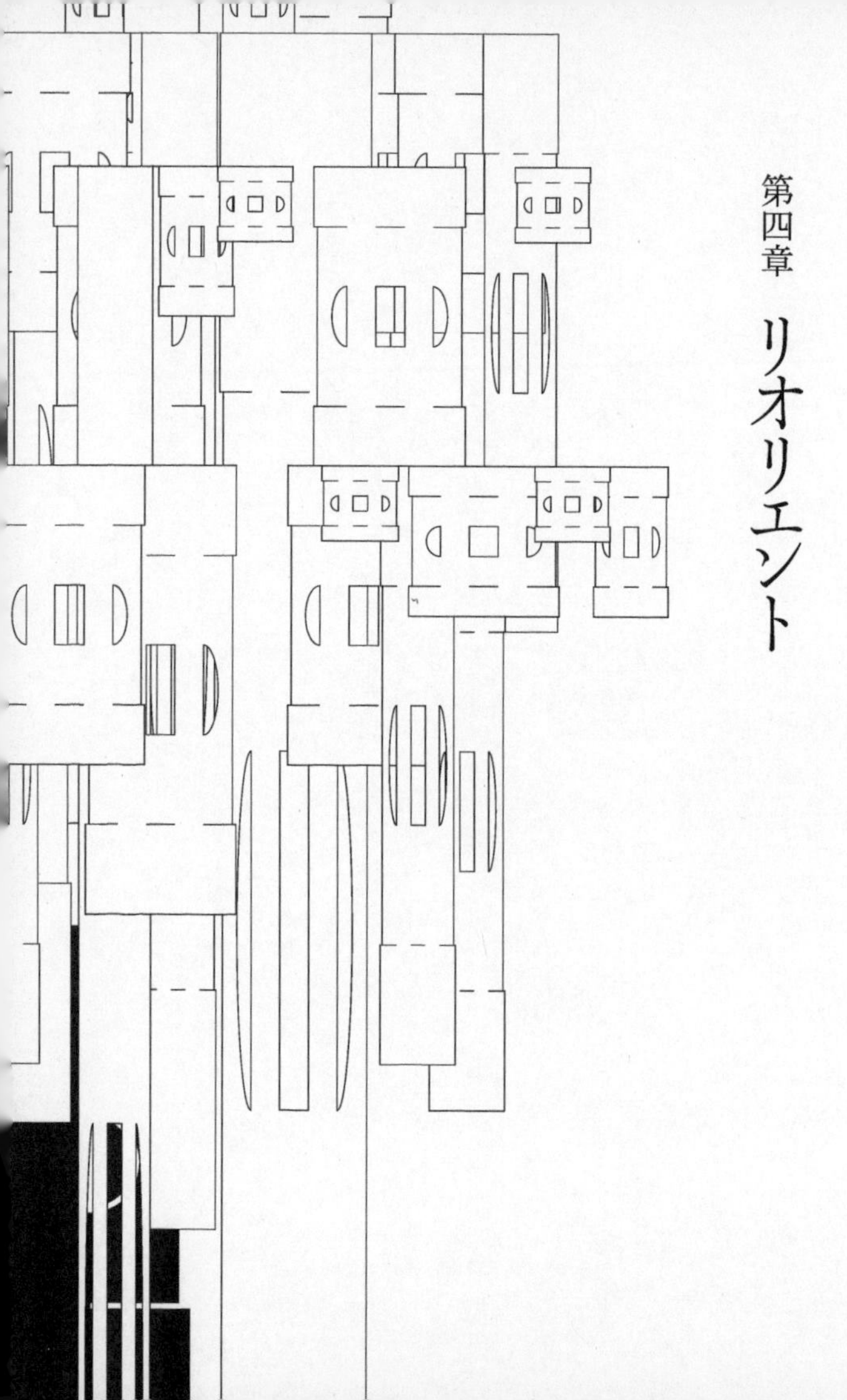

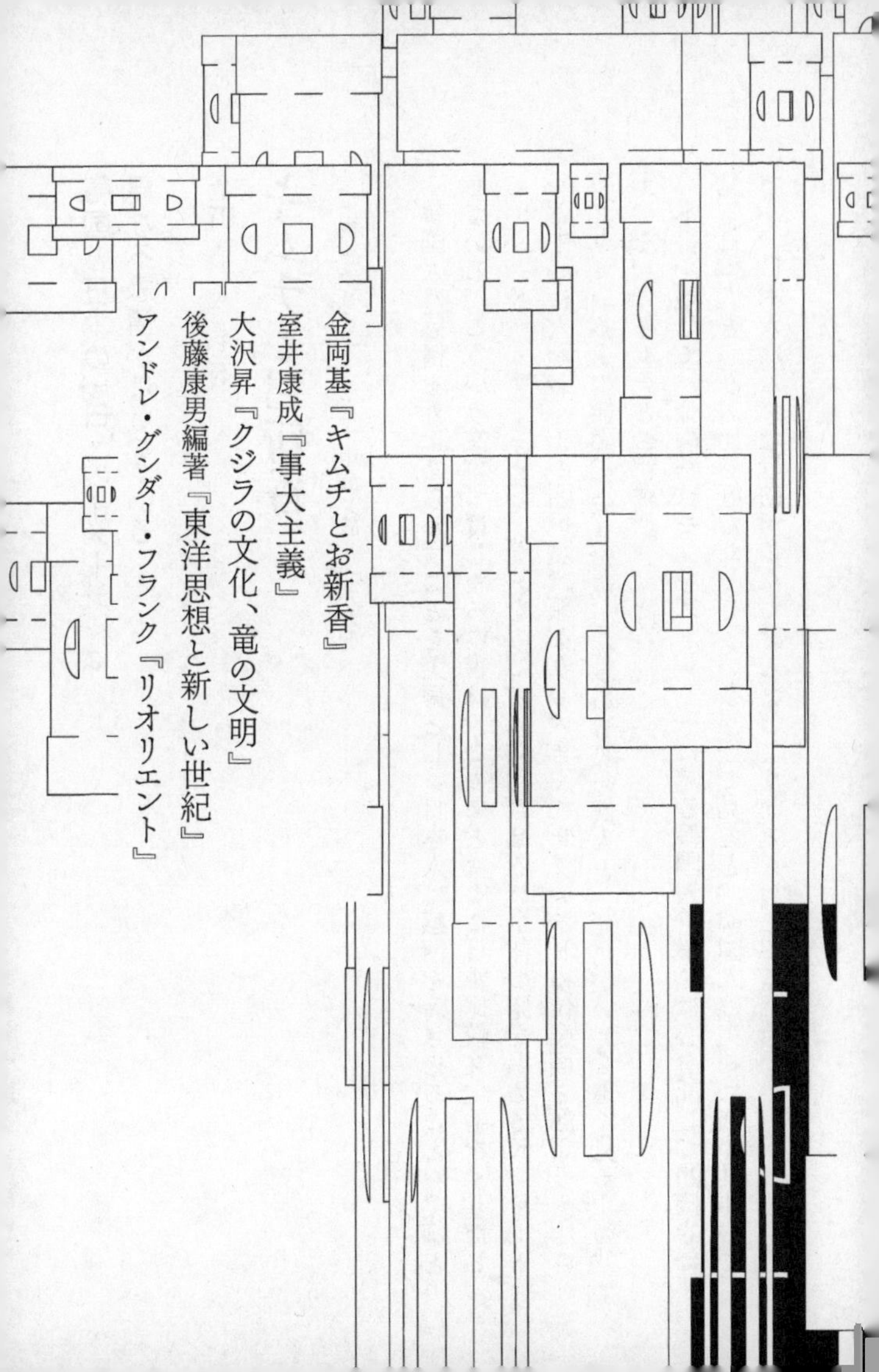

金両基『キムチとお新香』
室井康成『事大主義』
大沢昇『クジラの文化、竜の文明』
後藤康男編著『東洋思想と新しい世紀』
アンドレ・グンダー・フランク『リオリエント』

韓国と日本の「白」のイメージには
異なる感情がこもっている

金両基

キムチとお新香

河出書房新社　一九七八　中公文庫　一九八七

韓国人は感情を外にあらわすことを美徳とし、日本人は感情をおさえることを美徳としている。こういう文章ではじまる本書は、このあと次々に日韓比較文化論をくりだしていく。K（コリア）とJ（ジャパン）をみごとに対比させる。全体の床を温めるKのオンドルと中心に火をおくJの囲炉裏（いろり）、顔よりも大きくできているKの伎楽面と顔よりも小さくできているJの能面、「生きがい」を求めるKの武人と「死にがい」を重く見るJの武士、そしてキムチとお新香。

本書を通じて、金両基（キム・ヤンキ）はモノをストレートに見る韓国人、モノに心を託して間接的に見る日本人という対比を好んだ。そういう視点で見ると、韓国人は実利に強く具体的であり、日本人はムダな行動が多くて冴えないような気もしてくる。

金さんとは京都のシンポジウムで一緒になった。気さくになんでもしゃべる人で、同じ席にいた山内昌之が寡黙に見えた。デビュー作の『キムチとお新香』と、つづく『能面のような日本人』(中公文庫)で、そのころはまだタブーっぽかった日韓文化比較に先鞭（せんべん）をつけた人である。よほど鋭いタイプを想像していたのだが、あくまで屈託がなく、どんな話題にもゴム紐（ひも）のように伸びてくる。そこでついつい図にのって檀君（ダンクン）のことについで、気になっていたハヌニムのことを聞いてみた。

ハヌニムは韓国の天空神で、日本の神々とはちがってちゃんと天空に君臨している神である。ぼくはこのハヌニムがもうひとつ捉（とら）えられずにいたので、ハヌニムが太陽神なのかどうか、唯一神の性格をもっているのかどうかをまず聞いた。

金さんの答えは多岐にわたる豊富なもので、いろいろ見方があることを教えてくれたが、結論をいえばイエスだというものだった。そうすると、韓国で「白」が愛されているのはやっぱりハヌニムと関係があるのかと聞いてみた。これもイエスであった。韓国人には自分たちを白衣民族だとよぶ習慣があるらしいが、それはハヌニムに関係があるという。ただし、日本人が想像するような意味で韓国の白を意味づけると、ややニュアンスがちがってくる。そのちがいが実は大事なのだと言った。

ここである。「日本人が想像するような意味で韓国をとらえてはいけません」というところが、金さんの日韓比較のポイントなのである。これは、もともと金さんが本書やその後の著作を通していちばん主張したかったことだった。ぼくはそのことに合点できたので、これ以上は質問をつづけるのをやめた。

本書の特色はいろいろあるが、最も興味深いのは、柳宗悦が民芸を愛するあまり韓国文化を曲解したのではないかという指摘だったろう。たとえば柳は韓国の白を悲哀の白と見たのだが、金さんはそれは日本人の片寄った見方だと訂正した。

金さんによると、韓国における白のコンセプト・イメージはもともと「朝鮮」という国名にもひそんでいるばかりか、白頭山（ペクトゥサン）・太白山（テベクサン）・白馬江（ペンマガン）などのネーミングにもあらわれていて、まぶしいばかりの明るさの象徴だというのである。それを柳が李朝民芸陶器の白い線にすら悲哀を見いだしたのは、あまりに当時の歪（ゆが）んだ韓国史観にとらわれていたのではないかというのだ。

金さんはこれらはハヌニム信仰と密接な関係をもっていると見ている。そして、その中央にあるイメージは「飛翔」というものだと断定している。そう告げられてみると、たしかにわれわれの韓国文化にたいする見方には、なにか歪んだものがある。たとえば、ついついアリランの悲哀をかぶせてなにもかもを見ようとしている（八七六夜の宮塚利雄『アリランの誕生』参照）。仮にそこまで言わずとも、日常感覚もいろいろちがっている。安岡章太郎がタクアンの切り口に感情を見たようには、つまりは日本人がお新香に日本人独得のささやかな「今日」を感じるようには、韓国人はキムチに今日を感じていないのだ。むしろキムチの白も「明日」の白なのである。そういうことになってくる。

とにかく韓国民族をなにかというと〝悲劇の民族〟というふうに見るのはやめてほしい、韓国人は喜怒哀楽のすべてについてエネルギッシュであって、とくに悲哀を美とは見ていない、そう思ってほしい。それは『春香伝』や『沈清伝』などの代表的なパンソリなどの物語を読んでもらえればわかるように、いかに悲劇的な筋書きが展開していても、最後はハッピーエンドになっていることでも憶測できるでしょう、そういうわけなのだ。韓国の美の本質は楽天にあるという結論なのである。

ところで、本書で初めて知ったことに「ムオッ」がある。ムオッは日本語になりにくい言葉だそうだが、伊達、粋、ワビ、サビ、風流に近いのではないかという。なかでも粋に近い感覚らしい。このムオッは李朝白磁にぴったりあてはまる。白磁の白ではなく白磁の形をつくっている曲線だ。ときにデフォルメされた形にムオッがあるという。そして金さんの明快な説明では、このムオッと飛翔との中和こそが韓国美の本質なのではないかというのだ。これはたしかに日本の中和感覚とはだいぶんちがう。

日本文化のことが気になる者は、どこかで早い時期に『キムチとお新香』を読んでおくことだ。そうでないと日韓文化についての見方が偏ってしまう。日本と韓国の似て非なるところに分け入ってみること、いまの日本人が引き受けなければならない視点がここにある。勧めたいのは、本書につづいてまとまった『能面のような日本人』のページを開いてみることである。この本は前著よりも示唆に富む。イ・オリョンの「日本＝縮み文化」説の原型もここにある。

なかで言葉の問題を扱っているところが興味深かった。韓国では漢字は音読するのが一般的で、訓読をあまりしないという点だ。日本では「重箱」はジュウとハコ、「手本」はテとホンである。また「故郷」はコキョウともフルサトとも読む。韓国はこういうことがきわめて少ないのだという。金さんによると、このような日本的二重性は日本に文武両道という思想や人生訓を育てたのだろうが、韓国では漢字は漢字、ハングルはハングルであって、それが文と武を分けていることにもつながっているのだという。

韓国は政治と文化を分けるし、政治と軍事も厳密に分ける。ここをまぜこぜにした者は弾劾(だんがい)されるのだ。金さんは日本人が漢字と仮名を、文と武を両方愛したことが、結局は歌舞伎の残忍な美や切腹の美につながったのではないかと見ていた。うーん、そういうことなのかと唸(うな)らされた。

金さんは日本文化にも驚くほど詳しく、本書でも日本神話から歌舞伎までが、能面から歌謡曲までが、ふんだんに扱われる。日本的二重性に関しても、日本人はそこから二重肯定や二重否定の美意識や価値表現力を見いだしたのだから、安易に捨てるべきではないだろうと提案している。これはぼくが「日本という方法」で重視してきたデュアリティ（双対性）を応援してくれる見方になった。それをアメリカ型の二者択一にして、一重の民主主義を接ぎ木しようとしたからおかしくなったのではないかとも忠告する。べつだん日本と韓国の考え方が異なっていたって、アメリカとの関係がちがっていたって、それはそれでいいではないかというのだ。ぼくは韓国文化には強くないけれど、金さんの日韓比較だけはどこか信じられる。

第二六四夜　二〇〇一年四月五日

参照千夜

四二七夜：柳宗悦『民藝四十年』　八七六夜：宮塚利雄『アリランの誕生』　一一八八夜：李御寧『「縮み」志向の日本人』

東アジアの国々、とりわけ朝鮮半島はなぜ「事大主義」に陥ったのか

室井康成

事大主義

日本・朝鮮・沖縄の「自虐と侮蔑」

中公新書　二〇一九

慰安婦問題、徴用工問題、竹島領有問題などが重なって、日韓関係はややこしいデッドロックにひっかかったままにある。拉致問題このかた北朝鮮との他人行儀すぎる付き合いも、およそ打開策をもてないでいる。日本人の好悪感情も、「韓流ブーム」かと思えば「嫌韓」なのである。互いのヘイトスピーチにも過激なものが少なくない。「在特」という言葉は「在日特権を許さない市民の会」(在特会)が喧伝して広まったけれど、ずっと以前からくすぶっている言葉だった。

いとこ同士なのか近親憎悪なのか、わからない。何かが忌わしいと感じられた向きもあった。そこへトランプ大統領と金正恩の綱引、韓国政権のいちじるしい不安定が浮上

してきて、直近ではGSOMIA（軍事情報包括保護協定）の中断が割り込んで、日中韓朝米の五ヵ国の軍事関係や安全保障問題も前途の雲行きがあやしくなってきた。ぎりぎりのところでGSOMIAは温存されたが、なぜこんなふうになったのか。

当然ながらいろいろ原因も理由もあるのだが、アメリカのニュージャパノロジストたちは、朝鮮民族と日本民族が互いに抱える「事大主義」がこうした問題をめんどうにしていると見ている。たしかに日本人と朝鮮人とのあいだには事大主義に対するおのおの別の見方が交錯していて、事態の進捗だけではなく互いの民族感情において、治癒しがたい齟齬をきたさせてきた。そのなかで安倍政権は何の手も打てないままだから、誰もがじれったい。文在寅の韓国も国際外交が進展せず、国内の火種も燻りから焼き焦がれ状態になってきた。

そこで、本書の著者は日本・韓国・沖縄に相互にひそむ「自虐」と「侮蔑」がひょっとして事大主義の言説のストリームとして掬せるのではないかと思ったのである。すでに中江兆民は「われわれにひそむ恐外病と侮外病」というふうに言っていた。なぜ東アジアでは、そんなに「外」の侮蔑と「内」の自虐が同居してしまったのか。

英語では「事大主義」のことを“toadyism”とか“flunkyism”と言うのだが、この英語からは東アジアにおける事大主義の複雑骨折したような動向は見えにくい。

事大主義をめぐる歴史の変遷についても、突っ込んでいけばいくほど、ややこしい。これまでもこの問題のどこに核心があるのか、日本側でもうまく指摘されてこなかった。研究者も多くはない。淵源は中国である。このあとすぐに説明するが、中華主義と華夷秩序が今日にいたる事大主義のさまざまな襞を彫りこみ、刻んできた。ただし、その歴史をさかのぼりつつ今日までの変化を読み取るのは容易ではない。

本書は今年出たばかりの本だが（二〇一九年三月）、こうした中華秩序を淵源とした東アジアにおける「事大主義」の意味と意図の相互変遷を手際よく解いて、すぐさまこの分野の必読書になった。著者は東大東洋文化研究所の四三歳の俊英である。

今日の日本では「事大主義」といえば、時流や大勢に準じて事態を判断する態度のことで、おおむね「無定見」や「日和見主義」の代名詞になっているかのように聞こえるが、東アジアの歴史ではもっと地政学的なさまざまな意味をもってきた。

古代中国がユーラシア大陸に占めた空間量と政争量がただならないボリュームで、そこに強靭な中華秩序が発現したことが、すべてのはじまりだった。まわりは「小中華」にならざるをえなかった。古代ローマ帝国の時代、周辺ヨーロッパがことごとくローマ化したようなものだ。

ところが、アジア全般ではそうならなかったのである。そうなったのは朝鮮半島やべトナムや琉球だけだった。だから、ここで話は朝鮮半島の高句麗・新羅・百済と倭の関係に移る。アライアンスと抗争とが二重三重におこり、半島では新羅から高麗をへて李氏朝鮮が確立したのだが、倭は大和政権から武家国家への道を選んだ。ここで「事大」の意味が分かれたのだ。とくに近代日本では福澤諭吉が「事大」に「主義」をくっつけて「事大主義」という新しい言葉をつくってから、歴史的意味が変化した。

もともと「事大」という言葉は孟子の「以小事大」に由来して、小国が選んで大国に事(つか)えることをあらわした。

戦国時代の斉の国の宣王の下問に孟子が答えて、かつて隣国と抗争して劣勢にあった越が、呉へ「事大」することで危難を免れたという例を引いて、小国がとるべき道は大国に穏やかに事えることだと言ったというのが最初だ。孟子は「大国たるものは小国に対しても礼節をもって接するべきだ」と加え、仁と礼による外交も訴えていた。

当時の春秋戦国期で小国が事大を選択することはめずらしく、武力に訴えてでも自国の存立をまっとうすべきだとするほうが断然多かった。諸子百家のなかでも「事大」を勧告した賢者は孟子だけだったと憶(おも)う。蘇秦(そしん)なども、韓の宣恵王に秦には断乎(だんこ)として抵抗すべきだと説き、「鶏口となるも牛後となるなかれ」の諺言(げんげん)をのこした。

ちなみに宣王は孟子の助言を受け入れず、燕(えん)を侵攻してこれを併合したため、孟子はがっかりして斉を去った。春秋戦国諸国のリーダーたちも「事大」を選ぶ国はなく、結局は秦が割拠する群雄を次々に破り、最後に斉の滅亡をもって始皇帝による古代中国の統一がおこったわけである。

それが漢の武帝のときに中国版図が最大になり、中華帝国を宗主とした華夷秩序が確立してくると、周辺国が中国に対して貢物をおくる「朝貢」の見返りに皇帝が周辺国の王を任命し「冊封（さくほう）」するという関係が成立し、ここに中国に対する「事大」が慣行されるようになった。

冊封体制は、新羅が朝鮮半島を統一して「楽浪郡王」の称号をもらったときから始まった。これが東アジアにおける宗属関係の出現である。以来、朝鮮の歴代王朝は中国とのあいだの冊封関係を維持した。

十四世紀になって高麗の武官であった李成桂（イ・ソンゲ）が当時の明王朝との冊封体制維持を名分として自国の王朝を滅ぼし、これを受けて明の初代皇帝の朱元璋（洪武帝）が李成桂を「権知朝鮮国事」に封じた。これは「朝鮮」という国名のもともとの由来で、いわゆる李氏朝鮮のスタートになった。李成桂は「小をもって大に事えるは保国の道」とまで事大主義を明言した。

それからまもなくして、今日の沖縄諸島に分立していた中山王（ちゅうざんおう）の武寧（ぶねい）が明の第三代皇帝の永楽帝から冊封を受け、やがて尚巴志を国王とする琉球王朝が誕生した。琉球はそのまま中国に事大することにした。のちに沖縄研究者の外間守善は「中国は名（権威）をとり、沖縄は実（利益）をとった」と書いた。

このように、事大は中国国内では選択されず、中国が周辺国を治める制度と口実として歴史化していったのである。

日本はどうだったかといえば、だいぶん事情が異なる。卑弥呼の時代から倭国のリーダーたちは中国に朝貢し、とくに五世紀の「倭の五王」時代は中国の南北朝期の複数の皇帝から、それぞれ「讃」（仁徳天皇あるいは応神天皇）や「珍」（反正天皇）や「武」（雄略天皇）の称号を贈られたり、また安東将軍や鎮東将軍といった称号をもらったりしていた。そういう記録はあるのだが、中国と日本とが「冊封」関係や「宗属」関係になったという歴史的資料は照合できない。

聖徳太子の時代に遣隋使が始まったことも、冊封関係や宗属関係ではなかった。日本側の思惑と戦略もあって、対等などとはとうてい言いがたいけれど、それなりの外交と交流に徹した。明の洪武帝や永楽帝は「強大な中華思想」をふりまいた皇帝で、周辺国に朝貢を迫り、かなり優位な外交と交易を支配したけれど、この時期も日本はなんとか勘合貿易レベルでその支配抑圧関係を免れ、わずかに足利義満が若干の媚を売って永楽帝に「日本国王」の称号をもらった程度におわった。
ところが明治維新以降、こうした関係が大きく変じていったのである。それが福澤諭吉の言う「事大主義」にかまけた東アジアの近代になる。近現代における中韓日の関係になる。とくに近代朝鮮との関係が複雑骨折していった。

秀吉が傍若無人な朝鮮制圧を試みた文禄・慶長の蹂躙があったにもかかわらず、その後の徳川幕府と朝鮮との関係は「交隣」とよばれ、朝鮮通信使節団が定期的に日本を訪れ、そこそこ友好的になっていた。

それが日本の維新近代化の断行直後から、大きく急変した。明治政府は朝鮮に対してなかば強引な開国を迫り、朝鮮側もこれに対して無礼な返事をしたというので、急変したのである。朝鮮は清との冊封関係を理由に日本の要請を拒絶したのだが、明治政府は「征韓」に走ろうとした。出兵も辞さないとする紛糾しそうな事態は西郷隆盛の下野によっていったん収まるのだが、明治八（一八七五）年の江華島事件（無許可測量中の日本艦船が朝鮮半島の陸上から砲撃された事件）で再燃してしまった。

これを口実に明治政府は日朝修好条規（江華条約）を押し付け、不平等条約を締結させ、その開国と近代化を拙速に促した。これで朝鮮は開国されたのだが、この仕打ちはどうみても一方的な朝鮮支配の嚆矢にあたっていた。

朝鮮のほうの内部も割れた。国王高宗の王妃であった閔妃は近代化に傾いて日本式軍隊の別枝軍を用意したものの、保守派は肯んじない。旧式軍隊の一部が閔妃の館や日本公使館を襲撃し、高宗の父である大院君をかつぎ出した政権を打ち立てようとした。一族が割れ、政権が割れた。壬午軍乱（一八八二）という。この事態によって、さすがの朝鮮国内でもこれを機会に「自国の独立」をはたすべきであるという風潮が生まれた。

こうして件の一八八四年の甲申事変となった。朝鮮政府の吏僚であった金玉均と朴泳孝らが、清との宗属関係を断ち切り、日本の助力を得て独立と近代化を一挙に勝ちとろうという武力クーデターをおこしたのだ。

クーデターは若い高宗の支持をとりつけたので容易に成功するかに見えたのだが、三日後、首都の漢城（のちのソウル）に駐屯してきた清の国軍が、王宮を警護していた日本軍もろともこれを撃破し、クーデターは失敗した。このときの司令官はのちに日本を苦しめる袁世凱だった。

金はやむなく日本に亡命し、頭山満や福澤諭吉らの庇護をうけつつ「独立党」をおこし、その後の捲土重来をはかることになった。これに対して旧来体制を維持しようとする「事大党」が保守勢力をかため、中国との連携を強めた。金の日本での日々は潜伏である。東京・福岡・札幌などを転々とし、小笠原諸島すらその潜伏先にするのだが、李鴻章と会うべくひそかに上海に渡ったところであえなく暗殺された。

この顚末（てんまつ）が日朝間の「事大主義」をきわどく対比させたのである。ただし、どういう対比かを説明しようとすると、その事情はけっこうややこしい。

実は福澤諭吉が甲申事変の二年前に金玉均（キム・オッキュン）と三田の自宅で会っていた。福澤は金の祖国近代化の計画に心を動かされ、開校したばかりの慶応義塾に朝鮮からの留学生を入れることを約束した。金と朴泳孝（パク・ヨンヒョ）はそれ以前から日本の援助が必要だと考えていて、一八七九年には李東仁（イ・ドンイン）という仏教僧を日本に派遣し、東本願寺で日本語を習得させると福澤らとの交流を始めさせていた。また翌年には金弘集（キム・ホンジプ）を派遣して、外務省の重鎮たちと交わらせ、さらにその翌年には魚允中（オ・ユンジュン）もやってきて福澤を訪ねていたのである。

こうした準備のうえ金は福澤の懐に飛び込み、三田の福澤邸を拠点にしてアジアの将来に関心を寄せる日本の要人と次々に出会っていく。しかしさきほども書いたように、甲申事変は失敗した。福澤は失望して「時事新報」に有名な「脱亜入欧」を説き、アジアの悪友（中国のこと）との親交を断って「事大の主義に依々（いい）する惑溺を除去すること」が焦眉（しょうび）の課題になっていることを告げた。

ここに、いまこそ金玉均らを助けてアジアに改革をもたらすべきだという活動が日本の中に立ち上がっていった。それはアジア主義ないしは大アジア主義、あるいは日本における事大主義批判という動向になっていく。一筋縄ではない。

最初に目立って動き出したのは樽井藤吉だ。注目すべき人物だ。出自がある。一八八〇年に海軍軍人の曾根俊虎が興亜会という組織を設立した。これは欧米のアジア進出を警戒した土佐出身の植木枝盛の「アジア連帯論」に共鳴したもので、八三年には亜細亜協会に改組して、八四年には上海に東洋学館という語学学校を進出させていた。樽井はその設立メンバーの一人だった。

その後の樽井は東洋社会党をつくり、きわめて大胆な『大東合邦論』を著して気を吐いた。「大東」とは日韓のこと、「合邦」とは朝鮮と日本との対等合併を意図していた。樽井はさらに金玉均と頭山満や玄洋社の面々を会わせ、奈良の土倉庄三郎の協力で軍資金を集め、日本のアジア主義に火を付けた。この火を広げていったのが玄洋社である。そこから大井憲太郎の派兵計画、来島恒喜の南洋経営計画、内田良平の黒龍会、武田範之の天佑侠などの画策の火が付いては消え、消えては付くように連続していった（大井は大阪事件で事前逮捕され、来島は大隈重信暗殺で失敗した）。

上からの朝鮮合併を画策する者もいた。朝鮮での日本国特命全権公使となった三浦梧楼は、もとは玄洋社で頭山の書生をしていた月成光に随行したのち朝鮮に渡ってさまざまな事情を観察していた人物で、封建朝鮮を律していた保守派の閔妃の政権を打倒しないかぎりは何も進まないと見ていた。三浦は寺崎泰吉らの壮士を集め、ついに閔妃を殺害した。三浦は朝鮮人には忠君や勤王の歴史がなく、その事大主義が国を滅亡させつつあるという見解の持ち主だった。

言論面でもアジア主義や日本主義を標榜する言説があいついだ。札幌農学校出身の地理学者の志賀重昂は、甲申事変の二年後に井上円了・島地黙雷・三宅雪嶺・杉浦重剛らと組んだ政教社から「日本人」（のちに「日本及日本人」）を創刊して、日本が欧米に追随して国力拡大を図るのは「朝鮮が中国に依存して拡大をもくろむ事大主義」と同じだと断じた。竹越与三郎は「世界之日本」を創刊して、朝鮮の事大主義は国民の性情にもとづくものだと言い出し、山路愛山なども「事大根性」がアジアをおかしくさせているという論陣を張った。いずれも「朝鮮事大主義」の批判ではあるが、そこには「日本事大主義」が芽生えていた。

こうなると、いったい何が事大の「大」なのか、立場によってさまざまに変化せざるをえなくなる。大日本帝国もアジア主義も日本主義も、それが大アジア主義を標榜するに及べば、何をもって「大」とするのかが問われた。

そんな問いを孕みつつ、実際の事態は次々に予測不能な展開を見せた。東学党の乱、日清戦争と日本の勝利、下関条約に対する三国干渉、ロシアの南下、日露戦争、戦費の拡大、社会主義の波及といった連打によって、東アジアと日本をめぐる覇権と独立と共謀と連携の方針がしだいに複雑になっていったのである。とりわけ明治末年に向けて日韓併合の準備と決断がすすむなか、日本は事大主義を頑なに主張してきた朝鮮（韓国）を「併合的内側」に抱きこむことになって、そこにおいては何をもってアジア主義の可能性を見るのか、どのように事大主義を脱するべきなのか、その方針は重大な矛盾をきたすことになった。

本書の中盤は明治末年から昭和に向かって、アジア主義と事大主義の意味がさまざまに変質していく様相を追っている。

朝日新聞の社会部長であった渋川玄耳は、『閑耳目』の中で「事大主義の本質を喝破することが日本の課題だ」と述べ、京都帝国大学哲学科の桑木厳翼は「日本人が自他の思想を通覧して一般原理や文芸思潮を論ずることができないようでは、日本が依存的な事大主義に陥るだろう」と述べた。いずれも日本人の島国根性を批判するものだった。

大韓帝国末期に日本からの財政部顧問として派遣され、韓国併合後は財務官になった山口豊正は、『朝鮮之研究』で「事大主義は依頼心の別名である」と述べたうえ、この依頼心が日清戦争以降の日本人にもだんだん広まってきていると警告した。朝日の記者上がりの桐生悠々は「事大主義は万有引力のようなもの、大が小を引き付けるのは当然だ」と嘯き、青柳綱太郎ほか何人もの歴史学者が朝鮮史をさんざんな歴史だったとして、「明国の恩義を忘れたのが朝鮮史の悲劇をつくった」というような、かなりひどい書き方をした。そんな論法もまかり通ったのだ。

逆の見方も提示された。朝鮮民族の社会文化はすでに事大主義を脱しつつあって、したがってその近代化を日韓合併によって推し進めるのは根拠が薄いと言った民本主義の吉野作造や、朝鮮の民族文化を評価すべきであるとして李朝陶磁器や朝鮮民画に目を向け、朝鮮文化の独自性を大いに評価した民芸運動の柳宗悦などは、朝鮮には朝鮮なりの独立や近代化の道があると説いた。

このように議論が紆余曲折するなか、むしろ日本を事大主義とみなしたほうが、日本人の民俗文化の解明ができるはずだという見解が登場してきた。柳田国男である。柳田は「日本の民俗学は島国根性と事大主義の解明に挑むことなのだ」という見方を披露した。本書はそこに注目する。

柳田の民俗学的な視点は、日本を欧米に比肩させることをせず、また中国や朝鮮と連動させることもなく、なんとか固有の文化や社会のありかたを凝視してみようというものだった。そう見ていけば、日本人の民俗文化に事大主義があることは、むしろ誇るべきことだというのだった。

本書はそのような見方が与謝野晶子、平塚雷鳥、北一輝、中野正剛、石川半山(はんざん)らにもあったことを案内する。晶子や雷鳥は女性が男性への依頼心を克服するべきことを謳(うた)って、日本的事大主義からの脱却を女性の側から主張し、北は孫文の三民主義による革命観に関心を寄せて、あれほどに亡国階級の通有性になっていた事大主義を孫文の中華民国が脱することを意図したことに新たな可能性を感じ、日本もそのように改造されるべきであることを『支那革命外史』において説いた。

中野正剛はアジア主義や頭山満に共感していたが、朝鮮を旅行して、現地における朝鮮人たちの新鮮な自覚の発揚に共鳴し、これではかれらが対日独立運動をしたくなるのは当然だとみなした。また上海のイギリス人が中国人を侮蔑してきたことに腹をたて、あんな英国人の夜郎自大には従うなとも述べた。「万朝報(よろずちょうほう)」の記者だった石川半山（安次郎）は、第一次世界大戦後のヴェルサイユ講和会議における日本団のていたらくが「英米に追随した事大主義」になっていることを痛烈に批判した。

かくして事大主義は東アジア各国各派においては、いかようにも変容することになったのである。

沖縄の琉球政府が中国との冊封関係にあったことはすでに述べたが、本書の第三章では、本土側の日本人はそういう琉球を「日本が朝鮮に対してもつ見方に近い目」で見ていたこと、それがその後の沖縄の事大主義の卑屈や増長に関連していたのではないかということを検討する。

琉球研究の草分けだった伊波普猷にして、沖縄県民の最大の欠点は事大主義に流れるところだと言っていた。伊波は沖縄人に事大主義があることは、冊封時代の名残りや薩摩による侵攻や琉球処分の歴史からして仕方がないことなのかもしれないが、その感覚が日本の主権領域に入ってからもなお継続されているどころか、もっと端的な二股膏薬主義になっていることを指摘した。

以上のことは時代が辺野古問題で揺れる現在になってなお、平成二六年に県知事に就任した翁長雄志が「沖縄は日本とアメリカの両方からの構造的差別に晒されている」という認識をもっていたことにも継承されている。

そうしたなか、折口信夫が何度も沖縄の民俗調査に入って、ニライカナイからの来訪神をマレビトとみなしたり、その常世観には沖縄と本土を隔てないものがあるとしたり、『おもろさうし』などを研究して琉球語と大和言葉のあいだには共通性があると指摘していたのは、はなはだ興味深い。

ただし、それがもし「日琉同祖論」のようなものから出てきたものだとすると、そこには明治日本の歴史学者や民族学者の一部が日本人と朝鮮人に「日鮮同祖」や「日朝同祖」をあてはめて日韓併合の根拠にしていたことと通ずるものがあり、折口にも事大主義の陥穽が忍びこんでいたと言わざるをえなくなる。

ところでぼくは坂本龍馬から薩長同盟の密使として短刀をさずけられた前田正名についてとくに関心をもってこなかったのだが、本書で初めて前田が「明治維新は薩摩藩が沖縄から略奪した財力をもとに幕府を倒したことで成功したのだ」と言っていたことに、ハッとさせられた。

前田は英語に堪能な農政家で、明治十一年にはパリ万国博覧会の事務官長を、明治二二年には農商務省農務局長・工務局長と東京農林学校長を兼務した人物であり、晩年は阿蘇や御殿場や阿寒湖の広大な土地の所有者となっていて、その土地を王子製紙や阿寒国立公園のために供した人物でもあるのだが、その前田が薩長同盟と維新政府の〝強奪〟を証かしていたとは知らなかった。この話は、明治維新のコストは沖縄が支払っていたということを告げている。

さて、昭和に入ってからの東アジアにのたうつ事大主義については、八紘一宇や大東亜共栄圏の発想があれほどわかりやすく跋扈したのだから、もはや説明するまでもないような気がするが、本書はそのなかで適確に事大主義を議論していたのは戸坂潤と山川菊栄だったろうことを案内している。

敗戦後の日本でどんなふうに事大主義が語られたかということも、およそ見当がつくことだ。政治学の丸山眞男は敗戦によって日本人の多くが「悔恨共同体」に向かっていったことにそれがあらわれていると言い、法律学の田中耕太郎は教育基本法に事大主義が反映していると言い、日本社会党の中崎敏は日本人は民主主義を「長いものに巻かれろ主義」だと受けとめたと言った。

戦後日本の事大主義はマスコミにもあらわれたと真っ先に指摘したのは、毎日新聞出身の前芝確三である。前芝は「大部分の読者の事大主義と無批判性」と「独占商品としての大新聞の力」が重なって、日本のマスコミは長期にわたる事大主義的報道と解説に傾いていったとみた。高度成長した日本は、そのあげくにどうなったのかといえば、山本七平の言う「空気を読む日本人」になっていったのである。あとは、何をか言わんやだ。

本書は次のように結ばれる。……事大主義の起源は、日本が描き出した朝鮮という「他者像」なのである。だが、それは見つめれば見つめるほど、自分の姿とよく似ていた。だから事大主義こそ日本の国民性だとする言説は、朝鮮を〝鏡〟として描き出された日本の「自画像」だったのである。

きっとそういうことだったのだろう。そう思うのではあるが、このようなことは日本や朝鮮半島や東アジアにのみあてはまるのかどうかといえば、そうでもあるまい。ジュリア・クリスティヴァの言う「アブジェクシオン」(おぞましさ)がもっと深いところで、もっと多民族間の「恐外病と侮外病」になってきたのだと思われる。

第一七二六夜　二〇一九年十一月二八日

参照千夜

四〇五夜：中江兆民『一年有半・続一年有半』　四一二夜：福澤諭吉『文明論之概略』　一五六七夜：孟子『孟子』　一一六七夜：西郷隆盛『西郷隆盛語録』　八九六夜：頭山満『幕末三舟伝』　四八九夜：志賀重昂『日本風景論』　四二七夜：柳宗悦『民藝四十年』　一一四四夜：柳田国男『海上の道』　一二〇六夜：平塚らいてう『元始、女性は太陽であった』　九四二夜：北一輝『日本改造法案大綱』　五七五夜：緒方竹虎『人間中野正剛』　一四三夜：折口信夫『死者の書』　五六四夜：丸山眞男『忠誠と反逆』　七九六夜：山本七平『現人神の創作者たち』　一〇二八夜：ジュリア・クリスティヴァ『恐怖の権力』

「原則を強いる中国」と「空気を読む日本」とのちがい

大沢昇

クジラの文化、竜の文明

日中比較文化論

集広舎　二〇一五

先だって（二〇一八年五月のこと）中国の首相李克強と韓国の大統領文在寅が来日して、二年半ぶりの日中韓首脳会談が開かれた。北朝鮮対応をめぐったようだが、李克強はそのまま残って安倍首相とともに揃って北海道を訪れ、「私が来たのだから、これで日中関係は正常な位置に戻ったと思っていい。でも日本はもう少し歴史認識をちゃんとしておきなさい」と御宣託を垂れた。

野田政権が尖閣諸島の国有化を発表して以来、日中関係はうまくいっていない。習近平は一帯一路構想や南シナ海開発や朝鮮半島事情や軍備強化には熱心だが、日本のことなど歯牙にもかけていないという態度をとっているし、両国の世論もほとんど交じっていない。中国メディアが日本を称賛することはめったになく、数年前に新華社通信が「日本の改竄文化は恥の文化を上回った」と報じて話題になったほどなのである。

中国側は、ずっと以前から「日本は恩を仇で返す連中だ」「日本人は学ぶことではすぐれていても、感謝することは劣っている」と思いこんでいる。この思い込みは根深い。李素楨の『日中文化比較研究』(文化書房博文社)、尚会鵬の『日中文化DNA解読』(日本僑報社)、李国棟の『日中文化の源流』(白帝社)などをめくってみると、そういう感情が相互の歴史の中にあるのではなく、日中戦争以降に根付いたことがわかる。

それがこの一〇〇年ほどで世代伝播した。だから、若者たちの仲もよくない。中国を代表するポータルサイト「百度」にはあいかわらず「小日本」(シャオリーペン)や「日本鬼子」(リーベングィズ)という言葉が躍り、日本の「2ちゃんねる」には「シナチョン」「ニーヤ」「シナポコペン」「チャンコロ」がひきもきらない。ただし、両者のバッティング・マシーンは異なっている。中国の若者が近現代史の感情にもとづいたものから出ているのに対し、日本の若者は中国から打ち出されたボールに反撥する。

中韓日をめぐる東アジアの民族間感情は、長らく不安定のままである。日本人が中国に親しみを感じる度合も、改革開放直後は八〇パーセント近かったのが、二〇〇五年には三〇パーセントに落ちて、二〇一四年の日中共同世論調査では九三パーセントの日本人が中国の印象を悪く感じていた。前年調査では中国人の九二パーセントが「日本の印象が悪い」と回答していたのだから、これはあきらかにお互いに嫌いあっている。

それでもここ十年ほどの中国人旅行客の日本爆買は増加する一方で、家電ジャパンや食品ジャパンだけは「買い」なのである。二〇一五年二月の春節だけで四五万人の団体中国客が来て、あっというまに六六億元（一一四〇億円）を落としていった。炊飯器・魔法瓶・ウォシュレット・セラミック包丁が「四宝」らしく、飛ぶように売れた。ちょっとした薬品や日用品も人気があるらしく、「熱さまシート」「のどぬ～るスプレー」の小林製薬の株価が一挙に上がった。

もっとも「爆買」のきっかけは日本政府が仕込んだ免税措置で免税店が急増したせいだったし、団体旅行も一時的なブームなのだろう。二〇一六年にはオーストラリア人やベトナム人に買い物額の一人単価を抜かれたばかりだ。観光庁は躍起になって中国客の関心を日本の観光資源に向けさせようとしている。ちなみに「爆買」は中国語の発音（ピン音）ではバオマイという。

どうして日中は揺れ動くのか、いったい日中関係はどうなっているのかなどと深刻に憂えるべきではない。見方を巨きくしたほうがいい。古来このかた文物はひっきりなしに交易交換されてきたわけで、正倉院や遣唐使のころから、禅や水墨画や茶道具のころから、近代における中華街の誕生や中華料理ブームのころから、その関係は変わっていないのだ。

そもそも日本は中国の「稲と鉄と漢字」によって弥生を迎えたのである。貰いものはそれ以来、ずっと続いている。そういうところは変わってはいないのだが、日中の風土感覚や政治意識にはかなりの相違があった。皇帝と天皇とはそうとう異なっているし、易姓革命や科挙をもつ中国の国家制度と、公家と武家をバランスしてきた日本では、ガバナンスのとり方も違う。現代中国の共産党による管理支配ではなおさらだ。

生活様式やアディクション（嗜癖）もそうとう異なっている。中国語と日本語は似ていないし、中国の壁で囲まれた「四合院」の住宅建築と「軒」や「縁側」をもつ日本家屋では、内外への対処感覚が違う。中華料理と和食は「作り」も「味」も正反対に近く、庭の趣向も、中国の巨大な園林と日本の枯山水や小庭はくらべようがない。

それなのに中国と日本はいまなお同じ漢字文化圏にある。そこを見るべきだ。中国ではこれを「同文同種」という。漢字だけではなく、仏教文化圏としても儒教文化圏としても共通するものが多い。そこはやっぱり一衣帯水なのである。

しかしながら「同文同種」は共通していながらも、漢字も仏教も儒教も、中国流と日本流とではそうとう別なスタイルとなって歩んできた。日本の禅宗や浄土宗は中国仏教からみるとかなり変貌したし、儒教儒学も仁斎や徂徠以降はひたすら和儒になっている。

漢字文化でも、日本は音読みに対して訓読みを勝手に加え、あまつさえそこから平仮名・カタカナという独自の表音文字をつくった。中国人には信じられない発明だった。もっとも中国のほうの漢字もいまや簡体字ばかりになってしまって、日本人には勘でしか読めなくなった。日中の社会文化のプロトコルは別ものになっているのだ。

日中の相違をめぐる状況は歴史を通してさまざまに露出してきているのに、安倍政権はバカのひとつおぼえのように、中国との戦略的互恵関係を築きたいと言う。何が互恵関係なのか、何が戦略的なのか、何を努力するのか、ほとんど見えてこない。

こういうときに考えてみたほうがいいのは、日中関係には最低でも四種類の歴史的な見方があって、それぞれが対比的で、裏腹で相反的になっているのだから、そこをいかそうということである。四種の関係とは「中国人が見る中国」「中国から見た日本」「日本人が見る日本」「日本から見た中国」というものだ。加えて「海外が見た中国観および日本観」も、勘定に入れたい。4＋1で見るというやりかただ。

周知のように、日中の社会文化プロトコルは歴史的にも現状においても、かなりの相違がある。それゆえ戦略的互恵関係というのなら、この4＋1を下敷きにしてそれぞれ中身とスタイルを交差させ、そこを襷(たすき)掛けするようなつもりの「日中社会文化マトリクス」めいたものを組み立てていくべきである。ヨーロッパ諸国が数百年をかけて相互解釈をしてきたような、そういう日中相互解釈の試みを重ねていくことだ。なかで「中国人が見る中国」と「中国から見た日本」は、中国の歴史的現在をもっと知らなければ見当がつかない。これについては、かつての五山僧や江戸儒学者たちのように、謙虚かつ貪欲に中国側から文化プロトコルや社会プロトコルを学ぶべきだろう。もうひとつの「日本人が見る日本」と「日本から見た中国」についても、そんなことは楽勝だなどとはゆめゆめ思わないことだ。日本論も中国論もタカをくった議論や自信過剰な議論が多すぎる。

こういうときにほしいのは巨視力なのである。細かい説明は日本人の好みだが、漢字・仏教・儒教文化圏の中でそれぞれが好きに相対化をおしすすめてきた中国と日本を今日的に比較するには、うまくない。そこに陥ると「月餅と饅頭」「襟の合わせ方」「ザーサイと野沢菜」「飲みほす干杯／口をつける乾杯」というふうに重箱の隅をつつくようになっていく。むしろケープをがばっと羽織ったり、雨傘をぱかっと開いたりするようなつもりで、大ざっぱな見方をしてみるのがいい。とくに日本をどう大ざっぱに見立てるかが、案外、大胆な視野をもたらしてくれる。

日本をクジラに譬えたのは梅棹忠夫だった。海の中ではクジラは魚と同じ世界にいるが、魚ではない。見かけの形態が似ているのは平行進化によるコンバージェンス（収束）

によるもので、機構も生理もちがう。日本人はいつしか海の中に入ったクジラみたいなものなのだから、自分はもともと海にいた魚だなんて思わないほうがいい。魚の自慢もしないほうがいい。そこが西洋文明と日本文明の似て非なるところだ。梅棹は『日本とは何か』（NHKブックス）で、そんなふうに説明した。

いかにも梅棹らしい比喩で、日本が欧米そっくりのグローバリズムにうかうかと陥ることを戒めたくて、文明を生態比較的に見るにはこのくらいの大きな見方が必要だと言ったのである。それを言うのにクジラを持ち出した。スピルバーグがアメリカを象徴するのに巨大トラックや鮫のジョーズを持ち出したようなものだ。

詳しいエビデンスをもってそんなふうに言ったのではない。哺乳類であって海の魚まがいであることをデュアルにまっとうしているところが、梅棹のクジラ日本説なのである。なにより大ざっぱなところがいい。

それなら、このような見方で日本と中国を交差させると、どうなるか。本書はそこを承けた。日本がクジラだとしたら中国は竜だろうと見て、日中を比較しながらあれこれを縫った。「クジラの文化／竜の文明」とはそういうことだ。

たしかに中国は竜の国である。しばしば皇帝は「竜の化身」と言われ、皇帝が着る服は「竜袍」とされてきた。中国の最初の王朝の「夏」は朝廷で二匹の竜を飼っていたと司馬遷は書いた。夏王朝では竜がトーテムだったのである。秦の始皇帝も「祖龍」と呼ばれた。漢の劉邦には龍が母に覆いかぶさって生まれたという伝承がある。紫禁城はいまもって竜だらけだ。

風土からしても竜（龍）だろう。中国全土には龍脈が這いまわっていて、風水用語ではその各所に龍穴が穿たれ、竜脳・分竜・起竜・注竜たちが伏している。崑崙山にそうした竜たちの竜源があるという伝説はいまなお流布している。中国は大地まるごとが龍なのだ。龍の頭上に「博山」という肉の盛り上がりがあり、そこに「尺水」という水が湛えられているというのも、風水からの転用だった。

中国にとって龍は霊獣である。とくにそれぞれの足に五爪があるのが尊ばれた。漢民族のアイデンティティを「龍的傳人」（竜の子孫）と言うこともある。中野美代子の『龍の住むランドスケープ』（福武書店）がもっと詳しいことを案内しているし、龍がどのように殷周青銅器の文様や甲骨象形文字の図像になってきたかということについては、林巳奈夫の『龍の話』（中公新書）が詳しい。

だから中国が「竜の文明」らしいことはそれなりによくわかる。だが、中国を竜としたうえで日本をクジラだというふうに切り返すとなると、梅棹説は日中を比較するために言い出したことではなかったろうから、ここは著者が責任をとっていく必要がある。

書店でタイトルの『クジラの文化、竜の文明』を見たときはおもしろそうに見えたが、本書の中身を読むまではその責任をどうとっているのか、心配だった。

そうしたら、著者は「勇魚とり」をしてきた日本人がクジラの身のすべての部位をあますところなく使いきって食用や鯨油や釣糸などにしてきたこと、ペリーがまさにその鯨油を求めて浦賀に来航してきたことが日本を変えてしまったこと、日本文化が和漢の併用、天皇と幕府の併用、和魂洋才の歴史をもってきたことなどを挙げて、こうしたことからしても日本はやはりクジラだったのではないかというふうに説明していた。

まあまあ、だ。少しこじつけっぽいけれど、日本は天皇と幕府の両方を戴いた水陸両用のデュアル・スタンダードなので、そこが哺乳類であって魚まがいともなったクジラめいているのではないか、そう見てもいいのではないかと説明したわけだ。責任をとったほどではなかったけれど、そう言われてみれば日本は「両生類」というより「勇魚」と言いたくなる。

だったら日本の捕鯨の技能と文化、鯨尺の効用、山東京伝ふうの目くじらなど、もっとあれこれを持ち出してもよかったが、著者はそこまでは手を広げなかった。あくまで日中比較が関心事なのである。

ここから話はだんだん狭くなる。たとえば、「竜の中国」と「クジラの日本」を比較すると何が特徴的に浮き出てくるのかというと、本書はまず「火と水」をあげる。火の中国料理、水の日本料理というミメロギアだ。

中国料理が火を使いまくるのは誰でも知っている。料理法からして火偏の漢字がずらりと並ぶ。「炒(チャオ)」は少量の油で炒める、「爆(バオ)」は強火で一気に炒める、「煎(ジイエン)」は油をひいて両面を焼く、「煮(ジュ)」は水で煮る、「炸(ジャ)」は油で揚げる、「燴(フォイ)」はあんかけにする、「涮(シュアン)」はさっと湯に通す、「煨(ウェイ)」はとろ火で煮込む、「烤(カオ)」は直火で焼くことである。

日本料理も火をつかうのは当然だが、すべては「火加減」であって、ここまで自立させてはいない。火は加減するものなのだ。ついでながら塩も味も加減する（塩加減・味加減）。中国では「強」か「弱」か「無」だけである。日本では「ちょっと炙(あぶ)る」とか「さっと湯がく」いう妙味が好まれることも少なくないけれど、中国ではこんなまどろっこしいことはめったにしない。

このような違いは調理場の包丁使いにもあらわれる。中国の包丁さばきは、薄切りの「片(ピエン)」、ぶつ切りの「塊(クアイ)」、輪切りの「断(トウアン)」、賽(さい)の目切りの「丁(ティン)」、千切りの「絲(スー)」、蛇腹切りの「竜(ロン)」、拍子木切りの「条(ティアオ)」などとなっていて、ざくざくしているのだ。ざくざくしていてもそれを油を入れた中華鍋に一気に入れて火にかけるのだから、それでいい。ぼくは学生時代に六本木の北京飯店と香妃園に出入りしていたのだが（従業員の夏季旅行にもついていった）、そのダイナミックな厨房(ちゅうぼう)の気迫に圧倒されっぱなしだったこと、忘れられない。

かたや日本料理といえば、うんと繊細だ。「火加減」とともに「塩加減」や「ダシ（出汁）加減」の文化になっている。水を選ぶし、煮立たせ方や素材の入れ時にも微妙な案配がある。水の切り方、含ませ方にも気を配る。水の中の豆腐を掬うなどという芸当もある。こちらはクジラというよりアユの文化だ。

ついで本書は建物を比較した。中国の「石造り」には、日本の「木作り」が比せられる。象徴的には天壇と伊勢神宮である。

天壇は瑠璃の瓦と大理石で、白亜の大理石を三段に積んだ圜丘の中心には円形石の「天心石」がある。伊勢は木作りであるだけでなく、遷宮のたびに建て替えられる。中心には真柱のほかに何もない。中国は永遠で、日本は千代に八千代に、なのである。中国はエターナル（真）、日本はエフェメラル（仮）なのだ。

このことは「土の壁」で囲む中国家屋ともっぱら「木と紙」に頼った日本家屋の対比にも投影している。中国の四合院式の一般的な住宅は、中央の院子（中庭）を囲んで東西南北に房子（家屋）があり、たいていは北側の房子が正房になる。左右の家屋は廂房だ。これらが頑丈な土壁によって、大きく高く囲まれる。外敵や害虫を防ぐためである。家は必ず内なる家であって、家以外のすべてが外なのだ。

これに対して日本の住宅のさかいには軒や庇や縁側があるが、ここで内と外とを切断しない。軒も庇も縁側も、内と外とをあわせもつリミナルな帯になる。家と家とは木々や生け垣で分けられる程度で、仮に板塀があっても薄くて低い。すべては、なんとなく見え隠れする。覗こうと思えば覗ける。このことは寝殿式でも数寄屋でも変わらない。建造物は透けている。

日中の空間仕切り感覚のちがいは門扉・板戸と障子・襖のちがいにもあらわれる。日本の家屋のインテリアは四季に応じて変化する。障子や襖がちょっとあいていて、それで「おーい、お茶」なのだ。どう見ても日本の基本は「間の文化」であって、オズヤス（小津安二郎）なのだ。

家族の住み方も異なっている。日中ともに大家族の住宅があるけれど、たとえば岐阜の白川郷の合掌造りと福建省の客家の土楼では、構造も構成も習慣も趣旨もちがっている。合掌づくりの家は三階や四階はカイコを飼うためのもの、暮らしと働きが一緒になっているのだが、客家の土楼は一〇〇人近くが集住し、ときに五〇〇人をこえることがある。一族総集住だ。これは匈奴や五胡十六国などの遊牧騎馬団につねに襲われていたせいで、守勢社会がつくった空間的知恵だった。

日本の親類縁者はこんなふうにはならない。同じ村や町に暮らしていても、ほぼ適当に散って住む。日本列島や日本社会は外敵の侵入を受けなかったからである。できれば「ばらばらに住んで、近所を愉しむ」でいたいのだ。そのかわり、ちょっとしたことで差別的な分住をした。

このほか本書には、①中国は「色の衣服」を尊び、日本が「柄の着物」を好んだこと、②中国は「殺される皇帝」の歴史によって、日本は「譲る天皇」の歴史によって変遷してきたこと、③中国が「原則を強いる社会」だとすれば、日本は「空気を読む社会」であろうことなどが言及されている。このへんはその通りだろうと思う一方、一言加えたくもなった。

①はやや気がつきにくい特徴の比較だ。もちろん日中ともに色も柄も使うのだが、梅棹流に大ざっぱに見ると、たしかにこうなる。もう少し突っ込んでいえば、中国は「色面の文化」で、日本は「柄色の文化」（色柄ではない）なのである。

②も大ざっぱには当たっている。ただ、なぜ中国の為政者は殺戮され屠られるのか、日本の天皇は権力をもっていないから譲位がおこるのか、そこを今後はもっと考えていったほうがいい。また、日中のリーダーシップの比較についてはかなり徹底したほうがいいだろう。ぼくは遊芸や芸能の「家元」について考えてみるとおもしろいのではないかと思っている。

③はよく言われることだから解説不要だろうが、逆のことを議論すべきなのである。日本のことをいえば、日本で原則を強いるとどうなるかということだ。コンプライアン

スによってどこまで日本社会が活きたものになるのかは、ここにかかっていく。おそらくうまくいかないだろう。そこには障子や襖の開け閉めがないし、軒や縁側がない。

著者の大沢昇は東京外大の中国語学科の出身者である。シンガポールでPANA通信に在籍したのち小学館の仕事などをして、その後は中国分析総合センターの代表になったジャーナリスティックな研究者だ。『中国はどこへ』(三一書房)、『中国怪奇物語』全五巻(汐文社)、『現代中国』(新曜社)などの著書がある。日本語と中国語と英語を対応させた『プログレッシブ・トライリンガル』なども編集した。

版元についても一言、案内しておく。集広舎は中国文化やアジア文化にまつわる書籍の出版を手掛けている。母体は一九六九年に福岡で創業した中国書店だ。王力雄『黄禍』、アイ・ウェイ・ウェイについての『艾未未読本』、仁欽『現代中国の民族政策と民族問題』、張宏傑『中国国民性の歴史的変遷』、相田洋『中国妖怪・鬼神図譜』、白土悟『振武館物語』、喜多由浩『満洲文化物語』、ダライ・ラマ『声明』、中原一博『チベットの焼身抗議』、アジャ・リンポチェ『回想録』などを刊行している。

かなり懐に入りこんでいるものばかりなので、売れているのかどうか心配だ。それで多少の応援するつもりもあって、今夜は本書をとりあげた。

ところで、本書の感想を綴るあいまに、少々ウェブの日中比較についての発言を見ていたら、宮崎産業経営大学を首席で卒業した中国留学生がおもしろいことを書いていた。西安の出身だ。

アルバイトの店で「お三階へどうぞ」と言ったら笑われたが、自分はベテラン店員が「お二階へどうぞ」と言っているのを聞いたのでそう言ったのに、なぜ三階には「お」が付かないのかがわからない。尋ねても説明がなかった。それだけではなかった。お魚、お刺身とは言うが、お鯛、おマグロとは言わない。お野菜、おネギ、おダイコンと言うが、おホウレン草、おカボチャにはならない。お醤油、お味噌、お砂糖はあっても、お胡椒、お唐辛子はない。この微妙な丁寧語（敬語）の使い方にほとほと悩まされたというのだ。

どうしてくれるのかと言わんばかりだが、これは答えを言っておいてあげたい。実はルールはない。なんと、ほぼ慣習によるものだけなのだ。せいぜい京都の言葉づかいや東京の山の手の言葉づかいが広まったにすぎない。だから申し訳ないけれど、丸暗記してもらうしかない。ちなみに「お二階」があって「お三階」がないのは、当時の料理屋や宿屋に三階建てがほとんどなかったからである。

こんなことも書いてあった。教授が講義の中で「この説は正しい」と言ったあと、「と言ってもいい」と続け、さらに「のではなかろう」と加え、次に力強く「なかろうか」

と「か」を言い添えたとき、自分のアタマが真っ白になった、と。

　これは弁解の余地がない。その教授だけではなく、日本人の表現の多くがこうした継ぎたし話法や婉曲話法になっている。だから、ふつうはその場の意図を文脈的に判断するしかないのだが、それが「真偽」に関しても使われてしまうのは、この教授を含めてヨーロッパの合理そのものにさえ習熟していないということである。迷わせてごめんね、と言うしかない。


日中の接近と離反。日本海の不安定。日中間ビジネスの暗礁。歴史認識のなすりあい。つまりは竜とクジラのすれちがい。これからますます厄介なことになっていくだろう。今夜はまったくふれなかったが、ここに韓国や台湾が入るのだ。東南アジアやフィリピンやモンゴルが加わるのである。しかもお節介なことに、これらすべてにアメリカが嚙んでくる。いったい日本はどんなふうに、どんな発言をしていくのか。戦略的互恵関係などですませられるはずもない。

　数日前、九二歳のマハティールがマレーシアの首相を引き受けた。「ルック・イースト」政策で世界とアジアを唸らせた東南アジアを代表する政治家だ。そのニュースを知って、ますますアジアの政治経済と社会文化に関するコミュニケーションには、各国それぞれの新たな断裂が深くなってきていると思わざるをえなくなった。クジラと竜くらいでは、役者が少なすぎるのだ。麒麟（きりん）も孫悟空もキョンシーも、鵺（ぬえ）もゴジラも初音ミクも、どんどん出てきたほうがいい。

第一六七五夜　二〇一八年五月十六日

参照千夜

一〇〇八夜：吉川幸次郎『仁斎・徂徠・宣長』　一一九八夜：伊藤仁斎『童子問』　一七〇六夜：荻生徂徠『政談』　一六二八夜：梅棹忠夫『行為と妄想』　一七二八夜：坪内隆彦『アジア英雄伝』

はたしてアジア諸国は
本気で「融合と併存」を望んでいるのか

後藤康男編著
東洋思想と新しい世紀
有斐閣　一九九九

だいぶん前に入手していて放ったらかしの本がけっこうある。それを何かのときに広げて、ああ、放ったらかしにした通りのやっぱりたいした本じゃなかったと思うことも多いけれど、これはこれはと感じて、突如、読み耽(ふけ)るということも少なくない。読書というもの、最も大事なことは「いつ、何を読んだか」ということと、その出会いを「どのような楽譜にしたか」であって、そこから先は、その楽譜を一度でもいいから演奏してみたかということがメルクマールになっていく。

本書は中国の国際文化交流中心という機関と安田火災海上とが一九九六年にスタートさせた「東方思想国際学術研討会」をまとめたもので、一九九八年に北京でひらかれた会議を下敷きにしている（研討会とは中国語のシンポジウムの意味）。編者の後藤康男は当時の安田グループ側の代表である。

この会議は、二十世紀の終わりの日中シンポジウムだったから「新しい世紀」などというタイトルがついているのだが、一年ほど前に読んでみたら、なかなかの拾いものだった。アジアの社会経済文化を二十世紀末に展望した本でありながら、それを十年後に読んだというこのズレが、かえっておもしろかったのだ。

いやズレだけがおもしろかったのではない。まっとうな理由もいくつかある。発言者および執筆者の大半が中国の知識人や研究者であること（それぞれイキがいい）、十年前の提言であるがゆえにかえって日中の共同問題やギャップがよく見えること（中国側の提言のほうが明確だ）、中国人は欧米社会の歴史と現在に対して強い批評精神をもっていること（ヨーロッパにもアメリカにもうんざりしている）、貯蓄好きの日本が投資好きの日本に鞍替えしたことを日本は反省し、中国は批判していること、中国の「天人合一」の理想が思ったより強いこと……等々。

とくに中国側の発言は欧米史をまるで片手で一摑みしているかのようで、いまさらながらそこが竜の爪っぽくて、愉快であった。たとえば、「ヨーロッパ社会が維持されてきたのは、ローマ帝国統一の理念の継承、グレゴリー七世以降の教会権力の維持、フス党の反乱以来の民族国家運動の煽動という三つの体制理念だけによるものだ」といったような一摑みだ。こういう乱暴で強引な指摘は、ふだんはなかなかお目にかかれない。

しかしこういう見方ができるから欧米の歴史と現在にふりまわされていないとも言えるのである。

というわけで、出し遅れの証文じみてはいるものの、本書のなかの提言を少々紹介しておきたいと思った。きっと意外な見方がありうることに気がつくだろう。発言・執筆者は二〇人をこえているが、めぼしいところのみをピックアップしてみる。肩書は当時のままにした。

★汪道涵（おうどうかん）（海峡両岸関係協会会長）…近代の中国人は西方社会を泰西（タイシー）とよび、西洋人は中国とその周辺社会を遠東（ユアントン）とよんできた。その中国は現代を迎えるにあたって、いったん「変法自強」と「中体西用」を採用した。しかし、それだけでは二一世紀中国はつくれない。ここに古代中国の理念、とくに「天人合一」を加えたい。

★謝遐齢（しゃかれい）（上海復旦大学主任教授）…西洋社会は「思弁と論証」を重視し、東洋社会は「体認と感応」を重視してきた。西洋的論理にはこの体認と感応が入ってこない。そのため、そこに気がついた二十世紀後半の西洋の知識人はやたらに〝感性〟や〝感覚〟や〝心理〟を浮上させようとしてきたのだが、これが大きな誤りを引き起こす原因になった。こんな西洋と東洋が衝突するはずがない。それゆえハンチントンの「文明の衝突」の予想はまちがっている。東洋は論理も思弁も体認も感応も、最初っから「気」のなかにとりこんでいる。こういうことに気がつく西洋の知識人は、（ハンス・ゲオルグ・ガダマーらを除いて）きわめて少ない。

★王志平（上海東方研究院顧問）…いま人類の知識の情報化が五年ごとに倍増している。これをそのまま受けとめていては何が何だかわからなくなる。中国はこれを、（1）農業文明において受ける、（2）中国的な科学技術において受ける、（3）情報を中国の文明性に寄与しうるものに集約していく、という方針をもつ。そしてこれらを交差させる視座として天人合一の思想と、気の哲学（とりわけ直感と頓悟の方法）を取り戻す。

★鐘志邦（シンガポール三一神学院教授）…マレーシアから独立してまだ四十年しかたっていないシンガポールには、中華の儒教的大伝統ではなく、多元的な小伝統が入ってきたまま育っている。いまシンガポールは、リー・クアンユーの息子のリー・シェンロンが明確に表明しているように、「西洋型の個人的権利の拡張」よりも「個人が集団を通して充実しうる社会」に向かいたい。

★黄範章（中国国家発展計画委員会マクロ経済研究院主任研究員）…これまで東アジア社会は追随型の経済モデルを選んできた。そのため日本・韓国・シンガポールはいずれも政府官僚主導型の経済成長を実現してきた。ここには理由があった。家父長的管理社会であること、目上に対する忠孝の意識が強いこと、また「寡きを患えずして、均からざるを患う」という見方が蔓延していたことなどだ。しかし、ここには腐敗もつきものだった。

貯蓄が奨励されたことも、追随型の経済モデルを有効にはたらかせた。とくに日本は倹約思想と高貯蓄高によって未曾有の高度成長をなしとげた。しかし、これらがグローバリズムの波に乗せられて「貯蓄から投資へ」と方向を崩していけば、とたんに強靭な経済モデルが解体していくことになる。いまの日本はそうなっている。それに対して中国は二一世紀にはふたたび温故知新して、「有序」「中庸」の方法を重視すべきだ。

★陳方正（香港中文大学中国文化研究所所長）…東洋とりわけ中国と日本においても魯迅や三島由紀夫ふうの「現実に対する嘲笑の姿勢」が失せてしまった。二一世紀社会は売上高と視聴率によってのみ動き、すべてが消費構造への埋没に向かっている。これでは中国や日本も、次の三極に分かれていくだろう。（1）教条主義的に現代社会を批判して原則に戻ろうとする。（2）現代社会からの脱出を試みる。たとえばポストモダニズム。（3）伝統を組立て直して二一世紀に適用する。

しかし、これらを既存の「知の言葉」で説明する試みはいずれも失敗するだろう。そもそも現代社会の急激な情報メディア的変質を既存の論述の枠組みのままあらわすことは不可能だ。中国は（そして、できるのなら日本も）、この三極とは異なる方向を考えるべきだ。これまで東洋は「融合と併存」を選択してきた。ならば中国は今後も「外儒内法」をとりつづけたい。とくにグローバリズムの驀進のなかでの、ミトコンドリアのような「内共生」や、「一体二制」や「準内共生」が重要になってくるだろう。

★劉本傑（シカゴ大学・台湾東華大学教授）…どんな富であれ、富というものは社会の矛盾を増長する。東洋の経済学は「経世済人の学」でなければならない。それには「量」の経済を「質」の経済にするだけでは足りない。「環」の経済にするべきだ。それによって初めて、新鮮な空気を吸う、朝日を浴びる、深山の清水を飲むといった行為が経済の対象に入ってくる。新たな問題はグローバル・オポチュニティにあるのではなく、ローカル・オポチュニティにある。

ざっとこんなところが目にとまったものの要約だ。総じて「やっぱり中国は本気で儒教と共産党と資本主義を結びつけようとしている」ということがよくわかる。

第一一九四夜　二〇〇七年七月二三日

参照千夜

一〇八三夜：ハンチントン『文明の衝突』　七一六夜：魯迅『阿Q正伝』　一〇二二夜：三島由紀夫『絹と明察』　一四七二夜：近藤大介『「中国模式」の衝撃』　一三四四夜：アマルティア・セン『合理的な愚か者』

欧米型の世界経済史を
アジアの視点で書きなおしてしまう試み

アンドレ・グンダー・フランク

リオリエント

アジア時代のグローバル・エコノミー

山下範久訳　藤原書店　二〇〇〇

Andre Gunder Frank: ReORIENT 1998

いま、ぼくは「世界の見方をコンテント・インデックスするための作業」の一応の仕上げにかかっている。三十年来の懸案の仕事で、マザープログラムとしての「目次録」というものだが（詳しいことはそのうち公表する）、これをイシス編集学校の「離」の演習を修了した者たちがつくる「纏組（まといぐみ）」のメンバーとともに取り組んでいる。この年末年始にはちょっとピッチを上げげたい。

なかで二人の若い仲間にエディトリアル・リーダーシップを期待している。一人は香港を拠点に投資会社を動かしている「川」君で、一人はチェンマイにいて化粧品会社を経営している「花」嬢である。こんな会話をしていると仮想してもらうといい。「花」は最近トルコに原料の仕入れに行ってきた。

松　イスタンブールはどうだった?

花　トルコはやっぱり東と西の両方をもってますよね。それがオリーブの木の繁り方にもあらわれてます。

松　かつての日本はトルコの政治動向によく目を凝らしていたけれど、最近はダメだね。トルコが東西融合のカギを握っているのにね。香港も「東の中の西」だよね。仕事をしていて、どう?

川　すでにマネーはあまりにもグローバルになりすぎてるんですが、経営者たちのマネージ感覚はやはり中国的で、会社の将来に対するアカウンタビリティはやっぱりどこか東方的です。

花　タイのさまざまな会社は、その手工業的な生産のしくみにはまだまだアジア性があるんですが、いったんグローバルマネーの洗礼を受けると、がらりと変わります。それは日本企業の近寄り方にもあらわれている。

川　校長のNARASIA(ナラジア)のほうはどうですか。奈良とアジアを線から面へつなげていくプロジェクトでしたね。

松　ちょうど近代以降の東アジアの人物ばかりを取り上げる「人名事典」の執筆編集にかかっているんだけど、いままで誰もそんなことをしてこなかったようだね。どうも「欧米の知」に埋没しすぎた時期が長すぎた。掘り起こすのがたいへんだ。

まあ、こんな感じの会話をちょくちょく楽しんでいるのだが、この二人のためにも、今夜はアンドレ・フランクの『リオリエント』を紹介することにした。すでに『ＮＡＲＡＳＩＡ２』でちょっとお目見えした本だ。榊原英資さんが紹介した。ざっとは、以下のようなものになっている。

ヨーロッパ人は自分たちの位置が世界の圧倒的優位にあることを示すため、かなり〝せこい〟ことをしてきた。わかりやすい例をいえば、メルカトール図法を波及させてヨーロッパを大陸扱いし、イギリスをインドほどの大きさにして、そのぶんインドを「亜大陸」と呼び、途方もなく大きな中国をただの「国」(country)にした。

そもそもアジアを含む「ユーラシア」(Eurasia)という言い方があまりにヨーロッパに寄りすぎていた。せめてアーノルド・トインビーや世界史学会の元会長だったロス・ダンがかつてかりそめに提案した「アフラジア」(Afrasia)くらいには謙虚になるべきだが、そんなアイディアはすぐに吹っ飛び、そのユーラシアの中核を占めるヴェネツィアやアムステルダムやロンドンが発信したシステムだけを、ウォーラーステインが名付けたように「世界システム」とみなしたのだ。

西洋史観にあっては、ヨーロッパの歴史が世界の歴史であり、ヨーロッパの見方が世界の価値観なのである。

さすがにこうした片寄った見方が、何らかの度しがたい社会的な過誤を生じさせてきたであろうことは、一部の先駆的な知識人からしてみれば理の当然だった。たとえばパレスチナ出身のエドワード・サイードは『オリエンタリズム』(平凡社ライブラリー)で、カイロ生まれのサミール・アミンは『世界は周辺部から変る』(第三書館)で、西洋社会(the West)が自分たち以外の「残り」(the Rest)を〝オリエンタルな縮こまり〟とみなして、多分に偏見と蔑視を増幅してきたことを暴いた。

またたとえば、マーティン・バナールは大著『ブラック・アテナ』(新評論)で、ヨーロッパが古代ギリシアに民主的なルーツをもっているとみなしたのは十九世紀ヨーロッパが意図的にでっちあげた史的神話であり、そこには根強いヨーロッパ中心史観が横行していったことを暴露した。ミシェル・ボーもほぼ似たようなことを暴露した。

ヨーロッパ中心史観は〝せこい〟〝ずるい〟だけではなく、アジアについての歴史認識が決定的にまちがっていた。そのことをいちはやく証かした者たちも、告発した者たちもいる。早くにはジョゼフ・ニーダムの『中国の科学と文明』(思索社)という十巻近い大シリーズがあった。ぼくは七〇年代に夢中になった。本人とも会った。中国の科学技術を絶賛していた。

ドナルド・ラックとエドウィン・ヴァン・クレイは『ヨーロッパを準備したアジア』(未訳)というこれまた八巻をこえる大著を刊行し、十六世紀のヨーロッパ人が「中国と日本こそ未来の偉大な希望である」と見ていたことを実証した。この時期までは、ヨーロッパの宣教師・商人・船長・医師・兵士は中国と日本を訪れた際の驚きをヨーロッパの主要言語でさかんに著述喧伝(けんでん)していたのだ。ライプニッツでさえルイ一四世に、「フランスがライン川の対岸に関心をお持ちのようならば、むしろ南東に矛先を変えてオスマンに戦いを挑んだほうがよろしかろう」と手紙を書いているほどだ。

ジャネット・アブー＝ルゴドの『ヨーロッパ覇権以前』(岩波書店)という本もある。この本では、十三世紀にすでに「アフロ・ユーラシア経済」というシステムが機能していて、そこに、①ヨーロッパのサブシステム(シャンパーニュの大市、フランドル工業地帯、ジェノヴァ・ヴェネツィアなどの海洋都市国家)、②中東中心部とモンゴリアン・アジアを横断する東西交易システム、③インド・東南アジア・東アジア型のサブシステムという、三つのサブシステムが共有されていると主張した。

イスラムの研究者であるマーシャル・ホジソンは、近代以降のヨーロッパの世界経済研究者の視野狭窄(きょうさく)を「トンネル史観」だと批判した。ヨーロッパ内部の因果関係だけをくらべて見てトンネル的な視界でものを言っているというのだ。

たしかにヨーロッパにはアダム・スミスの『国富論』は下敷きになってはいても、『諸国民の富』はまったく目に入っていない。実はアダム・スミスが「中国はヨーロッパのどの部分よりも豊かである」と書いていたにもかかわらず――。

どう見ても、世界経済は長期にわたってアジア・オリエントに基盤をおいていたのである。ジェノヴァもヴェネツィアもオランダもポルトガルも、その経済成長の基盤はアジアにあった。トルコ以東にあった。コロンブスが行きたかったところも〝黄金のアジア〟だったのである。

これらのことをまちがえて伝え、あるいは隠し、その代わりにその空欄にヨーロッパ中心史観をせっせと充当していったことは、近代以降の世界経済社会から得た欧米主義の大成果の巨大さからして、あまりにもその過誤は大きい。捏造(ねつぞう)されたのは歴史観だけではない。経済学やその法則化もこの史観の上にアグラをかいただけだったのだ。その責めはマルサスやリカードやミルにも、また残念ながらマルクスにも、またマックス・ウェーバーにもあったと言うべきである。

ようするにヨーロッパは、ウェーバーにこそ象徴的であるが、アジアの経済社会が長らく「東洋的専制」「アジア的生産様式」「貢納的小資本主義」「鎖国的交易主義」などに陥っていると強弁しつづけることで主役の座から追いやり、ヨーロッパ自身の経済成長をまんまとなしとげたのだった。

こうした強弁にもかかわらず（いや、故意に過誤を犯してきたからだったともいうべきだが）、ヨーロッパは十九世紀になると、それまで周辺世界を公平に学習してこなかったことはいっさい棚上げにして、その後の一〇〇年足らずで一挙にアジアを凌駕（りょうが）してみせたわけだ。実質的にも、理論的にも、その後のグランドシナリオにもとづくグローバリゼーションにおいても――。

そこでアンドレ・フランクがこれらの総点検をもって、本来のアジア・オリエントの優位は今後の二一世紀における〝リオリエント現象〟によって復権につながるのではないかという仮説を、本書で提出することになったわけである。

一言でその方法をいえば、本書ではブローデルのヨーロッパ中心の経済パラダイム論やウォーラーステイン型の近代世界システム論ではなくて、新たな「リージョナルエコノミー・システム」（地域間経済システム）が右に左に、東西に、南北に動くことになる。銀や綿花や胡椒（こしょう）や陶磁器が「横につながる経済力」をもって主語になっていく。

川　どうして「アジアの経済学」が生まれなかったんですかね。

松　欧米で？

川　アジア人の手によって。

松　そもそも儒学の「経世済民」は東洋の経済思想だと思うけどね。でもそれが近代化のときに孫文をはじめ、みんな社会主義のほうに行った。日本にも三浦梅園にも二宮尊徳にも権藤成卿にも経済学はあったんだが、やっぱり近代日本人がそのことに気がつかなかったんだね。二十世紀にその必要があったときは、もうすっかり欧米エコノミーに蹂躙されていたしね。

花　そうなると、前夜の千夜千冊の『ガンディーの経済学』(作品社)こそ、ますますかっこいいですね。スワラージ、スワデーシというより「ナイー・タリーム」ね。

川　「富」と「貧」をつなぐ受託者制度ね。あれは「第三の経済学」というより、まさしく近代における経済社会の原点ですよね。

松　ポランニーが実践できなかったことだよね。

花　それをカッダル(チャルカー=手工業の国産糸で紡がれ織られた服)に人々の選好を集中させるという象徴的選択であらわしているのが、とてもかっこいい。セクシーです。

川　アジット・ダースグプタの『ガンディーの経済学』に書いてあった「サッティヤグラハ」がそうですが、ガンディーって概念を編集的に創造してますよね。それが経済政策の「より少ない資本、それも外国資本に頼らない資本」という実践方針と合致していくのは、感心しました。

松　そう、かなり編集的な政治家だね。

川　「ナイー・タリーム」(新しい教育)は母語による学習と教育の徹底ですよね。

花　子供に教えるためのシラバスは手仕事的な仕掛けで説明されているべきだというのは、涙ぐみます。

川　あれって「離」のカリキュラムですね。「離」は子供ではなくて大人用だけど、〃大人のための手仕事〃でシラバスができてますよね。「目次録」も新しいシラバスになるでしょうね。

松　うん、そうなると嬉しいね。

本書は六〇〇ページの大著で、十五世紀から近代直前までのアジアの経済力を克明に詳述したものであるが、その記述は研究者たちの成果と議論をことこまかに示しながら展開されているために、一般読者にはきわめて読みにくい。けれどもそのぶん、経済史家やアジアを視野に入れたいエコノミストには目から鱗が何度も落ちるだろうから、ぼくのような素人にはアジア経済史研究の跛行的な比較の核心がことごとく見えてくるというありがたい特典がある。が、そういうことをべつにすると、本書が提示した内容はきわめてシンプルなのである。第一点、なぜ中世近世のアジア経済は未曾有の活性力に富んでいたのか。第二点、なぜそのアジア経済が十九世紀に退嬰して、ヨーロッパ経済が世界を席巻できたのか。第三点、以上の背景と理由を経済史や経済学が見すごしてきたのはなぜか。たったこれだけだ。

第二点については、かつてカール・ポランニーがいみじくも「大転換」と名付けた現象で、その理由については一般の経済史では産業技術革命の成功とヨーロッパ諸国によるオスマントルコ叩きの成功とが主たる理由にあげられてきた。それがアジアに及んで、一八四〇年のアヘン戦争がすでにして〝とどめ〟になったと説明されてきた。

いっとき話題になったダグラス・ノースとロバート・トマスの『西欧世界の勃興—新しい経済史の試み』(ミネルヴァ書房)では、ヨーロッパにおける経済組織の充実と発展が要因だとされた。株式会社の発展だ。ウィリアム・マクニールの『世界史：人類の結びつきと相互作用の歴史』(楽工社)では、大転換はそれ以前の長きにわたるアフロ・ユーラシアの経済動向に関係しているという説明になった。

一方、ポランニーは十九世紀のヨーロッパが土地や労働を売買することにしたからだという〝犯罪〟の告発に徹した。

フランクはこれらの説明のいずれにも不満をもったのである。それが第三点の問題にかかわっていた。

フランクの不満を一言でいえば、多くの経済史家が「ヨーロッパ世界経済」と「それ以外の外部経済」という区分にこだわりすぎていたことにあった。その頂点にブローデルとウォーラーステインがいたのだが、フランクは当初はこの二人に依拠し、あまつさえウォーラーステインとは共同研究すらしていたのだが、ある時期からこのようなパースペクティブをいったん捨てて、もっとホリスティックな世界経済史観の確立をめざさなければならないと決断したようなのだ。

そこでフランクは、第一点の問題を新たな四つのスコープで書きなおすべきだと考えた。「リージョナリズム」（地域主義）、「交易ディアスポーラ」、「文書記録」、「エコロジー」（経済の生態系）だ。これによって本書の前半部はまことに雄弁な書きなおしになった。そこには第三点の「見過ごし」の理由もいちいち示されている。

しかしあらかじめ言っておくと、ぼくが本書を読んだかぎりでは、第二点の「東洋の没落」と「西洋の勃興」の交代がおこった理由は十分に説明されていなかった。また、十九世紀におけるアジアの後退の構造的要因をアジア自身には求めていなかった。アジアは叩きのめされたとしか説明されていないのだ。このあたりは『資本主義の世界史』や『大反転する世界』（ともに藤原書店）のミシェル・ボーのほうが明断している。

とはいえ、本書によって世界史上の訂正すべき問題の大半が一四〇〇年から一八〇〇年のあいだにおこったことは如実になった。ふりかえっていえば、一九三五年にアンリ・ピレンヌが「マホメットなくしてシャルルマーニュなし」と直観的に指摘したことは、本書によって浩瀚なアフラジアで、アフロ・ユーラシアな、そしてちょっぴりNARASIAな四〇〇年史となったのである。

川　フランクは「東洋の没落」と「西洋の勃興」の交代の理由をあきらかにしなかったんですか。

松　いろいろ書いているし、引用もしているんだけど、抉るようなもの、説得力のある説明はなかったね。

花　学者さんの学説型の組み立てだからじゃないですか。

松　そうだね。ただし、この手のものがあまりにもなかったので、従来のアジア経済史を読むよりよっぽどダイナミックなものにはなってます。ただし、読みづらい。いろいろこちらでつなげる必要がある。

花　それでも「リオリエント現象」というテーゼは高らかなんですか。

松　必ずしも情熱的でも、精神的でもないけれど、確実にリオリエンテーションを実証しようとしているね。

十五世紀からの世界経済の鍵を握っていたのは、「銀の流通」と「リージョナル交易」

と「細菌のコロンブス的交流」である。その一部の流れについてはジャレド・ダイアモンドも触れていた。そこにはたえず「リオリエント」（方向を変える）ということがおこっていた。以下、興味深い流れだけを簡潔に地域ごとに紹介することにする。

まずインドとインド洋だが、ここでは時計回りにアデン、モカ、ホルムズ、カンバヤ、グジャラート、ゴア、ヴィジャナガル、カリカット、コロンボ、マドラス（現在はチェンナイ）、マスリパタム、マラッカ、アチェなどが交易港湾都市として次々にネックレスのように連なり、これに応じて十七世紀のムガール帝国のアグラ、デリー、ラホールがそれぞれ五〇万人内陸都市として繁栄した。

低コストの綿織物・胡椒・豆類・植物油などが、ヨーロッパに対しても西アジアに対しても西回りの貿易黒字を計上しつづけ、その一部が東回りで東南アジアに向かっていたのだ。これによってインドは莫大な銀とある程度の金を受け取り、銀は貨幣に鋳造されるか中国などに再輸出され、金はパゴダ貨や金細工になっていった（インドはほとんど銀を産出しない）。

なかでインド西岸は紅海・ペルシア湾交易の中継地となったグジャラートとポルトガルの交易集散地となったゴアを拠点に、インド東岸はベンガル湾に面したコロマンデル地域を中心に、東南アジアと中国とのあいだで綿布を輸出し、香料・陶磁器・金・錫・銅・木材を輸入していた。コロマンデルはオランダ人による世界経営の出張拠点にもなっていく。

次には東南アジアだが、この豊かな生産力をもつ地域ではインド洋側のクラ地峡よりも、東側の東シナ海に面した「扶南」（中国からそう呼ばれた）地域に流通センター化がおこったことが重要である。胡椒はスマトラ・マラヤ・ジャワに、香料はモルッカ諸島・バンダ諸島にしか採れなかったからだ。

歴史的には、ベトナムの越国と占城（チャンパ）、カンボジアのクメール人によるアンコール朝、ビルマのペグー朝、タイ（シャム）のアユタヤ朝、スマトラのシュリーヴィジャヤ王国とマジャパヒト王国などが、西のインドと東の中国の中継力を発揮して、インドの繊維業から日本と南米の銀の扱いまでを頻繁に交差させていった。

とくに東南アジアが世界経済に寄与したのは、やはり中国市場との交易力によるもので、たとえばビルマと中国では中国から絹・塩・鉄・武具・化粧品・衣服・茶・銅銭が入り、琥珀・紅玉・ヒスイ・魚類・ツバメの巣・フカヒレ・ココヤシ糖が出ていったし、ベトナムは木材・竹・硫黄・薬品・染料・鉛を中国に向かわせ、タイは米・綿花・砂糖・錫・木材・胡椒・カルダモン・象牙・蘇芳・安息香・鹿皮・虎皮などを中国に向け、アユタヤ経済文化の独特の栄華を誇った。

こうしたなかで、戦国末期の日本が一五六〇年以降に豊富な銀の産出量によってはたした役割が見逃せない。近世日本は交易力においてはまったく〝鎖国〟などしていなかったのだ。徳川幕府まもなくの三十年間だけをとっても、日本の輸出力はGNPの一〇パーセントに達していたのだし、その三十年間でざっと三五〇隻の船が東南アジアに向かったのだ。

中国についてはキリがないくらいの説明が必要だが、思いきって縮めていうと、まずは十一世紀から十二世紀にかけての宋代の中国が当時すでに世界で最も進んだ経済大国だった。そこにモンゴルが入ってきて元朝をおこしたのだけれど、それがかえって江南に逃れた士大夫(したいふ)・商業階級を充実させ、むしろ明代の全土的な隆盛のスプリングボードとなった。

中国経済は生産力は高く、交易はさすがに広い。スペイン領アメリカと日本からの銀によって経済活動が煽(あお)られたこと、米の二期作とトウモロコシ・馬鈴薯(ばれいしょ)の導入によって耕地面積の拡大と収穫量の増大がおこったこと、少なく見積ってもこの二つに人口増加が相俟(あいま)って、明代の中国は世界経済における〝銀の排水口(シルバー・シンク)〟として大いに機能した。「近世の中国が〝銀貨圏〟にならなかったら、ヨーロッパの価格革命もおこらなかっただろう」と言われるゆえんだ。科学文化史全能のハンス・ブロイアーに「コロンブスは中国人だった」と言わしめたような、途方もない世界経済情勢のモデルがそこにはあったのである。

もともと中国は絹・陶磁器・水銀・茶などでは世界の競争者を大きく引き離してきたのだが、〝銀貨圏〟になってからはさらに亜鉛・銅・ニッケルなどの採掘・合金化にも長じて、他方では森林破壊や土壌侵食すら進んだほどだった。このことは、のちの欧米資本主義諸国家の長所と短所があらわしたものとほとんど変わらない。

こうした中国事情にくらべると、イスラムの宗教的経済文化を背景としたモンゴル帝国やティムール帝国の威力があれほど強大だったのに、一四〇〇年〜一八〇〇年の中央アジアの歴史状況はほとんど知られてこなかった。『ケンブリッジ・イスラムの歴史』などまったくふれていない。これはおかしい。シルクロードやステップロードの例を挙げるまでもなく、中央アジアは世界史の周縁などではなかったのだ。

それどころか、オスマントルコ、サファビー朝ペルシア、インドのムガール帝国は、すべてモンゴル帝国やティムール帝国の勢力が及ぶことによってイスラム帝国を築いたのであって、これらはすべて一連の世界イスラム経済システムのリージョナル・モデルの流れだったのである。

中国とて、そうした地域から馬・ラクダ・羊・毛皮・刀剣をはじめ、隊商が送りこんでくる数々の輸入品目に目がなかった。そのような中央アジアが衰退するのは、明朝が滅び、やっとロシアが南下を始めてからのことなのである。

そのロシアだが、ここは一貫してバルト諸国やシベリア地域と一蓮托生の経済圏を誇ってきた。ロシア経済圏が拡張するのは十七世紀にとくにシベリアを視野に入れるようになってからで、シベリア産の毛皮がロシア・ヨーロッパの毛皮を上回り、貨幣がヨーロッパから東に流れることになってからである。ピョートル大帝時代はモスクワ周辺だけで二〇〇以上の工業組織ができあがっていた。うち六九が冶金、四六は繊維と皮革、一七は火薬関連だったらしい。

そのほか、世界経済からは最も遠いと思われてきたアフリカにおいても、〝アフラジアの経済力〟との連携が結ばれていた。たとえばタカラガイ（宝貝）だ。柳田国男も注目したタカラガイの、もともとの主産地はモルディブ諸島で、それが南アジアでタカラガイ貨幣として使われるようになり、ヨーロッパ人（ポルトガル、オランダ、ついでイギリス）はそれを逆にアフリカに持ち込んで黒人奴隷を安く買いまくったのである。

以上のちょっとしたスケッチでもわかることは、われわれはこれまで金や金貨や金本位制ばかりによって「世界経済史の流れを教えこまれてきた」ということだろう。とんでもない。それはまったくまちがっていた。十五世紀からの中国・インド・日本のアジア、南北アメリカ、アフリカを動かしていたのは何といっても「銀」であり、何といっても「銀本位」だったのである。そこに大量の生産物と物産と商品と、金・銅・錫・タカラガイなどが交じっていったのだ。

花　金色銀色、桃色吐息（笑）。アジアは銀なり、ですか。
松　そうだね。インドも明朝もオスマン朝も銀決済です。
川　銀はポトシ銀山や日本の石見ですよね。金のほうはどうなってたんですか。
松　主な産出地域はアフリカ、中米・南米、東南アジアだね。そのうちの中米・南米というのはスペイン領だから、銀は西から東へ動き、金は東から西へ動いた。ちなみにインドでは金が南下して、銀が北上するんだね。
花　徳川時代でも東国が銀の決済で、西国が金の決済ですよね。
川　一物一価じゃなくて、二物多価だった。
松　そうそう、そこにこそ「貨幣の流通の問題」と「価値と価格の問題」とがあるわけだ。

本書は第三章と第四章を銀本位経済社会のリージョナルなインタラクションに当てて、近世のグローバル・エコノミーがいかに〝アフラジアな地域間交易〟によって律せられていたかを縷々説明している。
しかしながら、そのオリエントの栄光は十九世紀になると次々に衰退し、没落していった。最初の兆候は一七五七年のプラッシーの戦いでインドがイギリスに敗退したことだった。それによってイギリス東インド会社の「ベンガルの略奪」の引き金が引かれ、織物産業が破壊され、インドからの資本の流出が始まった。

オスマン帝国は経済成長のピークが十八世紀以前に止まり、その類(たぐ)いまれな政治力も十八世紀のナポレオンのエジプト遠征あたりをピークに落ちていった。そこへ北アメリカからの安価な綿が入ってきてアナトリアの綿を駆逐し、カリブ産の安価なコーヒーがカイロ経由のアラビアコーヒーを支配した。まるで東京の珈琲(コーヒー)屋がスターバックスに次々に駆逐されていったようなものだった。

中国では銀の輸入が落ちた一七二〇年代に清朝の経済力の低下が始まっていたが、一七九六年の白蓮(びゃくれん)教徒の乱をきっかけに回復不能な症状がいろいろな面にあらわれた。それらに鉄槌(てっつい)をくだして息の根を止めようとしたのが、一八四〇年のイギリスによるアヘン戦争である。

この時期になるとアメリカの拡張が本格的になってもいて、奴隷プランテーションによる資本力の蓄積ものを言いはじめた。その余波が日本に及ぶと、かねて予定の通りのペリーによる黒船来航になる。そんなこと、とっくに決まっていたことなのだ。つまりは全アジア的危機をいかにしてさらにつくりだしていくかということが、欧米列強の資本主義的な戦略になったのだ。

というわけで、「アフラジアな経済圏」はリージョナルな力を狙い打ちされるかのようにことごとく分断されて、欧米列強の軍門に降ることになったのである。軍門に降っただけではない。アフラジアな各地は新たな欧米資本主義のロジックとイノベーションによって〝別種の繁栄〟を督促されていった。これはガンディーのようにシンガーミシン以外の工場型機械を拒否するというならともかくも、それ以外の方法ではとうてい抵抗できなかったものだった。

人類の経済史は一八〇〇年以前と以降とをまったくちがうシナリオにして突き進むことになったわけである。

その突進のシナリオは、ぼくがこの数ヵ月にわたって千夜千冊してきたことに呼応する。すなわち、ナヤン・チャンダの『グローバリゼーション 人類5万年のドラマ』（NTT出版）とジャレド・ダイアモンドの『銃・病原菌・鉄』（草思社）以来紹介しつづけてきたこと、つまりはグレゴリー・クラークの『10万年の世界経済史』（日経BP社）をへて、いったんブローデルの『物質文明・経済・資本主義』（みすず書房）とウォーラーステインの『史的システムとしての資本主義』（岩波現代選書）を通して案内し、それをジョヴァンニ・アリギの『長い20世紀』（作品社）と渡辺亮の『アングロサクソン・モデルの本質』（ダイヤモンド社）でブーツストラッピングしたものに合致する。

けれど残念なことに、グレゴリー・クラークが「従来の世界経済史を見てきた歴史観はマルサスの罠にはまっていた」と指摘したような問題は、あくまで一八〇〇年以降のヨーロッパの経済システムから見た反省にすぎなかったのである。その点フランクは、本書に登場するおびただしい研究者とともに、そうした「一八〇〇年以降の見方」をいっさい使わずに、新たなアジア型の近世グローバル・エコノミーの記述の仕方に挑んだのだった。

川　「リオリエント」って「東に向いて方向を変える」ということですね。とてもいい言葉だけれど、今後は広まっていきますか。

松　そうあってほしいけれど、東アジアの経済の将来は中国の急成長でわかったようにいまや政治情勢と高度資本主義とのずぶずぶの関係になってきているから、それを新たに「リオリエント」とか「リオリエンテーション」として網を打つのはなかなか難しいだろうね。

川　普天間も尖閣もノーベル平和賞も、ちっともリオリエントじゃありません。

松　だいたい日米同盟や韓米同盟がリオリエントするときは軍事的プレゼンスか経済摩擦だからね。マハティールの「ルック・イースト」というわけにはいかない。

花　本格的アジア主義みたいなものがない。みんなちょっとずつアジアを重視してくれているけれど、しょせんはグローバリズムのロジックですよね。

川　経済だけの歴史観には限界があるんじゃないんですか。

松　その通り。

花　アジアの歴史がもたらしてきた物語が不足しすぎています。

川　東の哲学ってほとんど世界に向かっていませんからね。いまの中国も政治と経済のプレステージだけで押している。

花　この本が言っている〝リージョナルなもの〟が失われているんでしょうね。

松　大文字の経済はそろそろいらないということだね。とくにGod・Gold・Gloryの3Gはいらない。

花　でも、イスラムはどうでしょう。大文字なのに独特でしょう。

松　おっ、いいところを突くね。これで決まったね。次夜の「千夜千冊」はイスラム経済学でいこうかな（笑）。

第一三九四夜　二〇一〇年十二月十四日

参照千夜

七〇五夜：トインビー『現代が受けている挑戦』　一三六四夜：ウォーラーステイン『史的システムとしての資本主義』　九〇二夜：エドワード・サイード『戦争とプロパガンダ』　一三八七夜：ミシェル・ボ

ー『大反転する世界』九九四夜：ライプニッツ『ライプニッツ著作集』一四〇二夜：ジャネット・L・アブー＝ルゴド『ヨーロッパ覇権以前』七八九夜：マルクス『経済学・哲学草稿』一三六三夜：ブローデル『物質文明・経済・資本主義』九九三夜：三浦梅園『玄語』九三夜：滝沢誠『権藤成卿』一三九三夜：アジット・K・ダースグプタ『ガンディーの経済学』一五一夜：カール・ポランニー『経済の文明史』一三六一夜：ジャレド・ダイアモンド『銃・病原菌・鉄』一一四四夜：柳田国男『海上の道』一三六〇夜：ナヤン・チャンダ『グローバリゼーション人類5万年のドラマ』一三六二夜：グレゴリー・クラーク『10万年の世界経済史』一三六五夜：ジョヴァンニ・アリギ『長い20世紀』一三六六夜：渡辺亮『アングロサクソン・モデルの本質』

追伸

大東亜の夢／アジア新幹線／一帯一路

昨今の日本人にはアジア人という自覚がかなり乏しいけれど、かつては「興亜」とか「大東亜」という言葉が熱っぽく語られていた。ただしそれは日本主導のアジア主義で、そのため日韓併合や満州国建設や日中戦争が連打され、昭和前期には五族協和と大東亜共栄圏の旗を振ったものの、結局は「大東亜戦争」の敗北に墜ちていった。アジア主義は稔らなかったのである。

明治から昭和前期までの日本は大日本帝国だった。欧米列強に伍するべく、日清・日露の両戦争に勝利してアジアの地に植民地を求め、富国強兵に徹してきた。同時期、その強引な方針とは別して、むしろアジア諸国の近代的自立を促したほうがいいという言動も生まれていた。中心には玄洋社の頭山満や宮崎滔天や大川周明たちがいた。岡倉天心は明治三六年（一九〇三）の『東洋の理想』の冒頭に「アジアは一つ」と書き、孫文は大正十三年（一九二四）に神戸で「大アジア主義」という講演をして「西洋に覇道があるなら、東洋には王道がある」と言った。

当時、イギリスがインドとビルマを、フランスがインドシナとベトナムを、アメリカがフィリピンを支配していたのだが、これらに抗してガンジー、オッタマ、ボース、アギナルド、リカルテ、ボニファシオ、クォン・デ、スカルノらが立ち上がろうとしていた。朝鮮や中国では金玉均（キム・オッキュン）、李容九（イ・ヨング）、康有為（こうゆうい）、孫文、宋教仁（そうきょうじん）らが独自の変革と民族意志にもとづいた独立革命をなしとげようとしていた。これらを大アジア主義の旗印のもとに幇助（ほうじょ）するべきだと考えられたのである。しかし作戦はほとんど失敗し、その夢は成就しなかった。

いま外務省には、アジア全域の外交政策を練る地域政策参事官室のもとに、北東アジア課（韓国・北朝鮮対策）、中国・モンゴル課、大洋州課がおかれているが、そこにアジア主義はなく、また大アジア主義もない。一方、今日のアジア各地には康有為の「大同思想」はなく、マハティールの「ルック・イースト政策」がない。グローバル資本主義と習近平の「一帯一路」が不気味にユーラシア大に膨らんでいるばかりなのである。

本書はこれまで二〇年にわたって書いてきた二三夜ぶんの千夜千冊を、次の三つのブラウザーによってエディションしてみた。(1)近代日本のアジア主義と大アジア主義の思想と行動の発生現場とその後の軌跡を拾う。(2)もともと古代アジアと日本の関係には何があり、その後はどんな変転があったのかを追う。(3)西洋型の歴史観が歪めてきた近代アジア史を組み替えるにはどこを書き直せばいいのか、その試みを案内する。

最初に古代中国が組み立てた華夷秩序があったのである。それが朝鮮半島と日本に及び、日本の場合は仏教や儒学の日本化をへて長い鎖国期になった。アヘン戦争や黒船がその「閉じたアジア」を扼っていった。真っ先に近代日本がその桎梏を打破することになったのだが、五族協和を謳った満州国建国宣言を折り返し点に、計画の大半が次々に砕けていった。アジア各地にそれぞれの近代化の道程がのこされ、それぞれの独立が勝ち取られた。

いま「大アジア」を問うことは時代錯誤だろうか。そうではあるまい。トランプ、プーチン、習近平、シン、ファーウェイ、アリババ、サムスン、現代、リライアンスは「大アジア」のことばかりを考えている。日本にばかり、アジアが稀薄になってしまったのだ。

松岡正剛

千夜千冊 EDITION

「千夜千冊エディション」は、2000年からスタートした
松岡正剛のブックナビゲーションサイト「千夜千冊」を大幅に加筆修正のうえ、
テーマ別の「見方」と「読み方」で独自に構成・設計する文庫オリジナルのシリーズです。

執筆構成：松岡正剛
編集制作：太田香保、寺平賢司、西村俊克、大音美弥子
造本設計：町口覚
意匠作図：浅田農
口絵協力：町口宙
口絵撮影：熊谷聖司
編集協力：編集工学研究所、イシス編集学校
制作設営：和泉佳奈子

松岡正剛の千夜千冊　https://1000ya.isis.ne.jp/

千夜千冊エディション

大アジア

松岡正剛

令和2年 4月25日 初版発行
令和6年 10月15日 3版発行

発行者●山下直久

発行●株式会社KADOKAWA
〒102-8177 東京都千代田区富士見2-13-3
電話 0570-002-301(ナビダイヤル)

角川文庫 22141

印刷所●株式会社KADOKAWA
製本所●株式会社KADOKAWA

表紙画●和田三造

●お問い合わせ
https://www.kadokawa.co.jp/ (「お問い合わせ」へお進みください)
※内容によっては、お答えできない場合があります。
※サポートは日本国内のみとさせていただきます。
※Japanese text only

ISBN 978-4-04-400448-4 C0195

◆◇◇